淮 扬 文 化 研 究 文 库

江苏省重点高校建设项目
"人文传承与区域社会发展"重点学科
"历史文化与区域社会发展"研究方向课题成果

人文传承与区域社会发展研究丛书

· 淮扬文化研究文库 ·

STUDY ON

WORKS OF JIAOXUN

焦循学术论略

刘建臻◇著

社会科学文献出版社

SOCIAL SCIENCES ACADEMIC PRESS (CHINA)

总　序

　　文化是构成国家综合国力的重要组成部分，文化作为软实力日益受到各国的高度重视。一个国家、一个民族的发展程度是与其文化的发展紧密联系的。当今世界，国家与国家之间的发展差距，不仅体现在经济和军事实力，更体现在文化发展水平，这已为历史和现实所证明。

　　上世纪80年代以来，随着人们对地理人文空间因素的日益重视，我国人文社会科学学术领域出现了区域化研究的趋势。新世纪以来，区域文化的研究与开发较以往呈现出更加丰富的内涵和更加锐利的前进态势，围绕各大区域文化进行的文化学、人类学、政治学、经济学、社会学研究也不断深入进步。从理论与现实角度考察，面对经济全球化的浪潮，要实现区域经济的现代化发展必须高度重视和发挥区域文化的优势，挖掘区域文化的资源。

　　江苏历来是人文荟萃、文化昌盛之地。新世纪以来，为发扬优秀区域文化精髓，建设文化强省，促进全省各项事业又好又快地发展，江苏省人民政府制定了《江苏省2001～2010年文化大省建设规划纲要》，明确指出："江苏省在历史演进过程中，形成了吴文化、楚汉文化、淮扬文化、金陵文化等一批特色鲜明的地域文化以及一批具有全国影响的学术流派，要在加强研究、保护的基础上继承创新，赋予传统文化以新的生命力。"在此思想指导下，江苏各地纷纷提出建设文化大市、文化强市的目标，学术界率先行动，出版了一批区域文化研究的论著，江苏省教育厅则及时地批准成立了扬州大学"淮扬文化研究中心"等一批区域文化研究的重点基地，以推进区域文化的研究和深入发展。

江苏高校林立，各大学因其所处的具体地域不同，在某种意义上也归属于特定的区域文化。特定的区域文化始终对大学的文化形成和发展有着重要的影响。同样，大学所负载的学术、文化与社会责任也日益被推上了更高层次的战略平台。因此，研究、挖掘、整合区域文化使之与大学文化有机地融合，不仅对推动区域文化研究与发展、提高区域文化软实力、构建区域和谐社会、促进区域科学发展具有重要意义，而且，大学吸取特定区域文化精髓的过程，对创建大学自身的特色文化氛围、凝炼大学精神也具有重要意义。在某种程度上甚至可以说，一所缺乏文化传统和历史记忆的大学不是一所好大学；同样，一所没有文化底蕴和历史积淀的大学也绝非真正意义上的高水平大学。

哈佛大学前校长德里克·博克说过："无论是在城市还是乡镇，大学的文化、反世俗陈规的生活方式和朝气蓬勃的精神面貌，常常成为刺激周边社区的载体，同时也是他们赖以骄傲的源泉。"

扬州大学所处的苏中地区，是淮扬文化的核心区之一。作为淮扬文化区域唯一的省属重点综合性大学，扬州大学具有学科门类齐全、多学科交叉融合的显著特点。学校集中人文社会科学诸学科的精干力量，发挥融通互补、协同作战的优势，继承发扬以任中敏先生为代表的老一代学术大师的风范，对内涵丰富、底蕴深厚的中国传统文化包括区域文化进行多方面的综合研究，挖掘整理其丰厚资源并赋予时代精神，阐扬其独特蕴涵并寻找其与当前经济建设、社会建设、政治建设、文化变革相结合的生长点，以求对地方乃至全省经济社会发展作出积极的贡献。

江苏省人民政府在"九五"和"十五"期间对扬州大学进行

重点投资建设的基础上，在"十一五"期间对扬州大学继续予以重点资助，主要培植能够体现学科交融、具有明显生长性且预期产生良好经济、社会效益的五大重点学科，其中包括从人文社会科学诸学科中凝炼而成的"人文传承与区域社会发展"重点学科。这一重点学科的凝成体现了将江苏优秀的古代文化与灿烂的现代文明有机交融、相得益彰、交相辉映和发扬光大的理念，符合扬州大学人文社会科学诸学科已有的专业背景、研究基础和今后的学科发展和学术追求。该重点学科包括"文学转型与区域社会发展"和"历史文化与区域社会发展"两个研究方向，其建设的标志性成果就是以任中敏先生别号命名的《半塘文库》和以区域名称命名的《淮扬文化研究文库》，总计 50 余种学术专著，计 1500 万字。"文库"是"十五"期间"扬、泰文化与'两个率先'"重点学科研究成果的新发展，汇集了扬州大学众多学者的智慧和学识，体现了社会各方面的关心和支持，可谓是一项规模宏大、影响深远、功在当代、利在千秋的大型文化工程。可以期待，"文库"的出版将对当前物质文明、政治文明、精神文明、社会文明和生态文明等"五个文明"建设，对构建和谐社会、促进区域科学发展起到积极有力的推动作用。

在人文传承与区域社会发展研究丛书出版之际，我们向始终支持和关心"人文传承与区域社会发展"重点学科建设的教育部社科司、江苏省教育厅的领导及专家表示衷心感谢，对负责定稿的中国社会科学院诸位专家学者表示衷心感谢！同时也衷心感谢社科文献出版社的领导和编辑为丛书出版付出的辛勤劳动！

扬州大学人文传承与区域社会

发展研究丛书编辑委员会

2010 年 12 月

前　言

对焦循学术的研究，大体可分为清后期、民国和新中国成立后三个阶段。清后期，刘文淇、刘宝楠、孙诒让治经仿效焦循《孟子正义》"长编"之法，方申、成蓉镜、俞樾继承其学而成著作。民国时期，焦循学术引起更多学者的注意，自昭、王永祥、沈眉英诸人在刊物上介绍和分析焦循之学，闵尔昌、王永祥、范耕研梳理焦循学术生平，刘师培、王承烈光大其学以为著述，胡适、程启樑专门研究《论语通释》和《易学三书》，柯劭忞、尚秉和、江瀚等人在《续修四库全书总目提要》中评述焦循著述多达33种；新中国成立以来，特别是1980年代以后，对焦循学术的研究日渐兴盛，既整理其著述，如李一忻点校《易学三书》、沈文倬点校《孟子正义》等；又研究其学术生平，如赖贵三的《焦循年谱新编》、陈居渊的《焦循阮元评传》、刘瑾辉的《焦循评传》等；更多的则是探讨焦循学术成就，如何泽恒的《焦循研究》，赖贵三的《焦循雕菰楼易学研究》、《焦循手批十三经注疏研究》、《海峡两岸焦循文献考察与学术研究》，陈居渊的《焦循儒学思想与易学研究》等。此外，熊十力《原儒》、方东美《原始儒家道家哲学》、张舜徽《清代扬州学记》、侯外庐《中国思想通史》、朱伯崑《易学哲学史》和赵航《扬州学派新论》诸书对焦循学术成就多有涉及，成果显著。

　　但是，综观此前之研究，还没有对焦循学术进行系统的梳理。本书从学术渊源、学术交游、学术著作、学术宗旨和学术影响五个方面加以总结和论析，以期有助于这方面的研究工作。

　　事实上，焦循在论述师友学术成就时，就已经从家学、师承、交游诸方面着力分析。譬如，从《雕菰集》卷十七《送程定甫赴京师序》即可见一斑："定甫为笏山先生之孙，筠榭先生之子，文章如午桥、鱼门两太史，经学如易田孝廉，皆为其宗族伯叔。乔石林、王予中诸前辈，世为其外姻，刘教谕端临、汪明经容甫为其交友。气脉之所渊源，耳目之所濡染，兼以好学深思，根于经，发于史，参以诸子杂家，固有取之不穷，核之不破者。"在焦循看来，程赞清长于易学这一学术成就的取得，本人"好学深思"固然重要，但是，传承祖父程文正、父亲程名世之家学，濡染族中程梦星、程晋芳、程瑶田等人学术，深受外家乔莱、王懋竑诸名家影响，以及与扬州名儒刘台拱、汪中为友而切磋学问，也都是不可忽略的因素。

　　焦循的见解及其方法，无疑为研究学术人物的学术成就提供了很好的视角。同样，借此以总结和探析焦循之学，得出的结论可能更具说服力。

目　录

第一章　学术渊源

焦循治《易》，十分注重师承及家学渊源。如："王弼者，刘表之外曾孙而王粲之嗣孙，即畅之嗣玄孙也。弼之学盖渊原于刘而实根本于畅。"① 在总结清代扬州学术时，焦循以为："嗣龄以文章教其子弟，扬州之士翕然从之，故扬之文开于郭氏，郭氏之学则受之于荃。荃不仕，而以其学开扬士之先，百数十年，文学甲于他郡，荃实启之。"② 研究焦循学术，理当关注其学术渊源。

第一节　依傍前人之书以求之

在《里堂札记·丙辰手札·答李尚之》一信中，焦循曾这样说过："循学无师承，惟依傍前人之书以求之。"表明了焦循先"依傍前人之书"而后"求"创获的学术理念。实际上，在继承中探寻创新，是学术研究的必由之路。梳理焦循之学术渊源，首先就应该总结其对"前人之书"的继承。

一　沿袭前人之说

在《周易》的作者认识上，焦循沿袭伏羲画卦、文王作卦辞、周公作爻辞的观点。《易通释》卷十三："伏羲作八卦"；《易学图

---

① 《周易补疏·叙》。
② 《北湖小志》卷三《范石湖传第七》。

略》卷六："文王之卦辞谓之《彖》，周公之爻辞谓之《象》"；
《易通释·自叙》："文王以其简而求易明也，系以《彖辞》，周
公……系以爻辞"。这是对《汉书·艺文志》"人更三圣，世历三
古"之说的沿用，也与马融、陆绩等以为"卦辞文王，爻辞周
公"①之说相一致。

　　焦循还认为，《易传》的作者毫无疑问是孔子。《易通释·自
叙》："孔子韦编三绝而后赞焉"、"赞者，佐也，引也。佐文王周
公之辞而引申之也"。《易话》卷上："孔子作《传》，亦以其未质
言也，而翼之赞之。"《易图略》卷六《原翼》："孔子之《十翼》，
即'彖辞'、'爻辞'之义疏，而非为经生之所为之义疏也。"所
以，对明代刘濂《易象解·自序》中《十翼》之辞，不尽出于圣
门，故其言多无谓"的观点，焦循深感诧异，"骇汗者竟日"，并
且说："若濂者，妄人而已矣。"②追溯孔子作《易传》之说，则
源出《史记·孔子世家》："孔子晚而喜《易》，序《彖》、《系》、
《象》、《说卦》、《文言》。"

　　当然，焦循易学的变通理论、贵贱观念等同样源出儒家经典之
中。焦循极力倡导"变通"，《易通释》卷七《安宁成安息》："变
通者，《易》也。"卷十八《泰》："六十四卦，皆以通为道。"这
直接肇始于《系辞》之说："穷则变，变则通，通则久。"虽然焦
循力主"变通"，尤其主张社会人事方面的"变通"，却认为等级
观念不能改变，《易通释》卷四《刚柔》："男也，贵也，即刚也；
女也，贱也，即柔也。"卷五《民》："君贵民贱。"《易话》卷上：
"《易》中君子小人，第以位之贵贱言之。"《雕菰集》卷十《说定
下》："人伦也，孝弟也，仁义也，忠恕也，圣人定之，不容更有
言也。"这与《系辞》"天尊地卑"、"贵贱位矣"的论断如出
一辙。

---

① 《周易正义》卷首。
② 《易广记》卷一。

对于入清后的学术著作，焦循给予高度评价，故特别予以重视，《雕菰集》卷六《读书三十二赞》就是其间显例。而《孟子正义》引用者就达60余家。这在《孟子正义》卷末有清晰的表述：

> 本朝文治昌明，通儒遍出，性道义理之旨，既已阐明；六书九数之微，尤为独造；推步上超乎一行，水道远迈于平当；通乐律者判弦管之殊，详礼制者贯古今之变；训诂则统括有书，版本则参稽阙漏；或专一经以极其原流，或举一物以穷其宧奥。前所列之十难，诸君子已得其八九，故处邵武士人时，为疏实艰。而当今日，集腋成裘，会鲭为馔，为事半而为功倍也。赵氏《章句》既详为分析，则为之疏者，不必徒事敷衍文义，顺述口吻，效《毛诗正义》之例，以成学究讲章之习。赵氏训诂每迷于句中，故语似蔓衍而辞多借声，推发赵氏之意，指明其句中训诂，自尔文从字顺，条鬯明显矣。于赵氏之说或有所疑，不惜驳破以相规正。至诸家或中赵义，或与赵殊，或专翼孟，或杂他经，兼存备录，以待参考。凡六十余家，皆称某氏以表异之，著其所撰书名以详述之。

"集腋成裘，会鲭为馔"，既为《孟子正义》的特色之一，又是焦循读书治学的一个重要方法。

在史学上，焦循所引前人之书不胜枚举。仅就《易通释》所引《左传》、《史记》、《汉书》、《后汉书》各举一例以概之。卷七《养育字饰》："育之义同于字，字之义同于养。"依据是："《左传·昭公十六年》服注：'字，养也。'"卷十六《沟渎》："《史记·樗里子甘茂传》'与魏讲罢兵'，《索引》引郑氏云：'讲，读为媾。媾，犹和也。'《说文》：'讲，和解也。'"故此而得出了"讲"有"和"义的结论。在《丧牛于易丧羊于易》中，焦循以为："古场字本作易。《汉书·食货志》：'瓜瓠果蓏，殖于疆場。'张晏曰：至此易主，故曰易。桓公十七年《左传》：'疆場之事，慎守其一。'《正义》云：至此易主故名曰埸。疆埸之埸，本取义于交易之易。"

其他领域与之相类。在品读前人数学著述的基础上，焦循获得解《易》之法。《易通释·叙》："循既学《洞渊》、《九容》之术，乃以数之比例，求《易》之比例，向之所疑，渐能理解。"《易图略》卷六："读文王周公之辞，如读《洞渊》、《九容》之《细草》，《细草》所以明天元之法，《彖辞》、《爻辞》所以明卦之变通，可相观而喻也夫。"另外，在文学上推尊李善《文选注》，医学上辑录《神农本草》，等等，都是焦循沿用前人学说之例。

二　注重训诂假借

对于假借，早就引起郑玄的注意："其始书之也，仓卒无字，或以音类比方假借为之，趣于近之而已。"[①] 焦循以为，清代经学的特点就是光大许、郑之学而"证之以实"。《雕菰集》卷十三《与刘端临教谕书》："国初经学萌芽，以渐而大备。近时数十年来，江南千余里中，虽幼学鄙儒，无不知有许、郑者，所患习为虚声，不能深造而有得。盖古学未兴，道在存其学；古学大兴，道在求其通。前之弊，患乎不学；后之弊，患乎不思。证之以实，而运之于虚，庶几学经之道也。"而吴、皖二派"证之以实"的重要方法之一，就是注重文字的训诂假借。对此，阮元曾总结说："古书之最重者莫逾于经。经自汉晋以及唐宋固全赖古儒解注之力，然其间未发明而沿旧误者尚多，由于声音文字假借转注未能通彻之故。我朝小学训诂，远迈前代。至乾隆间，惠氏定宇、戴氏东原大明之。"[②]

焦循师法训诂假借之法而解经。一则运用字书的诠释，《说文解字》、《尔雅》、《广雅》、《一切经音义》等，都是焦循治经常引

---

① 陆德明：《经典释文·序录》。
② 阮元：《揅经室一集》卷五《王伯申经义述闻序》。

之书。如《论语补疏》卷上"与衣狐貉者立"："《说文》：'貈，似狐，善睡兽。从豸舟声。《论语》曰：狐貈之厚以居。'貉与貈，同音相通字也。《说文》：'涸，从水固声。读若狐貈之貈。'"《禹贡郑注释》卷上"大陆既作"："《尔雅·释地》：'八薮，晋有大陆。'"《尚书补疏》卷上"黎民于变时雍"："《广雅·释言》：'诸，于也。'又《释诂》：'诸，众也。'"《礼记补疏》卷一"笑不至矧"："《一切经音义》云：'哂字书作吲，或作欤。'"二则多用假借之法，《易通释》一书，自始至终都贯穿和渗透着运用假借说解的鲜明特点。如卷十《约酌豹禴》："豹从勺声，与纳约户牖之约，酌损之酌，假借也。"卷十六《沟渎》："不昏，则不为媾而为渎，媾取其和，渎取其慢，以沟并渎，即借媾为沟，渎之于沟，犹读之于讲，讲与媾通，而训为和。"而同卷中的《孕》条，甚至通篇都以训诂释《易》理。

况且，焦循还特意写有《周易用假借论》一文，既收于《易话》之中，又载于《雕菰集》卷八之中。见诸《易话》者，其中就说：

> 近者学《易》十余年，悟得"比例"、引申之妙，乃知彼此相借，全为《易》辞而设，假此以就彼处之辞，亦假彼以就此处之辞。……文、周系《易》之例，晦于经师，尚扬其波，存其迹于文人诗客之口，其辞借其义则质，知其借而通之，了乎明确乎实也。或以比《庄》、《列》之寓言，则彼幻而此诚也；或以比说士之引喻，则彼诡而此直也；即以比《风》诗之起兴，亦彼会于言辞之外，而此按于字句之中也。《易》辞之用假借也，似俳也而妙也，似凿也而神也，非好学深思心知其意者商之。

"彼此相借，全为《易》辞而设"，是焦循师法惠、戴学说之后所作的理论总结。

三　传承戴震学说

戴震的义理学说，在其生前就已然有贬有誉，朱筠、翁方纲、姚鼐、程晋芳等人都加以反对，尤以章学诚、方东树为最。但赞同者也不乏其人，如洪榜、程瑶田、段玉裁、黄式三等。焦循继戴震而起，继承和发挥了他的"义理"之学。概括起来，主要有两个方面：

其一，性善说。《雕菰集》卷七《申戴》："东原生平所著书，唯《孟子字义疏证》三卷、《原善》三卷最为精善"；《论语通释·序》："循尝善东原戴氏作《孟子字义疏证》，于理道天命性情之名，揭而名之如天日。"故此，焦循除临终前完成三十卷的《孟子正义》对其详加阐发之外，在《易通释》卷五《教》中也以为："性不外男女饮食，人有此性，禽兽亦有此性，人之性可因教而明，故善，禽兽之性，虽教之不明，故不善。"在《易话》卷上中还有"性善解"的五则专论，其中又以为，"性何以善？能知故善"，"禽兽不知，则禽兽之性不能善；人知之，则人之性善矣"，"人之性可引而善，亦可引而恶，唯其可引，故性善也"。戴震性善论的核心是"知"，如《孟子字义疏证》中"仁义礼智非它，心之明之所止也，知之极其量也"，"人以有礼义异于禽兽，实人之知觉大远于物则然，此孟子所谓性善"。焦循突出和强调的也是"知"，二者一脉相承。只不过，焦循在继承中又有发展，在性"可引"进一步作了发挥。

其二，"达人之情，遂人之欲"的伦理思想。戴震《孟子字义疏证》下："人生而有欲、有情、有知。三者，血气心知之自然也。……唯有欲有情而又有知，然后欲得遂也，情得达也。"焦循据此作了引申，《易通释》卷五《性情才》："以血气心知之性，为喜怒哀乐之情，则有欲。欲本乎性，则欲立立人，欲达达人，己所不欲，勿施于人"；"以己之情，度人之情，人己之情通，而人欲不穷，天理不灭，所为善矣。"这也与戴震之说相贯。

所以，刘师培在《左盦外集·载震传》中说："义理之学，则江都焦循能扩之"；在《理学字义通释》一文中还指出："近世东原先生作《孟子字义疏证》，据孟子以难宋儒，甘泉焦先生亦作《论语通释》，以继戴氏之书。"

第二节　深受里中学风的习染

一　"扬州之学"

焦循把"选学"和"许学"视为"扬州之学"。《雕菰集》卷十三《复姚秋农先生书》："扬州之学，如曹、李之于《文选》，二徐之于《说文》，此二书为万古之精华，而扬州泄之；为天下学者之性命，而广陵兼之。"焦循此论，道出了《说文》和《文选》在学术史上的重大价值，表明了二者对隋唐乃至宋代的扬州学者所产生的深远影响。更重要的是揭示了这样一个事实：对《说文》和《文选》这两部学术巨著的研究，扬州学者多所著述，大家云集，于《文选》，便有"曹李"之目，于《说文》，则有"二徐"之称，从而开创了扬州区域文化研究的新局面。

清代的扬州学派，得益于"扬州之学"者良多。扬州学派中许多学者，治学之气象宏伟，风格朴实，以唐以前学术为模范，都与本地区的"选学"、"许学"一脉相承。如"高邮二王"精于《说文》，任大椿"少年为《文选》"①，顾凤毛"《文选》理精熟，下笔无汰淘"②，汪光爔"熟《文选》理，不苟作"③，等等。焦循也不例外。

焦循年少时，师从族父焦轼学习《说文解字》。在《雕菰集》

---

① 章学诚：《章氏遗书》卷十八《任幼植别传》。
② 焦循：《里堂道听录》卷三十七《顾超宗挽诗》。
③ 焦循：《雕菰集》卷二十一《亡友汪晋蕃传》。

卷十八《凭轩遗笔跋》中，焦循记述说，族父焦轼"精于许氏《说文》，时作篆书或摹印。是时郡中人尚鲜有言《说文》者也，循为'六书'之学，实起自先生"。

对于李善《文选注》，焦循早已烂熟于心。表现在著述中，引用之例俯拾即是。如《易通释》卷十六《沟渎》条注文"《文选·七哀诗注》：构与逅古字通。"卷十八《谦嗛于无阳》以为"《汉书集注》、《文选注》皆以'嗛'为古'谦'字"等等。《周易补疏》、《尚书补疏》、《礼记补疏》、《左传补疏》、《毛诗地理释》、《禹贡郑注释》诸书均有所见，《孟子正义》所引尤多。

二　好《易》之风

自宋而后，扬州诞生了许许多多的易学名家，也留下了数以十计的易学著作，如宋代孙觉《周易传》、乔执中《易说》、李椿《周易观画》，明代孙承义《周易家训》、蒋时雍《易旨一览》，清代张习孔《大易辨志》、蔡廷治《大易观玩》等等。

为了解答父亲提出的疑难问题，焦循曾"遍求说《易》之书阅之"[1]。扬州《易》家的这些著述自在必读之列。虽然"于所疑皆无发明"[2]，但至少可以说，厚实的治《易》乡风及其为数众多的易学著作，是焦循成就其易学体系的重要条件之一。以下三则可说明这点：

《易广记》卷三："江都张问达《易经辨疑》，府县旧志皆载之未检讨，《经义考》亦列其目，余有其写本。……其说以六爻初与上对，二与五对，三与四对，亦可备一说。"

《易广记》卷三："吾里中徐坦庵先生名石麒，字又陵，以词学名，而论学之书颇多精卓。尝论《易》云：《周易》六十四卦，可一言以蔽之，曰：见善则迁，有过则改。非迁善无以趋吉，非改

---

① 《易通释·叙》。
② 《易通释·叙》。

过无从避凶。"其中，"见善则迁，有过则改"一句，就与焦循对
《易经》性质的认识相一致，《易通释》卷二《吉凶》："《易》之
为书也，圣人教人迁善改过。"正与徐说相合。此外，焦循在《里
堂道听录》卷十四《徐坦庵论性》中指出："吾里中徐坦庵先生
《枕函待问编》，说性与东原同，先乎东原而得之者也。"焦循《易
学三书》及《孟子正义》"论性"之说，亦多承徐石麒之说。刘师
培《左盦外集》卷十八《徐石麒传》："尝谓《告子》以食色论
性，食色之性，人与禽兽同，惟仁义之性，人所独具，然食色不待
教而知，故谓之性；仁义必教而后知，故不谓之性。焦理堂论性之
说，多出于此。"

　　焦循对孙兰著述孜孜以求，所受影响亦很大。《左盦外集》卷
十八《孙兰传》："焦氏之学，多本柳庭。其疏《孟子》也，以圭
田为零星不成井之田。其《易话》也，发明类聚群分之旨，皆本
柳庭之说。"

三　"甲于四郊"的文风

　　清代前期，江都诗坛兴旺，词人辈出，时文盛行，一派繁荣
景象。

　　除了数以百计的诗集之外，还出现了一个又一个诗人群体。从
《淮海英灵集》所记即可明其大概。甲集卷一《徐石麟①》："字又
陵，江都岁贡生，居北湖黄珏桥。博通经史，与宗观、吴绮为诗文
交。"宗观，为宗名世之孙，与宗元豫、宗元鼎同为江都著名诗
人；乙集卷二《史申义》："里中论诗，与殷彦来、顾书宣最密。"
殷誉庆，字彦来，为王士禛弟子，"书宣"为江都诗人顾图河之
字。乙集卷四《程名世》："字令延，号筠榭，江都人。与方扶南、
杭堇浦、厉樊榭、沙白岸、韦药轩、杜补堂、江橙里诸公为诗友，
宾客文酒之宴，埒于马氏。"

---

① 《北湖小志》作"石麟"。

相互间结为诗会和诗社者，有名的就有"芳畚诗社"和"东社诗会"。《淮海英灵集》戊集卷二《孙兰》："善书画，与王武征、方歧、吴蔺次绮、施伟男忞同居湖中，日相倡和，尤精于史学。著有《柳庭人纪》三十卷，《舆地隅说》四①卷。"丙集卷三《施原》："与徐石麟、范荃、毕锐同构一园，名芳畚诗社。"②

对于词，江都文人同样未予轻视。就《淮海英灵集》所述而言，有不少这样的材料。如甲集卷二《吴绮》："生平最工骈体，与陈其年并称。又工词，自号红豆词人。"吴绮之词，汇编成册者就有《扬州鼓吹词序》一卷，《艺香词》一卷，《林蕙堂填词》一卷，等等。乙集卷三《陆钟辉》："尝刻宋姜白石词曲、诗集，盖素所师法也。"在《北湖小志·范石湖传第七》中，焦循记述了罗煜"与坦庵、石湖以词相角"而著《霞汀诗余》之里中佳话。

而徐石麟在作诗填词之余，还写作戏曲。《易广记》卷三："吾里中徐坦庵作《珊瑚鞭》传奇成，邀袁箨庵观之，作《拂霓裳》词。"

至于时文，则在江都出现了王祖修、郭嗣龄、谢九成、陈俨、李裕滋、常鸿仪等名家，焦循因之而在《北湖小志》卷四中专门写成合卷《王郭谢陈李常传》。其中说，谢九成"与郭嗣龄同师事范荃，荃授以经史、古文之学"，后来，九成"潜修力学，不竞名禄，思传学于来者。于是四方愿学之士就谒湖滨斋舍，至不能容，家弦户诵，声相接也。岁科试，拾青衿如芥，四五十年中，文风甲于四郊自是始"。而陈俨为"里中习时文者，无不以敬舆为圭臬也"，常鸿仪"授徒里中，里中读书之士半出其门"。

在江都一域，王、郭、谢、陈、李、常不光教授后学写作时文之法，其特点还在于"能存先正风格"且蔚然成风。对此，焦循

---

① 《集旧文抄》卷首《记》中言及整理为"三卷"。究其内容，亦只三卷。
② 《北湖小志》记为"畚芳诗社"，该书卷二"畚芳诗社第二"："社在庙头司徒庙南。康熙间湖中多隐君子，诗酒盘桓，一时之盛也。于是徐、毕、范、施四姓共立社，曰'畚芳'，隐四姓之偏旁也。"

在《王郭谢陈李常传》中做了总结："湖中时文之体，独能存先正风格，其有牛鬼蛇神败坏法度以求速化者，一童子能笑之。当是时，士之贫者，授徒以供衣食，其相集也，非会文，即谈艺赋诗，以市井角逐为可耻。"

在焦循的学术生涯中，从未放松对里中先贤书稿的辑录，这在本书第三章和第四章中均有涉及，在此不赘。焦循在整理乡贤文稿的过程中，也为自己的学术研究获取了源源不断的养料。

四 重视里中掌故的史学传统

清前期的江都学者，留下不少史学著述。如王光鲁《阅史约书》五卷、《元史备忘录》一卷，史以遇《文选通考抄》二十四卷、《文献通考抄》二十四卷，范荃《读史小识》一卷，金门诏《补三史艺文志》一卷等。能够目及者，焦循都认真展读且加抄录。如《里堂道听录》卷十一《元史重名》："江都王光鲁字汉恭，著《阅史约书》五卷。其第五卷《元史备忘录》所考重名，有益于读《元史》者。"同卷之《读史小识》："吾里中处士范荃著《读史小识》一卷，不为高奇之论，而隽妙沁人。"

而清前期江都史学的一个鲜明特征，就是重视里中史事的研究。著述众多，涉猎广泛。如孙兰的《柳庭人纪》、《舆地隅说》和《大地山河图说》，费锡璜的《广陵涛辨》，孙自成的《赋役管窥》，王方岐等人编纂的康熙《续纂扬州府志》，朱显祖的《琼花志》，史奭的《淮扬治水图说》，桑豸的《广陵纪事》，程梦星、蒋继轼的雍正《扬州府志》、《江都县志》，程梦星的《平山堂小志》十二卷，董伟业的《扬州竹枝词》，汪应庚的《平山鉴胜志》，等等。并且引经据典，不为空论。蒋继轼《尤征君传》中论其史学"考据精严，论断简括"[1]，即为其中一例。

对他们的著述，焦循或加整理，如《舆地隅说》，"乾隆己酉

---

[1] 《扬州足征录》卷六《尤征君传》。

秋试，于江宁市上得之，藏诸家塾二十年矣。今长夏无赖，本其刻芟而录之为三卷。去其间冗之文，存其精警，以便观阅"[1]；或加抄录，如《集旧文抄》录《舆地隅地》之说，《里堂道听录》卷二十六录《广陵曲江辨》等。

在整理和抄录先贤之书的同时，焦循继承研究地方史事这一学术传统，既有《广陵考》以考订见长之作，又有《扬州足征录》聚文传事之书，还有专门的方志著述如《北湖小志》、《邗记》等等。

第三节　家传易学，渊源有自

一　以"世武"为业的北湖焦氏

自明初起，北湖焦氏就居于北湖之滨黄珏桥西南。《北湖小志》卷六《家述下》："明永乐间，聚处湖滨上下，庄有旧楼，为嘉靖年所构，盖以忠厚世其家，已三百余年矣。"在同卷《家述上》里，焦循所述更为具体："余村旧为上、下两庄，在黄珏桥西南半里许，聚族而居，屋瓦相接。庄后种竹，竹外老树千余株，树间有楼，数里外见之，人称曰焦家楼。乾隆间，岁苦于水，族渐他徙。业既零落，丁口亦稀，两庄所存之屋，十之二三而已。焦氏之先，或云自山左来，未有征也。"

而从明中叶至清中期的两百余年间，北湖焦氏代有英杰，声名远播，成为扬州名门望族之一。

焦循高祖辈，有三位诸生、一位武举和一位副榜：

焦明遴，县学生，焦循族高祖。著《南游草》、《湖上焦氏谱系》。

焦明道，万历四十三年（1615）武举。

---

[1] 《集旧文抄》卷首《记》。

焦明选，诸生。

焦明通，县学生。

焦天植，字培之，顺治八年（1651）副榜。

曾祖辈有十六位值得一提：

焦源，原名师来，字鉴千，焦明旸第四子，焦循曾祖父。县学生。

焦泰来，字广生，县学生。

焦悦来，县学生。

焦吉生，县学生。

焦藻，字霞生，县学生。长于文。

焦必亮，字云章，焦明道第六子。长于诗，与范荃等人为文酒之会。后人或农或贾，不与举业。

焦淳，字穆生，焦明道第七子。康熙二十六年（1687）武举亚元。

焦溥，武学生。

焦润，字德安，号仁亭，江都学生。

焦赓泰，字载歌，诸生。著《淡园诗艺》。

焦涛，字濯月，诸生。

焦澜，字汉水，诸生。

焦淇，字卫水，太学生。焦天植三子。后从事商业，乐善好施，名重乡里。

焦瀛，字右登，康熙四十八年（1709）武进士。焦天植五子。

焦浴，字沂水，郡学生。

焦涌，字昆源，县学生。

祖辈中，名闻乡里者有十七位：

焦南杰，赓泰长子，诸生。

焦南吉，赓泰次子，诸生。

焦炳，字沛然，后以字为名，改字星若[1]。郡学生。

① 《雕菰集》卷二十二《伯祖心若府君墓表》作"心若"。

焦承露，县学生。

焦珩，游闽中，思念祖墓，绘《扬州北湖图》，尺寸不失。其子焦承烈于康熙间道过扬州，按图所示而寻至故里。

焦九如，郡学生。

焦兆熊，字学时，号敬斋。雍正四年（1726）武举人。著有《敬斋诗》一卷。

焦成五，字性成，太学生。

焦兆彪，太学生。

焦兆鳌，字伦士，武学生，力大过人。

焦憬，字逢庚，号醒斋。雍正元年（1723）武举人，焦淇长子。工于词，与徐秖、徐弃疾为词友，著有《醒斋诗余》一卷，《醒斋主人杜胡集》一卷。

焦熹，字效朱，号定斋，焦淇次子。康熙五十一年（1712）科武进士，任石匣中营守备，升居庸关都司，诰授明威将军，精枪法，深得李卫器重。又擅小楷，工于诗，著有《定斋诗草》一卷。

焦恫，字外舒，焦淇三子，太学生。

焦杰，焦淇四子，太学生。

焦鱼，字龙门，焦瀛次子。康熙五十六年（1717）武举。

焦兆麟，武学生。

焦憍，字山起，焦浴子，县学生。著有《中山文稿》。

父辈当中，可值一述者有二十位：

焦葱，字佩士，国子监生，焦循父亲。

焦永，字声依，著有《月令注》一卷，《蜗牛草堂诗稿》一卷。

焦晖祖，字益潢，江都学生。

焦玕，县学生。

焦绛祖，字维堂，工骑射，能文章。深得康亲王器重。

焦率祖，字履安，以岁贡生选望江县训导。

焦步青，字云上。工文章，授徒乡里，先后从者数十人。

焦继武，兆熊长子，县学生。

焦继辙，字鉴前，兆熊次子，县学生。少时经商，后而读书，善书法，工于诗。著《晚翠集》、《芜城杂咏》、《仿古杂记》、《良友赠言》。

焦灼，甘泉学生。

焦粲，兆熊弟成五之子，武学生，善射。

焦焕，字炳文，兆鳌子，廪膳生。好聚书，多异本，皆手校之。且通经学，深于《易》，著有《易注》和《医学指南》。喜欢焦循，尝以一砚赠之。

焦轩，字进辰，县学生。

焦轮，字蒲载。著有《六行堂诗集》和《海稷遗草》。

焦轼，字应瞻，一字凭轩，号熊符。工诗古文，善书法。长于《说文》，著有《梅花诗谜百首》、《凭轩遗笔》二卷。

焦驹，郡学生。

焦恺，字丽左，县学生。

焦辀，焦杰长子，武学生。

焦骗，字肩维，焦鱼子。入武学，曾抄录焦永古文及诗稿。

焦志伊，县学生。

焦循同辈中，除焦循为举人而外，弟弟焦律为国子监生，焦徽为府学生，族兄弟焦汝骧字凤来，诸生；焦汝敷，太学生，工于诗，著《肃堂诗草》一卷；焦汝成为县学生，焦福基为太学生，焦梦梅为甘泉学生。

约略对上述人物加以统计，则清中叶以前之北湖焦氏，共诞生两位武进士，五位武举人，一位文举人，一位武副榜，39 位诸生。且呈现出以下四个特点：

1. 盛于清前期。北湖焦氏培育出两位进士、六位举人，其中明后期只有一位举人，其余均在清前期，此时焦氏人丁兴旺，家族繁盛。在功名上，比起高邮的王、夏、孙、贾，泰州的宫、缪、刘、张，宝应的朱、刘、乔、王诸家族，北湖焦氏在扬州府显得并不十分突出，在江都却是屈指可数的显赫家族。

2. 习武世家。焦氏世代攻习武举，嘉庆之前科考中式者均为武进士和武举人，具有明显的尚武家风。甚至到焦循族父焦骃时，因其工于文章，故在初入武学时，"学使张公廷璐爱其文，令弃武生，改试文。不可，曰：'吾家世武，不愿文也。'"①"吾家世武"一语，道出了北湖焦氏的家族特色。

3. 工于诗文。高祖辈，焦明遴有《南游草》，自曾祖到父辈，工诗而有诗集者多至九人。难能可贵的是，即使武进士的焦熹和武举出身的焦兆熊，也分别著有《定斋诗草》一卷和《敬斋诗》一卷。

4. 关注经学。族父焦永长于礼学，著有《月令注》一卷；焦煐不仅好蓄图书，多聚异本，而且深于《周易》，著成《易注》一书。可惜的是，两书均未传世。

显然，与仪征阮元家族一样，焦氏家族世代习武。与阮元家族相类，焦氏家风家学同样在清中叶出现重大的转变，即由武转文，由好文转向治经。这合乎当时学术风潮的变化。但是，无论如何，成长在这样一个擅诗、填词、工文的大家族当中，焦循自幼深受熏陶属自然而然之事。

直接的关联，则主要有两点：一方面，焦循搜集并抄录焦氏诗稿，并整理成《江都焦氏家集》七种九卷；另一方面，少年时焦循就跟随族父焦轼学习，《雕菰集》卷十八《凭轩遗笔跋》：

> 循十一二岁时，初学诗，先子命质诸先生，而请其训。是时声韵未调，如燕语蛙声，莫可究辨，而先生不以为呢喃聒噪也，一一为之改正，奖而进之，循于是知作诗之门径。时先生授徒于外，每岁时归，谒者满户外，先生一一接之，讲论不倦，凡经史疑滞之义，词赋流别之条，下至街市琐谈，诙谐雅

---

①　《北湖小志》卷六《家述上》。

谑，无不叩端而竭，令受者解颐心快而去。先生善书，自小楷以至擘窠大字，求者无不应。室中一神龛，阔丈许，积纸如丘，口讲手书，运笔若风雨，而端楷凝重，逼真唐人家法，数十年来未见其似也。精于许氏《说文》，时作篆书或摹印。是时郡中人尚鲜有言《说文》者也，循为"六书"之学，实起自先生。

在《雕菰续集·与秦敦夫太史书》里，焦循还说："学诗赋于族父熊符先生，得闻古今体歌行乐府之法。"因此，焦循师从族父焦轼，在学诗、为赋和研读《说文》方面打下了很好的治学功底。

而在易学上，焦明旸一支尤其重视，并形成家学中之家学。

二　以《易》传家的焦循一支

从《北湖小志·家述上》的记载来看，焦文科生四子：明峻，明旸，明显，明德；文举生七子：明逵，明道，明选，明遴，明遇，明通，天植。这是高祖十一房。之后，明峻生三子：必茂，必蕙，必美；明旸生四子：泰来，必萃，豫来，师来；明显生三子：瑞来，耀来，庆来；明德生必赍；明逵生子二：藻，睕生；明道生七①子：必苏，必蕃，必葱，必荣，必亮，淳；明选生赓泰；明遴生五子：悦来，必英，必菁，必著，吉生；明遇生四子：必芝，必龄，必莪，必达；明通生六子：溥，演，润，潼，注，淳；天植生七子：涛，澜，淇，淮，瀛，浴，涌。这就是焦循所说曾祖四十七②房。

从焦循高祖、曾祖辈名字来看，只有焦明旸四子之名颇为特别。虽然与其余堂兄弟名中含"来"有"必"没有分别，但泰来、必萃、豫来、师来四人名字合观一处，显然就能看出，他们的名字

①　实列名六位。
②　实具名四十四房。

全取自《易经》之中。"泰"、"萃"、"豫"、"师"四字全取自《易经》卦名，且其卦辞均吉无不利。这分明是说，焦明旸虽没有留下治《易》之作，却对《周易》有相当的了解。这应当是北湖焦氏涉《易》之始。

焦明旸四子中，受父亲影响，四子师来研习《周易》。或许是因为《师》卦爻辞中有着"否臧凶"、"舆尸凶"等不吉之语，焦师来后改名焦源。据焦廷琥《先府君事略》记述，焦源字文生，"深于易学，有《读易图》"。也因为如此，阮元在《揅经室二集》卷四《通儒扬州焦君传》中明确说道："曾祖源，江都县学生，为《周易》之学。"值得一提的是，焦源专于易学，与师从江都易学名家王方魏学习《周易》密切关联。从此，焦循祖上从高祖了解《周易》到曾祖钻研《易》理，真正开启了北湖焦氏又一颇具特色的家传之学。

焦源有两个儿子：长子焦炳，字星若；次焦镜，字鉴千。焦炳和焦镜能传家学，均好《周易》。焦炳师从王祖修习《易》，后转投长于文章之郭嗣龄。焦镜为焦循祖父，治学"好《易》"①，深得王祖修喜爱，进而把爱女许配给他。至此，江都焦、王两个长于易学的家族，由师生上升为姻亲，关系更为紧密。

父亲焦葱，对焦循学术影响极大。譬如作诗，还在焦循"十二三岁时，好为小诗"②，父亲教以司空图《诗品》，并以为"《二十四诗品》，亦当为历来论诗者弟一。尔辈好作诗，宜细读《诗品》，尤宜学作《诗品》者之人品"③。然而，对焦循影响更为深远的，亦然是易学。主要表现为以下三点：

首先，自幼加以熏陶。焦循十三岁时，"学于舅氏谢蕙田先生"，④ 第二年夏天，"自塾中归，先子问日所课若何，循举《小

---

① 焦循：《易余籥录》卷一。
② 焦循：《诗品·序》。
③ 《雕菰集》卷二十三《先考事略》。
④ 《雕菰集》卷二十三《先考事略》。

畜·象辞》，且诵所闻于师之解。先子曰：然所谓'密云不雨，自
我西郊'者，何以复见于《小过》之《六五》，童子宜有会心，其
思之也"①。意思是说，"密云不雨，自我西郊"为什么既是《小
畜》之卦辞，又是《小过·六五》之爻辞？这样同语不同卦的现
象到底该如何解释？这既是父亲对儿子功课的关心，更是对焦循学
术的用心引导。

其次，指出治《易》思路。一是就从"辞之同处"下手，《易
余籥录》卷一："先父尝云：'历来讲《易》者，多不能使《易》
辞了然明畅厌人意，惟于辞之同处，思而贯之，当得其解'。"这
的确成了焦循毕生探讨《周易》的中心课题，更成了焦循构建其
易学体系的基石。《易通释》这部易学巨著就是以此为基本线索，
经进一步探求之后才写成的。《易章句》与《易图略》亦然。二是
从《易传》下手，《雕菰集》卷二十四《告先圣先师文》："循幼
秉父教，令从《十翼》求经。"从此，焦循整日思考的就是《易
传》。甚至在"遭寒疾，垂绝者七日，昏瞀无所知"之时，依然
"惟《杂卦传》一篇往来胸中"②。在撰写《易学三书》时，焦循
便完全以《易传》之说为准则。《易通释》里众多条目往往先从
《传》说入手就是最好的说明，如卷九在释"穷"、"灾"、"索"
等字时便唯《杂卦传》为是，卷十二多引《说卦传》以解"羸"、
"艮"、"获"等语，而卷十八、十九在论述卦序时也以《序卦传》
所说为核心。并且认为，"孔子之《十翼》，即《象辞》、《爻辞》
之义疏"③。由此可见，以为《经》、《传》一体且缘《传》解
《经》，就成为焦循易学的基础，也是父亲启迪的根本所在。惟其
如此，焦循方一再强调："循奉此教，凡四十年，而成《易学三
书》。"④

---

① 《易通释·叙》。
② 《易通释·叙目》。
③ 《易图略》卷六。
④ 《易余籥录》卷一。

最后，为"报命"而治《易》。《易通释·叙目》："嘉庆九年，授徒家塾，念先子之教，越几三十年，无以报命，不肖自弃之罪，曷以逃免。"嘉庆九年即 1804 年，此时的焦循，虽涉《易》已久且声名远扬，但还未形成自己的易学体系。为了"报命"即为了彻底地诠解和阐释《易经》中的同字同句及同义等现象，便正式着手撰写《易通释》这部象征焦循易学核心思想的典籍。从某种角度上说，《易通释》是其家学的必然产物，是焦循尽心尽力以"报命"即完成父亲遗愿的结晶。

当然，谈及焦循的家学渊源，无论如何不能忽略嫡母谢氏和生母殷氏的作用。谢氏是焦循的启蒙老师，《雕菰集》卷二十三《先妣谢孺人传》："循三岁，谢孺人抚育之。……孺人教以书数，口授《毛诗》及古孝弟忠信故事。"生母管教则更加严格，同卷《先妣殷孺人事略》："爱护子弟若珍宝，惟读书督之最严，榎楚挞扑不恤。"

三 师法外家之学

江都王家，英才辈出。王纳谏、王玉藻、王方魏、王祖修诸人均为地方名流。

王纳谏，字圣俞，万历三十一年（1603）解元，三十五年进士，官至吏部主事。长于《易》，著有《周易翼注》三卷，《新镌易经家训》六卷，《会心言》四卷，《初日斋集》七卷等。

王玉藻，字质夫，号螺山，纳谏子。① 崇祯十六年（1643）进士，官浙江慈溪县令。

王方魏，字大名，号芗城，玉藻次子。随父自浙江归里，"闭户著书，四十年不入郡城，不授徒，不游，不酒食，往来浑浑穆

---

① 全祖望《鲒埼亭集》卷五《明兵科给事中前知慈溪县江都王公事略》以为"字螺山"。焦循《北湖小志》卷三《王螺山传第四》以为"字质夫，螺山其号也"。

穆，以全其天。精研《易》理，著《周易广义》十卷、《纂周易解》一卷。"①

王祖修，字俊士，方魏子，贡生。"以《易经》授徒"②，里中多从其学。

如前面所说，在易学传承上，江都王氏与焦氏关系密切。焦循《易余籥录》卷一就明确地表述了这一点："吾乡处士王大名先生，讳方魏，承其先观涛吏部之学，以《易》教授里中。余祖母，大名先生之女孙也。故先祖、先父俱好《易》。"《孟子正义》卷末亦有："先曾祖考讳源，先祖考讳镜，先考讳葱，世传王氏大名先生之学。"而对于父亲师从王祖修习《易》之事，焦循在《雕菰集》卷二十三《先考事略》中进一步作了叙述："王氏世以《易》名家传，至曾孙祖修以通儒为明经，以《易经》授徒。先考为明经外孙，得闻王氏说《易》之法。"

焦循之学同样深受外家影响，列举两例加以说明。

1. 熟读王方魏《纂周易解》一书并专意写《序》

焦循能够展读珍藏《纂周易解》一书，颇有些凑巧。《雕菰集》卷十五《王处士纂周易解序》："先生之曾孙从重（字容若）与先人为中表兄弟，守祖父遗书，虽贫困难苦，不轻示人。循自入小学，稍知识字，借读先生遗书，乞之再三，始见其《纂解》一册。未一月，先生旧庐不戒于火，遗帙尽焚，而此册以循借读，岿然独存。"《里堂书跋》卷一《辍耕录》中又一次提及此事："容若，观涛先生五世孙也。未几，王氏草堂火，书籍字画一时俱烬，惟此书及芎城公（名方魏，字大名）所撰《纂周易解》一卷在余处获存，亦数不当罹于劫邪！"不幸的是，《周易广义》毁于火灾。

对于幸存的《纂周易解》一书，焦循倍加珍视，专门为之写

---

① 《北湖小志》卷三《王螺山传第四附方岐方魏》。
② 《北湖小志》卷三《王螺山传第四附方岐方魏》。

《序》以述大概：

> 闭户著书，四十年不入郡城，不授徒，不游，不酒食，往来浑浑穆穆，以全其天。精研《易》理，著《周易广义》十卷、《纂周易解》一卷。《广义》厄于火。《纂解》分《太极》、《两仪》、《四象》、《图书》、《卦义》、《爻义》，凡六篇。其说《太极》云："太者，大之义，即'大哉乾元'；极者，至之义，即'至哉坤元'。"又云："卵中包含黄白，内黄为阳，外白为阴。草木之实，核以藏仁；人物之胞胎，血以裹气。是时阳在内，生机业已亭毒，阴在外，意象犹然杳冥，太极之象也。周子太极图中分黑白，而又黑交于白，白交于黑，此则太极已剖，非复阴含阳之象。太极以阳为主，故其体圆，其数一。凡爻近阳者利，远阳者穷，向阳者荣，背阳者辱，承阳辅阳者吉，乘阳蹈阳者凶。"

该《序》就是《雕菰集》卷十五的《王处士纂周易解序》。遗憾的是，焦循逝后，《纂周易解》一书至今下落不明。因此，焦循《王处士纂周易解序》所引，可能就是《纂周易解》仅存于世的内容。仅此一点，足证焦循该《序》所具的文献价值。而王方魏"四十年不入郡城"，不由令人想起焦循年四十外"足不入城市者十余年"[1] 而一意著书的景况。

2. 师从王居重学习数学

王居重是王方魏曾孙。其生平及教诲焦循之事，记诸《雕菰集》卷二十二《表叔王容若墓志铭》当中：

> 曾祖父方魏，以处士终。祖父祖修，岁贡生，生君父衡北及循祖母。君性诚朴，读书明大义，非其道未尝取一介也。循

① 阮元：《通儒扬州焦君传》。

及弟妹幼年，君皆抱持饮食。及循生子女，君又抱持饮食之。循十岁前，日夕相依，君时说古人孝弟忠烈故事，暇时教以书数，循之习九九，实始于君。壮年多力，善拳勇，好理乡党间不平事。居余家五十年，凡片纸零铁弃诸地，一一收拾，积一筐，往往得所用。

王居重与焦循一家的感情的确很深。"循之习九九，实始于君"，更说明王居重在焦循幼年时就培养了他对数学的兴趣。

第四节　良师益友，振兴教诲

一　多承指授，就正有道

良师的指陈和教诲，以及通过书信而频繁进行的学术交流，对焦循学术视野的开拓和学术境界的提升，具有非常重要的意义。

少年时期，除父亲焦葱、族父焦轼等人之外，对焦循影响较大的老师有四位：范徵麟、刘墉、吉梦熊和顾凤毛。

范徵麟是焦循重要的启蒙老师。《雕菰集》卷二十二《范氏墓表》："循从师七年，师授以骚赋古文。"焦循的古文功底，就是师从范徵麟打下的根基。

乾隆四十四年（1779）五月，江苏学政刘墉按试扬州，取焦循为附学生，且指点焦循说："不学经，无以为生员也。"[1] 焦循铭记在心，转而学经。《雕菰集》卷一《感大人赋》前之《序》："循归，乃屏他学而学经。循之学经，公之教也。"

促进焦循下决心以经学作为自己学术方向的，是安定书院讲席吉梦熊和一同肄业其中的同学顾凤毛。

对此，焦廷琥在《先府君事略》中有过叙述："壬寅，吉渭岩

---

[1] 焦循：《雕菰集》卷一《感大人赋》。

先生来主安定书院讲席，府君往谒，先生勉以经学。时顾超宗先生与府君同学，其尊人文子先生以学名，府君就超宗先生问焉，遂用力于经。"

尽管顾凤毛与焦循一同为学，年龄也仅比焦循长一岁，但是，家学渊深的顾凤毛对焦循习经指点良多。《雕菰续集·与秦敦夫太史书》："兴化顾子超宗以经学名，折节与交，得习经之门户，乃从事于汉、唐注疏，循之补廪膳生，以经学超宗之益也，至今思之不能忘。"也因为如此，焦循视顾凤毛为师。《红薇翠竹词·秋夜月》："余得交超宗，始知天地间有经学，乃尽弃旧习，从事于经，就正超宗，超宗每直言道其是非。虽交友，余实以师事之。"

青壮年时期的焦循，就正请业者多为名师，如钱大昕、段玉裁、王鸣盛、程瑶田和汪中。

焦循和钱大昕之间，学术交流较多。《释弧》成稿后，钱大昕撰写了《叙》，其中说："江都焦子里堂，好读书，邃平动弛豫学，所著《群经宫室图》已久行世。今又出其余力，竭二旬之功，撰《释弧》三卷。以余昔尝从事于斯而属叙焉。"后来，焦循又以《释轮》就正钱大昕，《雕菰集》卷十四《上钱辛楣少詹事论七政诸轮书》："所呈《释弧》三卷，蒙赐览，并给《序》文，不胜愧谢之至！循又有《释轮》二篇，明七政诸轮所以用弧三角之理，以有数条未能以旧说为信，请以就正有道。"对于钱大昕的著述，焦循孜孜以求。《雕菰集》卷六《读书三十二赞·二十一史考异》："詹事之学，博大精微。"卷七有《翼钱三篇》，还说"身后十年，始读其《潜研堂文集》"。《里堂道听录》卷二十六录有《钱大昕十驾斋养新录论河防》一篇。

对段玉裁学术，焦循推尊备至。如《里堂札记·乙亥札记·答阮阮芸台先生》："本朝之学，当以王、段为第一。怀祖父子、懋堂发声音训故之精微，孔书赖以大显。循以此推之于《易》，其中引申之处，多用声音假借，乃知毛公《诗传》、左氏古文与文、周之《辞》、孔子之《传》原为一辙，因叹王、段之学，洵二千年所未有，顾宁人辈，尚觉其粗浅迂拘耳。"焦循不仅以为"高邮二王"、段玉裁为入清以来学术"第一"，而且指出自己的易学运用了"声音假借"之学术"精微"，是对"王、段"之学的继承和发展。因此，对段玉裁之书再三阅读，在著述中多有摘录和引用。《雕菰集》卷六《读书三十二赞》中，所"赞"段书就有三部：《六书音均表》、《说文注》、《诗经小学》；《里堂札记·乙丑手札·寄袁寿阶》："段若膺先生曾以《周官汉读考》见赠，已为居间中饱而未能一读也，乞为我仍觅一部。"而在《里堂道听录》卷十八、卷二十一中，分别对《音韵十七部》和《六书音均表》中有关内容加以摘录。至于书信往来以论学术亦相当频繁。《雕菰集》卷十四《寄段懋堂先生书》一信，焦循"萃数年之力，成《毛诗草木鸟兽虫鱼释》一书，而以陆氏《疏》掇拾考辨于末，谨录数条请正"；《里堂札记·丙辰手札》中两通《答段若膺先生》，前者咨询前非"大作《说文疏证》，海内皆知有此书，不知几时乃出以行世否"？后者讨论假借、转注之特质并言及治学计划："假借、转注以形言者，此说新出于江君艮庭之石刻《六书说》，浙江月课卷有用其说者，先生或指此否？江君是说，循亦颇疑之，见在拟为《经诂通释》一书，即用东原先生之义。得先生言，循意决矣。"知段玉裁之学，深深影响着焦循。

焦循幼年时，已读过王鸣盛的《西庄始存稿》。在安定书院肄业第三年即1784年，焦循就披读了王鸣盛的《尚书后案》。四年后，又读其《十七史商榷》。焦循著成《群经宫室图》，亦向王鸣盛请正。这些，在《里堂札记·丙辰手札·答王西庄先生（五月十七日）》信中就有记述："家塾所藏书，有先生文集，名《西庄始存稿》，幼时读之，即知先生名。甲辰，于李啬生学师处求得《尚书后案》，戊申，又于友人顾超宗得《十七史商榷》，规模鸿阔，义指精深，诚后生小子所奉为准的者也。循生长村僻，学无师承，惟于大人先生所著述中求之，窥窃古学，如大作皆珍宝藏之，时以为己学之比例。去秋在江宁，晤黄君宗易，托其为先容，道平素仰慕之意，时以《宫室图》托其代求教诲，不知何以至今始至？且又从山左来也。蒙赐手书，过加奖励，不胜愧感之至。《蛾术篇》曾于《十七史商榷》中识此名目，急求一见久矣。望即付梓人，公诸天下耳。"对前辈学者的仰慕和敬重溢于言表，所获教益也一目了然。

对程瑶田之学，焦循评价很高。《雕菰集》卷六《读书三十二赞·通艺录》："实事求是，穷极微芒。允哉《通艺》，轶汉驾唐。"早在乾隆五十三年（1788），焦循就已披阅程瑶田的著述。《里堂道听录》卷二十《程易田辨粱黍稷》："程易田撰《九谷考》，于粱、黍、稷辨之最精。其书已刻《通艺录》之中。余乾隆戊申尝手写一本。已而易田先生以刻本见遗。"此后十年，一直保持书信联系。嘉庆十一年（1806）四月五日，在收到程瑶田所写《墓志铭》之后，焦循迅即回信感谢，且立刻仿《通艺录》版式请人雕刻。此见记于《里堂札记·丙辰手札·谢程易田先生》一信之中："读手札一通，承赐撰先人《墓志铭》一卷，又《通艺录》新刻五种。……窃谓是篇可收入《通艺录》中，当即照《通艺录》板式眷好，付之梓人。"过了一月，至五月二十七日，焦循将已刻成板片寄出，并就陆续收到之书深致谢意。此亦载于《寄程易田先生》一札："尊作亦即照《通艺录》样式付刻，今已刻成，谨将板三片寄上。承示《丧服足征记》续刻及《释宫小记》等卷，随又接到《释虫》、《释草》二种，均一一读过，精博贯串，有神后学，非近来依草附木者所能知也。《磬折》一编，尤足绌妄人之口。"嘉庆十三年秋，又收到程瑶田来信，及所赠"《三江》、《磬折》两刻，俱极精妙"[1]。嘉庆十八年九月末，在收到《倨句生于半圆周图说》一文后，焦循即刻复信，这就是《里堂札记·癸酉手札》之《复程易田》一信："九月之末，接读尊大作《倨句生于半圆周图说》。先生虽不专事算学，而妙悟入神，自非算博士所能知也。台作盘折

---

[1] 《里堂札记·戊辰手札·答程易田先生》。

诸篇，自为千古定论，循已录入《里堂道听录》中。""癸酉"，为
1814 年。次年，程瑶田故去，享年 90 岁。就是说，焦循与年届九
秩的程瑶田，亦然保持着学术联系。

与其他名师多为书信联系不同，焦循常常直接向汪中请教，汪
中亦面授其学。《里堂文稿》所收《汪容甫传》记曰："余年二十
一，始识容甫。容甫语人曰：'焦君朴学可造，宜进而教之。'余
时以所业请正，因亦尽见其所著书。语余曰：'儒者之学，最忌随
声附和。许慎之书，必不同于郑康成，学者读其书，宜信其是，不
必持其辞。今人于经文未能成诵，辄曰吾康成也，吾叔重也，属两
字之文，不能贯通而执一偏，旁刺刺不已，此其人，吾鄙之；学古
人之学，博采而精思之，如蜂之酿花成蜜，蜜成而花不见，今人抄
袭胪列，以为墙壁，叩之本心，一无所得，此其人，吾鄙之；人宜
各用其长，工于象者不必又习于弈，近时为辞赋者，见举世重经
学，乃舍所能而假以自饰，于是车马士卒混入三百六十一路中，此
其人，吾又鄙之。'见作叙事文，曰：'焚之。此唐、宋人小说，何
不学左丘明、司马迁？'"既鼓励焦循为学贵在创新和贯通，又指点
弃"唐、宋人小说"而"学左丘明、司马迁"，言简意赅，对焦循
影响很大。所以，在《雕菰续集·与秦敦夫太史书》一信中，焦循
这样写道："黄春谷与吴山尊评仆之优劣，于汪容甫意不合，循即撰
《汪明经传》以明其尝以古文教循。循之叙事文，实有得于容甫也。"

二 甚获友朋讲习之益

与焦循有学术交游之友朋并不少，从第二章及书末所附简表
中可见其大略。地方文献中，对其好友也多有描述，《光绪江都
县续志》卷二十四下说，黄承吉"与同郡焦循、李钟泗、江藩以
经义文事相切劘，时有'江焦黄李'四友之目"。并且，相互
"共为经学，旦夕讨论，务求其是"[1]。一时间"声应气求，极一

---

[1] 《清史列传》卷六十九《钟怀》。

时之盛"①。可是，在焦循友朋中，真正能得"讲习之益"者，只有阮元、王引之、凌廷堪、江藩、汪莱和李锐。

焦循与阮元的学术交游十分密切，不光因为两家是亲戚，更重要的是两人为学志趣相投。以《里堂札记》中的记述为例。焦循《易学三书》甫成，就抄录副本就正于阮元。《乙亥手札·答阮芸台先生》："呼门人辈自五月初至八月末，将《易通释》二十卷、《易图略》八卷誊写两通，以一通存家塾，以便精力所及再加增损，谨以一通呈上，共五本。"阮元一有新作，便寄示焦循。《丙子手札·答阮芸台先生》："又接手书，并大作一本，读之殊益人神智。因《释矢》，悟得《易》中'施'、'尸'等字之引申，谨录呈政。"这种交流，对学术研究十分有益。而阮元的评价，增添了焦循撰成《易学三书》的信心，这在《甲戌手札·答阮芸台先生》一信中表现得淋漓尽致："昨承尊问，且以比刘庶常之《春秋公羊传》，不禁心志鼓舞，归来甚觉高兴，已取《章句》稿，日日修改。可见一切事功，全赖有人振兴教诱耳。"

焦循能及时展读《广雅疏证》，得益于王引之的赠送。《里堂札记·己未手札·答郑柿里》："王伯申已寄《广雅疏证》一部与弟，乞为我谢谢。"且在同年《答王伯申》一信中说，该书"精核不刊，洵足以惠后学，而发先儒之所未言"。1802年，焦循入京会试，王引之赠以《周秦名字解诂》，事见《壬戌会试记》："十六日，王伯申来，赠以所著《周秦名字解诂》。"1805年，王引之寄来《经义述闻》，次年九月，两人晤面于扬州。《里堂道听录》卷一《经义述闻》："嘉庆乙丑，太史自都中寄我。明年秋九月，晤太史于郡城达士巷郑星北家，则又增刻一倍。于声音训故求其贯通，自汉以来疑滞一旦涣释，学者所宜奉为法也。"而焦循撰写《易通释》伊始，就受到王引之首肯，由此备受鼓舞。《雕菰集》卷十六《易通释·自序》："初有所得，即就正于高邮王君伯申，

———————
① 刘文淇：《青溪旧屋文集》卷六《梦陔堂文集序》。

伯申以为'精锐'、'凿破混沌'①，用是愤勉，遂成《通释》一书。"在《孟子正义》之中，焦循多采王引之的观点，书中所见多有，在《撰孟子正义日课记》里也有记述："（嘉庆二十四年十二月）十三日辛丑，晴。阮宫保寄伯申《经传释词》来，阅之，择其说《孟子》若干条入《正义》。"

凌廷堪与焦循讨论经学与音乐。乾隆五十七年（1792），凌廷堪《与焦里堂论路寝书》② 中，就《群经宫室图》卷上《宫图八》所述路寝之制予以讨论，对"东堂东乡，东夹在其后；西堂西乡，西夹在其后"疑而辨之。焦循则在《里堂道听录》卷二十三有录凌廷堪《燕乐考原》之《燕乐二十八调》，以示推重。

焦循曾认真阅读江藩的《周易述补》，后来又为之写《序》。《里堂文稿·江子屏周易述补叙》："乾隆丁未冬，始识子屏，江君子屏示以所补《周易述》二卷，读之三月，而后归之。越十有七年，嘉庆癸亥春，访子屏于秦敦夫太史家，子屏穷居无聊，惟昼夜著书不辍，复示以昔所补《周易述》，令为之叙，又读之三月而后，序而归之。"

焦循学术特别是数学研究中，深受汪莱影响。如《学算五书》之《释弧》一书的撰写，就与汪莱的学术导引密不可分。《里堂札记·乙卯手札·寄凌仲子》："八月十七日江宁别后，弟亦旋出水关，是日阻风江口，至二十二日方得开船，喜与汪孝婴之船为邻，与之谈弧三角之术。归即取梅、戴二家之书核之，凡十七昼夜，乃尽通其奥，撰为《释弧》三卷，细析为图，颇便初学。"这次交流，为数学名作《释弧》的撰写播撒了优良的种子。值得一提的是，这也是焦循与汪莱的第一次见面，时间是乙卯年，即乾隆六十年（1795）八月，"记得秦淮上，与君初结交"所言正是此次省试

---

① 《易章句》卷首录王引之书信："日者奉手书，示以说《易》诸条，凿破混沌，扫除云雾，可谓精锐之兵矣！一一推求，皆至精至实，要其法，则'比例'二字尽之。所谓'比例'者，固不在他书而在本书也。"

② 凌廷堪：《校礼堂文集》卷二十三。

会面之事。三年后，汪莱把自己的代表作《衡斋算学》赠与焦循。《里堂书跋》卷一《衡斋算学》："嘉庆戊午秋八月，与孝婴遇于秦淮水榭，孝婴以此二卷赠余。"焦循著述甫成，常常就正于汪莱。《易通释》和《论语补疏》就是如此。《易通释·叙》："初有所得，即就正于高邮王君伯申，伯申以为'精锐，凿破混沌'，用是愤勉，遂成《通释》一书。丙寅，以质歙县汪君孝婴，南城王君实斋，均蒙许可。"《论语补疏·叙》："余向尝为《论语通释》一卷，以就正于吾友汪孝婴，孝婴苦其简而未备。迄今十二年，孝婴已物故，余亦老病就衰，因删次《诸经补疏》，订为《论语补疏》二卷，略举《通释》之义于卷中，而详言其大概如此。"

　　焦循与李锐论学之情形，具见于《雕菰集》卷十五《衡斋算学序》之中：

　　　　岁乙卯冬，予在浙，始得《益古演段》、《测圆海镜》两书，急寄尚之。尚之喜甚，为之疏通证明，复推其术于弧矢，著书以明郭太史《授时草》所用天元一之术也。而予又得秦氏所为《数学大略》，今名《数学九章》。亦撰为《天元一释》、《开方通释》，以述两家之学。庚申冬，与尚之同客武林节署中，互相证订，喜古人绝学复续于今。明年，孝婴来扬州，因以语之。壬戌春，予在京师，孝婴自六安寄一书来，甚言秦、李两家之非，而剖析其可知不可知，《衡斋算学》中弟五册是也。是秋予复在浙，尚之需于孤山。买舟访之，以孝婴之书与相参核，尚之深叹为精善，复以两日之力，作《开方三例》，以明孝婴书之所以然。

　　在《雕菰集》卷十六《开方通释自序》里，焦循还说："嘉庆庚申冬十一月，与元和李尚之同客武林节署，共论及此，尚之专志求古，于是法尤深好而独信，相约广为传播，俾古学大著于海内。时谈阶平教谕亦客督学刘侍郎幕中，时过余寓舍，互相证订，甚获友朋讲习之益。"

"甚获友朋讲习之益"一语，是焦循对友朋有助于自己学术的最好总结。

第五节 蓄书读书，精益求精

图书资料是从事学术研究最基本的条件之一，焦循的学术研究同样如此。

焦循在《北湖小志·跋》说："藏书数千卷。"阮亨《淮海英灵续集》承其说："筑雕菰楼，藏书数千卷。"这些藏书，或为祖传，或为赠送，或属抄录，或为自购。此外，还借阅图书。借此而写出大量读书笔记，为进一步的研究奠定了坚实的基础。

一 藏书数千卷

焦循的藏书，有的是祖上传下来的，如《汤睡庵评选历科程式墨》就是曾祖父留下的；有的是友朋赠送的，如汪莱所赠的《衡斋算学》。更多的，则是自抄和自购的。

对买不到的书，或者可借而不可买的好书，焦循能抄就抄。用这样的办法，也积累了不少资料。《雕菰集》卷十六所述抄录家乡先贤的著作，就是这方面的例子。如宝应学者王岩所著《异香集》二卷，焦循幼年时就听说此书并一直寻访，嘉庆二年（1797），焦循在汤庄教书时，竟获知汤氏藏有兴化陆廷伦所刻之本。于是，便抄录一遍，藏于家中，是为焦氏抄本。如今，国家图书馆藏有康熙二十二年（1683）孙祖庚的映雪斋刻本，陆廷伦刻本却罕有所见。遗憾的是，焦氏抄本也不明下落。像这样的抄本或摘抄本，在焦循的藏书中，还有《礼记》、《诸子节录》、《何有轩文集》、《双虹堂集》、《字书》、《天步真原》、《集旧文钞》、《焦里堂手抄诗文集》等书。

焦循购书情形，在《里堂书跋》中记述较多。如卷上"乾隆

丁未，购得十三本”的《北堂书抄》，“乾隆辛丑，于泰州买得
《埤雅》一部”，卷下“乾隆甲寅八月，于江宁得”《韩非子》，
“乾隆甲寅四月十八日，于书肆敝书中得”《畏垒笔记》等。然因
家道中衰，焦循购书充满艰辛。《雕菰集》卷十六《修葺通志堂经
解后序》：

> 　是书为休园郑氏所藏书，旧缺《三礼图》、《学易记》、
> 《读易私言》、《易雅》、《筮宗》、《周易辑闻》、《春王正月
> 考》、《四书通证》八种，《部首》无序目，而字画清秀，盖康
> 熙间初印本也。乾隆丙午，连岁大饥，余迭遭凶丧，负债日迫
> 于门，有良田数十亩，为乡猾所勒买得，价银仅十数金，时米
> 乏，食山薯者二日，持此银泣不忍去。适书贾以此书至，问
> 售，需值三十金，所有银未及半，谋诸妇，妇乃脱金簪易银得
> 十二金，合为二十七金，问书贾，贾曰“可矣”。盖歉岁寡购
> 书者，而弃书之家，急于得值也。余以田去而获书，虽受欺于
> 猾，而尚有以对祖父，且喜妇贤能成余之志。是夕餐麦屑粥，
> 相对殊自怪也。明年丁未，得《春王正月考》于高君学山，
> 又于叶叟处购得《学易记》、《读易私言》二种。戊申七月，
> 于金陵市口得《三礼图》。己酉，得《易雅筮宗》。壬子，又
> 购《三礼图》初印本于黄客。甲寅，于周客之濂溪书屋购得
> 《周易辑闻》、《四书通证》，越二日，大火，濂溪书屋焚，无
> 寸木，而二书幸存，如鬼神护之者，亦奇矣！

为买书而“餐麦屑粥”，何其艰难！这种艰难，同样体现在购
买《十三经注疏》一书上：

> 　余己亥、庚子间，始学经，敬读《钦定诗经汇纂》，知
> 汉、唐经师之说，时时欲购《十三经注疏》竟观之。乾隆辛
> 丑，买得此本，珍之不啻珠玉，时肄业安定书院中，宿学舍，

夜秉烛阅之。每风雨，窗外枇杷树击门作弹纸声，时有句云："惊人似鬼窗前树，诱我如痴几上书。"于今盖二十年矣。购此书时实无资，书肆索钱五千，仅得二千，谋诸妇，以珠十粒，质三千。珠价实值数倍，以易赎寡取之，然究未能赎也。①

可有的时候，因财力所限而无法如愿。如在乾隆五十八年（1793），焦循好友江德量刚刚仙去，其弟就卖起了他的藏书，其中有本宋拓《多宝塔铭》，焦循极想买回，无奈要价三百两，只好望书作叹了。

若有机会，就借阅图书。如《雕菰集》卷十五《后汉书训纂序》："晋蕃家多藏书，每借阅，而是编与焉。"《易余籥录》卷五："近于阮寿昌处借孔检讨《诗声类》、《诗声分例》阅之。"

同时，文汇阁、文淙阁所藏《四库全书》，焦循亦充分利用，就近查阅。《毛诗地理释》卷四"召伯"："《四库全书提要》言民间有别本刊行，内多古迹一门。"《群经宫室图·叙》："考《隋史》所传，有《王城宗庙明堂图》一卷，访之《四库》，已无其书。"《雕菰集》卷十六《开方通释自序》："循向为《加减乘除释》，于此欲贯而通之，反复再三，犹未得立法之要。近来因讲明天元一术，于金山文淙阁，借得秦道古《数学九章》，其中用开方法，既精且简。"

二　详读至再三

江藩曾在《石研斋书目序》中说："欲读书，所以蓄书。"焦循着力藏书，正是为了读书，而且反复阅读。《里堂道听录·序》："余生质极钝，每得一书，无论其著名与否，必详阅首尾，心有所契，则手录之。余交游素少，然每有以著作教我者，无论经史子集

---

① 引自赖贵三《批判继承与创造发展——焦循手批〈十三经注疏〉的学术价值》，载《清代学术研究》，台湾学生书局，2001。

以至小说词曲，必详读至再三，心有所契，则手录之。"

"详读至再三"，是焦循的治学习惯。在"详读"中，有感而发，撰成著述。如阅读张符骧的《依归草》时，写成了著名的《贞女辨》二篇。《雕菰集》卷十八《抄依归草序》：

> 岁己未，于市上得其所为《依归草》十卷。"依归"者，依明人归熙甫之文以为文也。文不妨有熙甫，亦不妨有学熙甫之文之人。然学熙甫，遂尽屏异于熙甫者，而于熙甫一言一意，皆奉若圭臬，不敢少疑，则非善学熙甫者矣。熙甫泥女子从父之说，而禁室女之守贞，余深恶是说之似是而非，尝撰《贞女辨》二篇，以祛其妄，世固已共见之。

因为"心有所契，则手录之"，所以，《书义丛钞》四十卷、《扬州足征录》二十七卷、《里堂道听录》五十卷等书渐次而成。还写成了大量的读书札记并汇编成册，如《里堂书跋》二卷、《易余籥录》二十卷、《剧说》六卷等等。焦循的不少著述就是在读书中发现问题并试图解决中著成的。如《毛诗草木鸟兽虫鱼释·序》所说：

> 读《论语》，至多识于鸟兽草木之名，私心窃喜，遂时时俯察物类，以求合《风》人之旨。辛丑、壬寅间，始读《尔雅》，又见陆佃、罗愿之书，心不满之，思有所著述，以补两家之不足。

焦循的易学研究，同样始自广泛的阅读。《易广记·叙》："余之学《易》也，自汉魏以来至今二千余年中，凡说《易》之书必首尾阅之。其说有独得者，则笔之于策。"《易广记》三卷，就是"笔之于策"的产物。反映在焦循的著述中，就是对前人《易》说的广泛征引，但所引范围主要仍在汉魏易学之中。并且坚持"宜从《经》、《传》中测之"① 这一原则，对之辨析和取舍。对虞翻和王弼之说便正是如此。

焦循在手批《周易兼义》卷一中说："《九家》谓乾为龙，仲翔谓震为马，皆失之矣。"《易通释》卷十《握渥》："《萃·初六》：'若号，一握为笑。'虞仲翔谓艮为手，初称一，故一握，初动成《震》，《震》为笑。王弼谓：'一握者，小之貌也；为笑者，懦劣之貌也。'求之于《经》，皆不能达。"作此辨析之后，焦循以为"握、渥二字，互相假借"。另外如："虞仲翔荣作营，谓避难远循入山，大抵皆望文生意而已。"②"虞仲翔谓阳得阴熟故烂，韩伯谓物熟则剥落，皆望文生意。"③ 因此，焦循在《易图略》卷七《论半象第四》中说："虞氏之学，朱汉上讥其牵合，非过论也。"与之同时，对虞翻的可取之说又毫不含糊地给予肯定和引用，同卷引虞氏对"石"字之释，焦循就以为"深得《易》义"；对"角"字之释，以为"虞仲翔谓乾为首，位在首上称角，以晋先否，是也"；对"攻"字之释，认为"虞仲翔以相摩解之，是也"。另如《易图略》卷六《原辞下第六》："汉魏以来说《易》诸家，最详善者莫如仲翔虞氏。"《易章句》第一："虞仲翔谓坤为虎，是也。"均是焦循有取于虞氏的实例。

《易通释》卷十七《枕》："王弼以'枕'为不安，干宝以'枕'为安，皆非其义。"同卷《瓶瓮》："弼固读瓮为雍，尚合乎同声假借之义耳。"在《匕鬯》条中又说，"王弼本以注《易》是也。"而"弼训'簪'为疾，本《子夏传》"，"或谓王弼臆造，非也"。

从总体上看，焦循认为对王弼易说"屏之不论不议"④ 是不对的，"以六书通借解《经》之法"⑤ 是合乎《易》理的。于是，焦

---

① 《易通释》卷三。
② 《易通释》卷十。
③ 《易通释》卷十。
④ 《周易补疏·叙》。
⑤ 《周易补疏·叙》。

循因此而写出了《周易补疏》一书。当然，对于王弼之学，焦循的认识有一变化的过程。《雕菰楼经学丛书·周易补疏序》："余之为易学也，自王弼始。幼时仅见《注疏》，以弼为最古，故学之。已而得李鼎祚《集解》，乃知弼之外有马、郑、荀、虞诸家，皆胜弼远，舍弼而学诸家。"

同样，对虞、王以外的其他汉魏《易》家如马融、郑玄、荀爽等人之说，焦循也是有取有舍；对汉魏而外的《易》说仍持同样的态度，如《左传》、《周易本义》所述等。

此外，焦循对史学文献特别是对里中图书的搜集和研究，也下足了工夫。阮元就给予焦循很高的评价："力彰家乡先哲，勤求故友遗书，孜孜不倦。"[①] 在其他学术领域，焦循尽可能涉猎其学，获得启迪，加深认识。对数学的了解和进一步研究即是如此。除《雕菰楼》卷二十二《表叔王容若墓志铭》所说"循之习九九，实始于君"而外，《里堂书跋》卷二《周牌图注》的记述，则更能说明焦循"详读至再三"而为学的事实："余幼时学算，苦无人手处，询诸郡人，莫能言者，偶得此书熟之，遂明开方句股二术。"

正是从这些藏书中，从阅读前贤和时人的著作里，焦循不断地汲取充足的营养，成就了自己不凡的学术事业。有鉴于此，焦循对自己的藏书爱惜有加，在小心保护和勤加题跋的同时，还在《周易兼义·记》中郑重写道："嗟乎！购一书艰难若此，子孙不知惜，或借人，甚或散失，真足痛恨，故书以告之。"可是，能承其志的焦廷琥在父亲逝世后半年就病死家中，加之后人备尝乱世苦果，焦循的藏书散失殆尽，雕菰楼也早已不复存在，就是遗址也难以找寻，令人歔欷不已！

三 无所不疑，无所不原

影响焦循学术的因素是多方面的。但是，不能忽略这点，就是

---

① 阮元：《揅经室二集》卷四《通儒扬州焦君传》。

焦循独到的论述方法和丰富的思想体系是通过自身不懈的努力才获得的。这是焦循之学卓有成就的根本因素。其易学成就更具代表性。在治《易》过程中，除了扎实的功底和通识的眼光以外，需要强调的还有以下四点：

1. 勇于怀疑

《易通释》卷十六《冰》，"说者多援积不善之义"而解，焦循则"心疑久之"。同卷："《说卦传》于《离》称为鳖、为蟹、为蠃、为蚌、为龟"，"旧说徒以内柔外刚概之，然则举一龟已足，何必繁引其类？疑之既久"。其于日后治《易》常常使用的假借这一方法，"本无其字，假借"则尚可理解，而《经》中"本皆有者也，何必借瓠为壶"？① 对此，焦循"疑之最久"②。没有怀疑就没有创新，何况"无所不疑，则无所不原"③。可以说，大胆怀疑是焦循治《易》所迈出的第一步。

2. 勤于思考

解疑的办法，要么"叩诸通人"，要么查阅典籍，却往往难以解决。于是，焦循便只有在博览的基础上去"思"、去"悟"了。如《易传》"内文明而外柔顺，以蒙大难，文王以之，内难而正其志，箕子以之"几句，焦循在"苦思既久"之后，终于"悟得之"④；对"致一"等词，也都"思之有年"⑤。因此，《易广记》卷一就曾这样记述："无一日不穷思苦虑。"其结果，不仅"旁通"等法"悟得"之，《传》文也在"精思十年"之后"悟得其妙甚"⑥，且从中悟出了勤思的价值："思之而适，胜于得误书。"⑦

---

① 《易话》卷下。
② 《易话》卷下。
③ 《易广记》卷一。
④ 《易通释》卷十八。
⑤ 《易通释》卷十一。
⑥ 《易广记》卷一。
⑦ 《易通释》卷十八。

3. 持之以恒

焦循博通群书，然终其一生而治的只有《周易》一书。而治《易》伊始，与他人一样对"卦变反对"之说"综而核之"①，"以之为非"而"毅然改去"；后来，曾效仿黄中"六爻旋而圆之"方法，因不能贯通而"决然舍去"②；最后，则用"一以贯之"的原则潜心探索，从未放弃对《易》的思考和研究，就是在足疾"每发痛彻骨"③、"昏瞀无所知"④ 之时，也仍然不忘探《易》，"耐心为此"⑤，坚持不懈，终成其学。

4. 精益求精

焦循治学，"稿屡成而屡易"⑥，如《毛诗鸟兽草木虫鱼释》便"稿易六次"⑦。就《易通释》一书而言，也是历经六稿而后方成，部分条目甚至在反复推敲下才写成的，如《上下》一条，"凡易十数遍而后成"⑧；《新旧》一条，历三次加工改动才确定。"癸酉本合《新生》一条。甲戌本十一月十五日灯下分《新》字为一条，别补《生死》一条。是月二十七日又悟得'旧'字之义，因补《新旧》一条，删去《新》字条"⑨。对于这样反复修订的工作，焦循一直乐此不疲，谓能"愈咀愈出"。尽管"愈咀"的过程充满着艰辛，"原已走万里，觉其不是，又回家，更走万里，又不是，又回，又走"，但焦循"不惮往返"⑩，精益求精，终致苦尽而甘来，从而完成了自己博深的易学体系。

---

① 《易图略》卷七。
② 《易广记》卷二。
③ 焦廷琥：《先府君事略》。
④ 《易通释·叙》。
⑤ 《易话》卷上。
⑥ 《易话》卷上。
⑦ 《雕菰集》卷十六。
⑧ 《雕菰集》卷十六。
⑨ 《雕菰楼经学丛书》，台湾文海出版社，1974 年影印，第 820、824 页。
⑩ 《易话》卷上。

第二章　学术交游

　　学术交游对学术层次的提升具有重要的意义，焦循对此有着深刻的认识。在《里堂札记·壬戌手札·寄周己山（八月十八日）》一信中，焦循就曾这样说过："天下事全以兴趣朋友切磋，互相精益，即有足传者也。"毫无疑问，"天下事"当然包括读书治学。焦循学术境界的不断开阔，就与学术交游有着密切的关系。

　　综观焦循一生，其学术交游约略可分为四个阶段：年少读书时期；设馆授徒阶段；游历鲁浙之时；与修志书期间。

第一节　年少读书时期

一　幼学启蒙之时

　　焦氏自高祖焦源起，经几代人努力，已成北湖书香门第。生长在这样的家庭中，焦循自幼便受到了良好的教育，其第一位启蒙者便是嫡母谢孺人。童年时的焦循，深受外公谢铨和谢天霁喜爱。六岁起，随表兄范徵麟和表叔王居重学习。北湖焦氏与公道桥阮家来往密切，焦循自幼与阮元为学，八岁时，深受阮元族父阮赓尧赏识，且认作女婿。年十一，师从族父焦轼学习诗、赋和《说文解字》。十三岁时，随舅氏谢联芳学习。年十四，父亲焦葱引领焦循走上易学道路。十七岁时，江苏学政刘墉取其为附学生。同时，焦循对医学产生浓厚兴趣，多受李炳指点。他们都对焦循有着重要的影响，概述如下。

谢孺人（1720～1785），谢铨女，焦循嫡母。清初，江都谢氏人才辈出，谢九成、谢旭、谢天霁工诗能文，时称"三谢"。谢铨为天霁之兄，自幼教女读书识字，作诗习经，为其打下良好的学术功底。

谢孺人为焦循启蒙良师。《忆书》卷五："余三岁，随嫡母谢孺人即日识数字。"《雕菰集》卷二十三《先妣谢孺人事略》："循生母殷孺人，生循三岁，谢孺人抚育之至十五岁。……孺人教以书数，口授《毛诗》及古孝弟忠信故事。多置纸笔，令临写字。"

谢铨，字双南，江苏江都人。焦循母亲谢孺人之父。《雕菰集》卷二十三《先妣谢孺人事略》："循幼年随孺人之外家，称双南公曰五公公，称觐南公曰六公公。……每至两外祖家，或两外祖至吾家，孺人令循出所书字呈于两公，或当前作对句，两公率抚摩以为笑乐。"

谢天霁，字觐南，号爱园，江苏江都人。工诗，著有《来青阁诗抄》一卷。焦循所辑《焦里堂手抄诗文集》中，存有《来青阁诗抄》一卷。

范徵麟（1744～1793），字彬文，号秋帆，江苏甘泉人。诸生，好游山水，长于作诗，著《秋帆集》十卷。

范徵麟是焦循重要的启蒙老师。《北湖小志》卷四《私传第二十一》："余六岁从表兄范先生学。"1768年，焦循六岁，是为二人学术交往之始。之后七年，焦循随之学习作诗为文，获益良多。《雕菰集》卷二十二《范氏墓表》："循自幼受业于彬文师。……循从师七年，师授以骚赋古文。年十七，以诗赋受知于刘文清公，师之教也。"

王居重[①]（1723～1794），字容若，又字尊瞻，江苏甘泉人。

---

① 《雕菰集》道光四年岭南节署本"居"作"从"。

焦循表叔，居于焦家 50 年。

王居重为焦循启蒙师之一。《雕菰集》卷二十二《表叔王容若墓志铭》："循十岁前，日夕相依，君时说古人孝弟忠烈故事，暇时教以书数，循之习九九，实始于君。"

阮承勋，字赓尧，江苏仪征人，太学生。焦循岳父。童年时，焦循前往公道桥拜寿，颇受阮赓尧赏识，并把女儿许配焦循。阮元《揅经室二集》卷四《通儒扬州焦君传》："八岁，至公道桥阮氏家，与宾客辨壁上'冯夷'字，曰：'此当如《楚辞》读皮冰切，不当读如缝。'阮公赓尧大奇之，遂以女字之。"之后，亦多加培养。《雕菰集》卷二十一《阮湘圃先生别传》："循未弱冠时，极为妇翁阮赓尧太学所爱，时时呼至其斋阁为文章。"

焦轼（1710～1778）字凭轩，号熊符，焦循族父。擅诗词，工古文，精书法，通《说文》，著有《梅花诗迷百首》、《凭轩遗笔》。

焦循师从焦轼学习诗赋和《说文解字》，以及整理其著述事，在第一章已有所述。

谢联芳，字蕙田，江苏甘泉人。

谢联芳为焦循舅父，亦为焦循之师。《北湖小志》卷四《私传第二十一》："余年十三学于舅氏谢君。"1775 年，焦循十三岁。

焦葱（1722～1785），字佩士，江苏甘泉人，焦循父。

父亲是焦循学术生平尤其是易学道路上非常重要的引路人。一方面，父亲传承家学，熟通《周易》，且付诸实践，《雕菰集》卷二十三《先考事略》："善青鸟家言，通郭景纯诸家之学，熟于《焦氏易林》，筮则用之，每有奇验。"另一方面，父亲为焦循治《易》指明了方向。焦循用通假及"比例"之法解释《易》中同字、同义诸现象，某种意义上就是对父亲发问的有力证明，这在第一章中已有所述。当然，就《先考事略》所录父亲"格言"而言，焦循当然自幼深受父亲影响。

阮元（1764～1849），字伯元，号芸台，江苏仪征人。乾隆五十四年（1789）进士，历官山东学政、浙江学政、浙江巡抚、江西巡抚、湖广总督、两广总督、云贵总督等职。所到之处，注重文化教育，于杭州、广州分别创建诂经精舍、学海堂。为官之暇，勤于著述，有《诗书古训》六卷、《曾子注释》四卷、《论语论仁论》一卷、《孟子论仁论》一卷、《四库未收书提要》五卷、《揅经室集》四十卷等书。主持编纂《十三经注疏校勘记》二百四十三卷、《经籍纂诂》一百零六卷、《皇清经解》一千四百卷等重要书籍。

焦循与阮元自幼一起学习。阮元《北湖小志序》："元家在北湖九龙冈，族姊夫焦里堂孝廉家在黄珏桥，相隔一湖，幼同学，往来湖中者屡矣。"两人开始学术交流，是在1780、1781年之间。《雕菰集》卷二十一《阮湘圃先生别传》："循未弱冠时，极为妇翁阮赓尧太学所爱，时时呼至其斋阁为文章，芸台中丞时方应童子试，每来乡，亦以文为会。"焦循十七岁时，取为学生员，时在乾隆四十四年（1779），之后两年，阮元应考童子试，故"以文为会"就在这两年之中。

乾隆五十一年（1786），焦循丁忧居家，阮元中举。三年后，阮元中进士，开始为官生涯，焦循仍为乡试奔忙，也使两人的学术交游步入新阶段。择要述之如下：

1. 焦循入幕为宾

焦循一生曾到山东、浙江两地入幕：乾隆六十年（1795）在山东；嘉庆元年（1796）、五年和七年在浙江游幕，而幕主都是阮元。游幕时间总共也就五年光景，但在焦循学术生涯中有着重要的意义：一是结识了众多志同道合的学术人物；二是提升了自己的学术境界，在山东关注金石，在浙江进一步研究数学就是最好的例子；三是领略了齐鲁风情，游历过浙江山水，留下了《游山左诗钞》、《游浙江诗钞》、《理堂日记》等著述，以及《神风荡寇记》等文章。

2. 帮助阮元编书

一是《淮海英灵集》。该书卷首《凡例》中，在"助元征诗"三十七人、助元编辑"六人中，都有焦循的名字。《里堂札记·丁巳手札·答阮芸台先生》、《戊午手札·答阮芸台先生》等处，焦循也多有叙述。

二是《扬州图经》。《扬州足征录·序》："岁丙寅，宁化伊公守扬州，时抚部阮公在籍，相约纂辑《扬州图经》、《扬州文粹》两书，余分任其事。明年，伊公以忧去，抚部亦起服入朝，事遂寝。"但焦循为此做了大量的工作。或考订地名，或研究分类，或辑录资料，勤勤恳恳，一丝不苟。如《里堂札记·丁卯手札·答阮芸台先生："《汉书》、《三国志》、《晋书》、《新唐书》、《明史》，仍复一一究采，既费目力，又费日力，凡百余日，未尝自息。"虽然终未成书，却在人才、资料和理论上为随后编纂《扬州府志》奠定了坚实基础。

在焦循和阮元的学术交往中，非常尊重对方的研究成果。可也有例外：《里堂文稿》中的《代阮抚军撰毛西河全集序》，与《揅经室二集》卷七的《毛西河检讨全集后序》大体一致，只是焦文详而阮文略而已，显出一人之手；《浙江图考》收于《揅经室集》之中，可焦循不止一次以之为自己所作，《里堂札记·甲子手札·与洪宾华》："阮中丞所刻诸书，惟《浙江图考》专出弟一人之手，其书较他刻少为明洁，特送上一部。"在《注易日记》卷末也清楚地注明："《浙江图考》（代阮宫保撰）。"个中缘由，有待考索。

3. 彼此表彰其学

对于焦循之学，阮元极力予以表彰，称《北湖小志》"足觇史才"，赞《易学三书》"石破天惊"，终而尊之为"通儒"。焦循以为阮元所著"《释顺》一篇，尤有关于世教，宋、元儒者不知如此记也"①；而"《十三经校勘记》、《经籍纂诂》两书，并大有功于

---

① 《里堂札记·己巳手札·答阮中丞》。

经学，省人无限气力，开人无限知识，循颇得此两书之力。工欲善
其事，必先利其器，此诚利器也"①。

4. 引介学术名流

焦循曾向阮元推荐汪莱和谈泰两人。《里堂札记·辛酉手札·
寄阮芸台先生》："歙县汪孝婴名莱，以天算成家，与尚之相伯仲，
其幽思渺虑，盖尚之之劲敌，而循之畏友也。其所著《衡斋算学》
已刻两种，驳梅氏之误，补西法之隙，妙处真不可思议。谈阶平
教谕亦知其人也。前日过杭，思谒见阁下，欲循为先容，因循不
在署中，遂未敢造次。省中晤循，言及归路，务求一见，循答以
阁下求贤若渴，虽浙中名士，尚不拒见，况歙人乎？因即草札，
俾持此以叩门耳。"凭借入幕，焦循认识了颜崇榘、程瑶田等学术
名家。

5. 刊刻焦循著作

阮元热衷于刊刻学术著作，"先后所刊海内学问之士著述"②
不下数十家，焦循《雕菰集》为其中之一。此外如《北湖小志》，
亦由阮元刊刻问世。至于《易学三书》、《六经补疏》，亦收入阮元
编纂的《皇清经解》之中。这些都为传播焦循的学术成果，提高
其学术地位起到了良好的作用。

至于两人间的聚会、赋诗、题匾及其为家事等而进行的交流，
更是举不胜举，不必一一列述了。

刘墉（1719～1804），字崇如，号石庵，谥文清，山东诸城
人。乾隆十六年（1751）进士，历官安徽学政、江苏学政、江宁
知府、陕西按察使、湖南巡抚、工部尚书、吏部尚书。长于书法，
为清代杰出之书法家。

焦循认识刘墉，是在乾隆四十四年（1779）院试之中。是年
五月，官为江苏学政的刘墉按试扬州，取焦循为附学生，并指点焦

---

① 《里堂札记·乙亥手札·答阮芸台先生》。
② 《雷塘庵主弟子记》卷二。

循研习经学。这在《雕菰集》卷一《感大人赋》前之《序》中有着细致的叙述：

> 乾隆己亥，夏五月，诸城刘文清公时以侍郎督学江苏，按部至扬州。循年十七，应童子试。公课士简肃，恶浮伪之习，试经与诗赋尤慎重，用是试者甚罕。循幼从范先生学诗古文辞，至是往试，公取为附学生。复试日，公令教授金先生呼曰："诗中用'氲氤'字者，谁也？"循起应之。教授令立俟堂下，良久，灯烛光耀，公自内出。循拜，公止之。公视循衣冠殊朴质，颜色甚怿，问二字何所本？循以《文薮·桃花赋》对，谨述其音义。公喜曰："学经乎？"循对曰："未也。"公曰："不学经，何以足用？尔盍以学赋者学经？"顾谓教授金先生曰："此子识字，今入郡学以付汝。"询循所寓远，令巡官执炬送归寓。明日，公谒，公复呼循至前曰："识之：不学经，无以为生员也。"循归，乃屏他学而学经。循之学经，公之教也。越二十年，嘉庆壬戌，会试在京师，时公已相，两过公之门而不敢谒。又数年，公卒于位。循以病家居，闻公卒，北面蒲伏而哭，益从事于经学，不敢忘公之教也。

李炳（1729~1805），字振声，号西垣，江苏仪征人。承其家学，精于医术，著有《金匮要略注》二十二卷，《治疫琐言》一卷，《西垣诊籍》二卷。李炳是扬州名医。家人一有重病，焦循必请李炳诊治。所治病症之多，用药之奇，医术之精，在焦循所撰《李翁医记》及《理堂日记》中有详细的叙述。

焦循与李炳交往极多。就其学术联系而言，有两点值得一述：其一，讨论医学理论。《易余籥录》卷十三："李西垣习黄帝、岐伯之术，五十年悟得肝之本在右。余向举《周礼》'疾医'郑《注》贾《疏》之说以遗之，西垣益自信其说不孤。"其二，整理李炳著述。李炳的医学著述，全赖焦循整理而传世。《里堂文稿·

与汪损之书》："其《治疫琐言》，弟已为之次序成帙，有清本在翁处，则其手稿则为弟所藏也。《金匮注》，弟止见其一半。五月间问之，言在尊处，兄务必检出付弟，当为誊写一番，徐谋付梓，至切至切！……向曾嘱其作《西垣诊籍》一书，吾兄可将其所手录者觅出寄我。又誓必为之作墓铭，比须得生平履历籍贯，亦望写一节略寄我，弟务竭尽心力，求有可以传翁者而后已也。"

谈到焦循与李炳交往的时间，从乾隆四十四年（1779）就已开始了。《李翁医记上》："乾隆己亥，先人病臂，痛不能举，时学师夏君善医术，往乞其诊，以为将成偏枯。时余与史寿庄同笔砚，寿庄祖莲溪征君指求翁视之，翁笑曰：'天下无此偏枯。'""己亥"，即 1779 年，焦循时年 17 岁。

二 书院肄业期间

从十八岁开始，焦循肄业于安定书院，随吉梦熊、李保泰学习。期间，焦循既与顾凤毛、团香山交往，又与汪中、程维章、钟怀、徐复、马登华、叶英诸人过从密切。

吉梦熊（1721～1794），字毅扬，号渭岩，又号研经老人。乾隆十七年（1752）恩科进士，历官武英殿纂修官、江西道监察御史、兵科给事中、顺天府府尹、福建学政等职。著作有《研经堂文集》三卷、《研经堂诗集》十三卷、《丹阳闻见录》六十卷等。

吉梦熊为焦循之师。《先府君事略》："壬寅，吉渭岩先生来主安定书院讲席，府君往谒，先生勉以经学。时顾超宗先生与府君同学，其尊人文子先生以学名，府君就超宗先生问焉，遂用力于经。""壬寅"为乾隆四十七年（1782）。

李保泰，字邃庵，号啬生，江苏松江人。乾隆四十五年（1780）进士，为扬州安定书院讲席。工于诗词，热衷史志，与修嘉庆《江都县续志》十二卷、《江湾里志》六卷。

1782 年，年方二十的焦循在安定书院肄业时与李保泰相识。

《里堂札记·辛未手札·复李学师》："回念台驾莅扬，循方二十，儿子廷琥始生耳。循明年五十矣，而琥年亦三十。此三十年中，多承诲益。"在《癸亥手札·答李学师》中，谈及惠栋《后汉书训纂》稿本原委："《后汉书训纂》，除汪对琴先生所藏外，别无他本，吴中所传十五卷，循亦尝见之，盖惠氏诸弟子求真本不可得，于他处搜集而成，非征君手订本也。循曾问诸江艮庭处士，处士言未见其真本，屡有札向循索，以路远未及寄去，而处士已没，盖处士生平未见此本也。钱少詹事所称十五卷，正谓吴中本耳。对琴先生别有誊清本，为某索债，迫持去，屡向循言，欲谋赎之，卒不能如志而没。得先生表章，不独惠氏之书不致以伪乱真，而对琴先生之高谊，亦可著见于世，诚贤事也。"

顾凤毛（1762～1788），字超宗，号小谢，江苏兴化人，乾隆五十三年（1788）副榜。顾九苞子，后师从钱塘，深于治经，著有《楚辞韵考》、《入声韵考》、《毛诗韵考》等。

焦循初识顾凤毛，时在乾隆四十四年即1779年。《雕菰集》卷二十一《顾小谢传》："己亥五月，今相国诸城刘公，督学科试，余与超宗同入学，已而同食饩，乃时与之亲。明年，余与超宗皆丁大故。超宗时时来湖中，居半九书塾中，抵足夜语。""己亥"为1779年。之后十年，焦循与顾凤毛交谊深厚。《雕菰集》卷四《哭顾超宗》："十年相处作交游，死后丰神想处留。"特别应当强调的是，焦循重视并研习经学，始于顾凤毛启迪，在第一章已有所述。

团香山，生平已不可考，仅从《雕菰集》卷四《题安定书院壁》一诗得知，焦循与顾凤毛、团香山等人曾一同在安定书院肄业，嘉庆初已归道山。1780年，焦循入安定书院读书。《雕菰集》卷十六《钞依归草序》："吾友团香山，每道海安张良御太史，名符骧，善古文。岁己未，于市上得其所为《依归草》十卷。"

汪中（1744～1794），字容甫，江苏江都人。七岁丧父，母亲邹氏教其《四书》。乾隆二十八年（1763），李因培督学江苏，汪中被取为附生。乾隆三十六年（1771），在当涂入朱筠学使幕。乾隆四十二年（1777），谢墉督学江苏，选为拔贡。乾隆五十五年（1790），前往文宗阁校勘《四库全书》。乾隆五十九年（1794）十月，汪中来到杭州校勘文澜阁《四库全书》，十一月，病故于杭州。著有《述学》三卷《外篇》一卷《补遗》一卷《别录》一卷，《经义知新记》一卷，《旧学蓄疑》一卷，《文宗阁杂记》三卷等。

焦循认识汪中，在《雕菰续集·复汪孟慈书》中有着确切的记述："乾隆甲辰夏……为识面之始。""乾隆甲辰"为1784年。之后，两人往来密切。《忆书》卷六："汪容甫先生居玉井巷内，邻人数侮之，知先生恶鸡声，故畜雄鸡以诮之，且时发不孙之言。先生乃于左卫街别赁一屋避之。余是年假于寿宁之家，去其赁屋不远，遂数往来。"焦循在寿宁之家设馆授徒，时在1787年。《毛诗地理释》卷一《序》："乾隆丁未，馆于东城寿氏。""丁未"，即乾隆五十二年（1787）。《雕菰集》卷二十一《亡友汪晋蕃传》中，叙说更为生动："乾隆丁未、戊申间，余馆于寿氏。……余尝冬夜与晋蕃饮容甫斋阁，快论至三鼓，雪深二尺许，容甫酣卧榻上，睨曰：'他人不易有也。'"至于汪中如何指点焦循治学，前面已有介绍。

关于汪中之学，焦循亦在《里堂道听录》及《雕菰集》卷六《读书三十二赞》、卷十二《国史儒林文苑传议》、卷十七《朱登三兄弟同寿序》中多所表彰。

程维章，江苏泰州人。精通医学，尤精种痘之术。《雕菰集》卷十六《种痘书序》："余叩以种痘之术，翁遗一书，然繁琐不足以尽其神也。乾隆甲辰、乙巳间，复以疑义就正翁，稍稍论及之，其说极平易，亦极神奇。""乾隆甲辰"为1784年。焦循《种痘书》十篇，记述程维章之说。《种痘书序》："向时曾述翁之言，为《种痘书》十篇。"《北湖小志》卷四有《程翁传》。

钟怀[①]（1761～1805），字保岐，一字蒹厓，江苏甘泉人。未

及二十岁，补为甘泉县学生，然乡试屡屡落第。嘉庆九年
（1804），江苏学政刘墉取其为优贡生。邃于经学，著有《敆厓考
古录》四卷。

焦循与钟怀应该早已相识，除了居处相近而外，还有三个原
因：一是钟怀与阮元同时师从李道南①，而李道南、阮元很早就与
焦循熟悉；二是郑柿里之祖郑澄江与李道南为至交，焦循很早与郑
柿里来往；三是李道南之子李本善为焦循门生。这样说来，在阮元
十七岁而钟怀二十岁即 1780 年时，焦循可能与钟怀有来往。

在焦循的著述里，记述两人交往的资料不多。《里堂札记·戊
午手札·答阮芸台先生》："《经籍纂诂》，半叶中已见一斑，此盛
举也。俟传观于敆厓、滨石诸人。""戊午"为嘉庆三年（1798）。
《雕菰集》卷十七《朱登三兄弟同寿序》："嘉庆乙丑六月，同寿八
十，钟保岐、李滨石诸君子，以诗歌相祝，汪庆人作《图》，江都
焦循述所闻，以为之序。""乙丑"为 1805 年。此次相聚后仅隔一
月时间，钟怀故去。

钟怀谢世后，焦循撰写了墓志铭，又对其著述予以整理，见诸
《雕菰集》卷二十二《甘泉优贡生钟君墓志铭》之中。钟怀著述能
传留至今，焦循、阮元居功至伟。焦循把"零星断烂，卷帙未完"
之稿整理成《敆厓考古录》，而阮元则出资使之刊刻行世。阮元
《敆厓考古录·序》："焦君为写录之，成四卷，更为墓铭。余遂刊
之于板，以付葵嘉。"葵嘉，钟怀之子。

徐复（1764～1797），字心仲，江苏江都人。著有《论语疏
证》，江藩《隶经文》卷四有《徐心仲论语疏证序》。《里堂文
稿·徐复传》记述说："岁壬寅，余入城，值日夕，宿郭外司厉神
庙，有垢面敝衣者，任洒扫之役，事讫，于神座中取出一被，就座
下宿，以为寺童。天微曙，有读书声喧沸骇耳，怪视之，则座下宿

---

① 阮元《敆厓考古录·序》："钟君敆厓，甘泉人，讳褒，长余三岁。余年十七
时，与君同受经于李晴山先生之门。"

者也。异其人，急起问姓名，始知其为徐在田者，为甘泉老儒姚澍弟子。"则焦循与徐复交往始于"壬寅"即乾隆四十七年（1782）。而《雕菰集·书江都两生》所记时间较为含糊："乾隆辛丑、壬寅之间"。

在学术上，焦循与徐复关系密切：一方面，焦循为徐复之师。《扬州画舫录》卷八《城西录》："徐复，字心仲，西南乡董家老坝人。其乡重耕而轻读，复不欲为农，寄食都天庙中，供洒埽之事，暇则读书，虽冬月无被不辍也。江都焦明经循适寓庙中，壮其志，邀之于家，授以《毛诗》、《周官礼》诸经，徐稍稍通之，寻补弟子员。"另一方面，焦循指点徐复治学之道：这集中反映在《里堂文稿》之《晤心仲》、《与徐心仲书》、《书诗益后》当中。《晤心仲》："经纶想自《周官》得，学问宜从汉注求。"《与徐心仲书》则综论"经学之要"："比闻足下为经学甚勤，有志著书。夫经学之要有三：一在识字；一在通训诂；一在能属文。……不识字，不通训诂，则无以按其实，不可以解经，不可以著书也。徒识字、通训诂而不知行文，则无以课其虚，亦不可以解经，不可以著书也。……足下称舍去词章而为考据，此门户之见。循所素恶考据者，经之渣滓，词章者，经之浮客。合之为经学之精纯，分之皆经学之偏曲。"《书诗益后》："徐心仲尝与人辨论歌诗，谓'凡诗皆工，歌决于余。'余适阅此书，乃以此《杂辨》中所云：'赋诗在常用乐歌外者，在半皆其人自歌，故曰某赋某诗，其或用工歌者，则曰使工，若工歌自赋，说可两通者，则曰为赋'云云。示之，徐默然。凡阅一书，必自始至末，其中必有可采处，一翻即掷之，不再看，此虚娇之气也，学必不能精进。"从中可知，徐复学术境界的提升，既得益于焦循经学之道的传授，还包括对文学方法的指点。

当然，为焦循引为憾事者还有一事，这就是《礼记索隐》一书的丢失。《礼记补疏·序》："余乡读《礼记》，尝为《索隐》一书，西乡徐心仲将草稿持去，已而徐物故，莫知所在。十数年来，专力于《易》，未之计也。甲戌夏，寻得零星若干条，次为五卷，今复删为三卷。"原来，《扬州画舫录》中所记的"《礼记索隐》数十卷"①，之所以只见其名而未见其书，是因为徐复"持去"而"莫知所在"了。

马登华，字瑶枫。擅长书法。《忆书》卷一："马登华，字瑶枫，善八分书。余乙巳丁内外艰，丧事中所用瑶枫书甚多。丁巳，瑶枫丁艰，余以二绝句唁之云：'北踌南船两鬓秋，几年湖海寄穷愁。如何知己无多辈，大半伤心死病忧。林下清风嗣昔贤，表扬知自有名篇。不堪相对西风夜，血泪遥酬十二年。'""乙巳"，为1785年。

叶英（1733~1797），字英多，号霖林。原名永福，十六岁补诸生，屡试不中，故改名为英。江苏甘泉人，长于扬州评话。与焦循、江藩为友。

焦循与叶英的交往，见记于《雕菰集》卷二十一《叶霖林传》：

> 癸卯夏，余于刘君昆珊家始识之，闻其谭江南山水不倦，语淫及诗。是时余心识其人，而未尝与之深交。越五年，丁未冬，江子屏与霖林至，霖林前匍匐再拜不起，余惊不敢答，继而从容言曰："吾有子，欲从君游，此所以乞也。"明日其子至，余授以学，自此历十余月不见。己酉春，金余山家两仆来披余行，余错愕问，不答，至则霖林拱立待已久，恭敬再拜，正色言曰："吾生平有薄技，每一作，神与气并竭，半月始复。先生竭神气教吾子，吾当竭神气以报德。余山知吾意，故罗先生至耳！"乃凝神说靖康南渡事，声泪交下，座客无人色，有劳之者，霖林哂曰："英为先生劳，非为君劳，何劳为？"又二年不见。辛亥冬，曳破屦索一袖至余馆中，谓余曰："英素好欧阳舍人书，得旧拓碑半纸，摹二十年，然不喜

---

① 李斗：《扬州画舫录》卷八《城西录》。

为人书，为人书亦不作正书。今以一年之力求得纸，又瞑目坐十日，然后作正书，所以报先生也。"再拜而去。

从中，可知两人的第一次交往，始于"癸卯"即乾隆四十八年（1783）夏天。之后，又在"丁未冬"（1877）、"己酉春"（1789）、"辛亥冬"（1791）三次见面。焦循所记，颇为传神。

第二节　设馆授徒阶段

1785 年，父亲去世，焦循承负起家庭重担。一边参加科考，一边在家教育弟弟焦徵，在外设馆授徒以济家用，前后长达十年之久。学术交往因之而相当广泛，既有扬州学人，又多外地学者。

一　与扬州学人交往

分为两类：一类是扬州府城和江都、甘泉、仪征、宝应、兴化诸地的学者，一类是师从焦循的门生。

1. 扬州学者

这一时期，焦循与汪棣、黄文旸、李斗、乔椿龄、江藩、李周南、李钟泗、汪光燨、汪光烜、郑兆玉、郑兆珏、黄承吉、江安、周室辅、程赞和四兄弟、朱士彦、顾瑞麟等人相识并多所交往。

汪棣（1720～1801），字鞢怀，号对琴。江苏江都人，廪监生。为国子博士，曾任刑部员外郎。多蓄图书，长于诗词，著有《对琴初稿》二卷、《持雅堂诗文集》十二卷、《春华阁词》二卷。

汪棣性好宾客，所交多见名流。《扬州画舫录》卷十《虹桥录上》："一时名下士如戴东原、惠定宇、沈学子、王兰泉、钱辛楣、王西庄、吴竹屿、赵损之、钱箨石、谢金圃诸公，往来邗上，为文酒之会。"焦循和汪棣之子汪光燨、汪光烜契若金兰。虽为晚辈，焦循与汪棣亦多所交往。譬如，《雕菰集》卷四《人日立春汪比部对琴先生会郡中诸老辈赋诗属余步韵》，卷十三《上王述庵侍郎书一》："前年，阁下以按事至高邮、句容，道经江都，晤汪员外对琴先生，言于京师见焦某所为文，眷眷问循之学业。对琴先生还，即语循。循不禁感泣涕零，莫能自已。"王述庵即王昶字兰泉，与汪棣交好。

而焦循初识汪棣，当与汪光爔同时，为"丁未"年，即乾隆五十二年（1787）。《雕菰集》卷十五《后汉书训纂序》：

> 岁丁未，余授徒城中，与汪君晋蕃之居近。晋蕃家多藏书，每借阅，而是编与焉。晋蕃之尊人对琴先生，工诗词，风雅倜傥，征士游广陵时，与之交，往来甚密。征士故多疾，先生以参桂之药供之，不啻千金。征士无以报，因以此书赠先生，先生为之校写，作楷本。于是有真、草二本，草曰《训纂》，真曰《补注》，皆藏于对琴先生家，外无有也。先生重气节，负性纯笃，方其官刑曹，在京师，以劲直著名，继遭横递，家产顿落。于是二本者，仅存草本而写本遂失。是本为征士手录，改涂添补，如蚯蜒蚁子之迹。首帙末题"雍正九年以事对簿之暇作，凡十一年而成"。对琴先生尝语循曰："惠子在扬时，手订此书，有所疑，即以片纸至，令为之核，书成以赠余。然窃人之善，君子耻之，齐丘《化书》，不欲尤而效也。"

黄文旸（1736~1808），字时若，号秋平，江苏甘泉人，贡生。能诗文，通声律，著有《扫垢山房诗钞》十二卷、《通史发凡》三十卷，编有《曲海》四十六卷。

黄文旸、焦循、李斗三人，曾经关系十分密切。焦循妹妹适黄文旸长子，李斗女儿嫁给黄文旸次子。既属好友，又为亲戚。从《理堂日记》所述嘉庆元年（1796）七月间事实来看，三人关系确实很好：七月初九日，"抵扬，至黄秋翁家，李艾堂少选亦至，旋约李振翁为廷琥诊脉"；初十日，"同艾堂及黄秋翁往侯赵仰兄，请其为廷琥胗视"；十一日，"晚，李艾堂以知己室熏肉，至秋平家，雄谈更许乃散"。"秋翁"、"秋平"皆为黄文旸之号。

嘉庆十年（1805），黄文旸因家事①而致书指责焦家，焦循母亲因之而郁积成疾，不久离世。焦循认为母亲之死，黄文旸有责。从此，两人形同路人。后刻之《雕菰集》中，亦未见关涉黄文旸之片言只语。

李斗（1849～1817），字北有，号艾塘、艾堂，江苏仪征人，诸生。工诗文，通音律，著有《艾塘乐府》一卷、《永抱堂诗集》八卷、《扬州画舫录》十八卷。

焦循与李斗过从甚密，故李斗在《扬州画舫录》卷十三《桥西录》中，对焦循之学作了比较详细的介绍："焦循，字里堂，北湖明经。熟于《毛诗》、《三礼》，好天文律算之学。郑兆珏、郑伟、王准皆与之游。所著有《毛诗草木鸟兽虫鱼释》三十卷、《毛诗释地》七卷、《群经宫室图》二卷、《礼记索隐》数十卷、《焦氏教子弟书》二卷，又有《释交》、《释弧》、《释轮》、《释椭》、《乘方释例》、《加减乘除释》，共二十卷，皆言算术也。"

两人关系恶化，起于嘉庆九年（1804）冬天。时黄家贫至不能举火，其叔翁听信焦循妹妹拿钱回娘家购置田产之谣言，对之大加羞辱。焦循闻知此事，致信李斗，欲其平息黄家之事。结果大出焦循意料，不仅事端加剧，而且母亲因此而忧郁成疾竟于次年十月一命归天。焦循以为，母亲之死，祸起李斗，故向阮元写信，述其原委。《雕菰续集·上阮大中丞弟一书》："其家无柴无米，不孝作札与李艾堂，一则约其料理柴米之事，一则望其排难解纷。……满意此人一出，诸障俱销。不料其为中山狼也，不答不孝之札，反作书与秋平以激之，又造言以构不孝于伊婿及黄十二，以致胡荔斋有此举，而秋平据之以诘家母也。"

从此，焦循视李斗为仇人，在刊刻《雕菰集》之时，与李斗

---

① 参见李斗条。

有关者，悉数删除，不着一字。

乔椿龄（？～1794），字樗友，江苏甘泉人。《扬州画舫录》卷十五《冈西录》："性情正直，同人惮焉。善《易》数，虽至友不轻为卜。诗文之格，唐以下不屑规仿也。其弟子阮芸台元已贵，未尝通一札。及阮按试山东，礼请衡文，乃去，卒于青州。"

《雕菰集》卷二十二《乔先生墓志铭》："循识先生十年，时获闻先生之论。将往齐，与语于泰州旅舍，自此遂不能见。越一年，循至青州，先生卧榻尚存，具鸡酒黍饭，向榻而祭，乙卯二月晦夜三鼓也。五月自山左归，尚未有志先生墓者，因为之志。""乙卯"为乾隆六十年（1795），已"识先生十年"，则焦循与乔椿龄交游，始自1786年。

江藩（1761～1831），字子屏，号郑堂、节甫。江苏甘泉人。乾隆四十年（1775），师从余萧客习经。四十三年，受业于江声。五十二年，客游江西。嘉庆四年（1799），从京师回到杭州。十八年，阮元邀请江藩主讲于山阳丽正书院。二十三年，客游南昌、广州，阮元再次请他纂辑《皇清经解》、《广东通志》和《肇庆府志》。主要著作有：《周易述补》四卷，《国朝汉学师承记》八卷，《国朝经师经义目录》一卷，《国朝宋学渊源记》二卷，《隶经文》四卷《续》一卷，《乐县考》二卷，《尔雅小笺》三卷，《炳烛室杂文》一卷，《炳烛斋杂著》八卷等。

焦循与江藩交游，始自1787年。《里堂文稿·江子屏周易述补叙》："乾隆丁未冬，始识子屏，江君子屏示以所补《周易述》二卷，读之三月，而后归之。越十有七年，嘉庆癸亥春，访子屏于秦敦夫太史家，子屏穷居无聊，惟昼夜著书不辍，复示以昔所补《周易述》，令为之叙，又读之三月而后，序而归之。""乾隆丁未"，即乾隆五十二年即1787年。然焦循此《序》，《周易述补》未收。

江藩为焦循早年著述《毛诗物名释》所写《序》中亦如有记述："丁未冬见理堂于广陵，出是书示藩，阅三月而读竟。"

之后，两人交往频繁，或一同聚会，作诗唱和，如《雕菰集》卷四《张古愚太守招同赵味辛司马何兰士太守孙渊如观察暨江子屏汪孝婴李滨石雨中泛湖夕饮于倚虹园》；或书信往来，讨论学术，如《里堂文稿·答江郑堂书》，是信先就江藩"年根置闰之捷法"作了回答，继又述及自己的算学计划："拟为三书：一曰《加减乘除说》，以纬方程、盈朒等琐杂虚渺之数；一曰《方员释》，自等边、周径、阳马、鳖臑等以法为纲，释其义于下；一曰《勾股割员记笺》，则发明戴氏之学也，始成《平方》、《立方》、《带纵方》共九卷，《乘方》五卷，于乘方之释颇自苦心，可以为子弟教也"；或交流心得，互写序文，焦循为江藩撰写《周易述补叙》，江藩又为焦循写成《释椭序》。

嘉庆初，焦循和江藩之间曾有过误会，江藩"有书见责"，焦循即刻写信说明。《里堂文稿·丁巳手札·答江子屏》：

> 去春接手书，以谗人有言弟为傅张者，故详言之，欲足下以之破谗者之口，非谓吾兄之不读《尔雅》也。久之，当有以白弟之无他。且弟腹中所记之书能有几何？况自吐血后，健忘日甚，提笔为文，欲有引用，每模糊不敢落墨，尚敢以此短人，且以短足下乎？盖学署极间而极严，两浙去扬甚近，稍假颜色，奸窃者遂缘以作弊，故凡形迹笑语之可疑，不得不为之峻拒，或太过以至于强梁，诚不能免，然亦自苦矣。今岁辞归，授徒村中，课耕稼，与农夫为伍，虽市井不知书之人亦与之共饮食，相笑谑，向之崖岸顿消，诚以所处有不同也。吾兄移书相戒，感愧无地，何敢反抗？今又有书见责，辞涉于疑，顾宋儒如韩、富，以疑故成隙，至于死而不吊，我两人幸无以小人之谗而践韩、富之辙也。

是信写于"丁巳"即嘉庆二年（1797），其核心是消除以《尔雅》"短足下"之谗言。看来这一误会对两人产生了不小的影响，从现有资料看，此后两人的联系确实由密转疏了。

　　不过，在嘉庆十六年（1811）写成的《国朝汉学师承记》中，江藩对焦循之学作了中肯而精当的叙述，经焦循手订而刊刻的《雕菰集》卷首之《纪略》中，也全部转录其文："焦里①堂，名循，一字理②堂，江都人，家黄子湖，嘉庆辛酉举人。声音、训诂、天文、历算，无所不精。淡于仕进，闭户著书，《五经》皆有撰述。刊行者，《群经宫室图考③》、《理堂算学》、《易学》、《北湖小志》。"

　　李周南（1763～1833），字冠三，号静斋，江苏甘泉人。嘉庆十九年（1814）进士，官刑部主事。著有《洗桐轩文集》八卷、《洗桐轩诗集》六卷、《井鲤记》和《菊孙记》传奇等。

　　《雕菰集》卷十七《黄次和七十寿序》："余年已五十有五……同坐者，李比部冠三、汪司务掌廷、张刺史开虞，皆三十年旧交。"是文写于"嘉庆丁丑"即1817年，与李周南识于"三十年"前，则为乾隆五十三年即1788年前后。

　　焦循与李周南同岁，自认识后成为终生好友。一同咏诗，如《雕菰集》卷四《丁巳十二月立春前一日小集李冠三寸草斋中同咏者十三人》；又一同会试，如《雕菰集》卷二十《壬戌会试记》："出场遇李冠三，索余文，甚称道之，写一纸去。"还多有书信交往，《里堂札记》中就收有写予李周南的六通书信。不仅如此，焦循更表彰其学，如《里堂札记·丁巳手札·寄钱竹汀先生》："甘泉诸生李君冠三，名周南，博学多文。"在李周南进士中式之后，焦循又热诚鼓励注重"民命"努力为官。《里堂札记·癸酉手札·答冠三》："兄既入仕版，自当以事君为急，年伯母老健康强，正好以忠作孝。若徒以一第为耀炫乡间之具，恐非学古入官之初意

----

① "里"，《粤雅堂丛书》本作"理"。
② "理"，《粤雅堂丛书》本作"里"。《汉学师承记》亦作"里"。
③ "考"，衍文。

矣。西曹与民命相关，尤可以发施经济。"对于李周南所著《捣骼所记》一文，焦循亦加首肯。《丙子手札·与李冠三》："尊作《捣骼所记》，事既可传，文亦古雅，当手写入《扬州足征录》。"在随后刊刻之《扬州足征录》卷二十四中，确实录有此文。至于为李周南祖、父而写的《李氏两大夫阡表》，更是二人关系密切的见证，收录于《雕菰集》卷二十二之中。

李钟泗（1763～1809），字滨石。江苏甘泉人。嘉庆六年（1801）中举。后入京师拣选知县，卒于京城，年仅39岁。李钟泗记忆力极强，有名当时。《扬州画舫录》卷十二《桥东录》："钟泗能强记，经书文词，过目一二遍即背诵，张山长木青尝试之以书院课卷，果然，大奇之。与黄谦牧交最深，谦牧好为高论，同人有非之者。滨石醇谨，人人好焉。"长于《左传》，著有《规规过》、《读书管见》、《鹤阴书屋集》等。

焦循在《雕菰集》卷三《两君咏·李滨石》一诗中，叙述了与李钟泗交游的两桩要事："尤与阿兄好，阿兄天且仁。江南草树秋，送我江之滨。吾弟弱好弄，勿惮口舌频。归来阿兄殁，雁影孤风尘。壬戌同北征，抵足栖双轮。"即参加乾隆五十九年（1794）乡试和嘉庆七年壬戌会试。因属同乡，两人间的交往应当很早，然见诸文字者则始自乾隆壬子即五十七年（1792）前后。《两君咏·序》："江都黄春谷承吉，甘泉李滨石钟泗，年相若，才器亦同，皆善余。乾隆壬子、癸丑间，时共诗酒，晨夕相见。"

汪光爔（1765～1807），字晋蕃，号芝泉。江苏仪征人，廪膳生。勤奋治学，终生不倦，卒前病中，"尚手批《大戴礼记》、《文选》"①，著有《莫稗释》一卷、《芝泉遗稿》一卷。

焦循与汪光爔订交，见记于《雕菰集》卷二十一《汪节母吴太恭人家传》："丁未，余交汪子晋蕃，因及其弟光烜。""丁未"，为乾隆五十二年即1787年。从此，或雅集，或唱和，或借书，或

---

① 《雕菰集》卷二十一《亡友汪晋蕃传》。

论学，过从甚密。《雕菰集》卷二十一《亡友汪晋蕃传》述其情谊："乾隆丁未、戊申间，余馆于寿氏，与汪氏兄弟交，时兴化'二顾'超宗、仲嘉亦读书郡城中，往来谭艺，契若金石。"而《雕菰集》卷四《生日有作》后，附有汪光爔和诗；卷十五《后汉书训纂序》又述借阅汪家藏书之事："《后汉书训纂》者，元和惠征士栋所著书也。岁丁未，余授徒城中，与汪君晋蕃之居近。晋蕃家多藏书，每借阅，而是编与焉。"

汪光烜（1769～1828），字掌廷，号震叔，又号莼香词客。汪光爔弟，廪膳生。屡试少第，捐纳为刑部司务。交友笃诚，工于作词，著有《莼村词》二卷。

《雕菰集》卷十七《黄次和七十寿序》中又说："嘉庆丁丑冬……余年已五十有五……同坐者，李比部冠三、汪司务掌廷、张刺史开虞，皆三十年旧交。""嘉庆丁丑"为1817年，向上推"三十年"，则与汪光烜订交，当在1788年，比认识汪光爔晚一年。实际上，"三十年"仅为约略之数。《雕菰集》卷二十一《汪节母吴太恭人家传》："嘉庆二十三年，岁次戊寅，冬十月初七日，汪节母吴太恭人，年七十，以寿终。母之子光烜哀恸尽礼，谓循素亲迹，悉母之行，属为灵表。……丁未，余交汪子晋蕃，因及其弟光烜。……循与光烜交三十年。"嘉庆二十三年即1818年。于是，在1817年、1818年所写文章中，焦循均说交往"三十年"，则知述其大概而已。

郑兆玉（1764～?），郑兆珏之兄。焦循在《雕菰集》卷二十二《仪征县学生郑君暨节妇吴孺人墓志铭》中所说："循与兆玉、兆珏交二十年。"

郑兆珏（1767～?），字柿里，江苏仪征人。官内阁中书，著有《悔园小集》。

郑兆珏与焦循交往密切。曾一同参加省试，《里堂文稿·郑澄江先生轶事记》："乾隆壬子秋，与柿里试于省。"后来，或一同游览，或通信论学。如《雕菰集》卷四《同郑柿里刘芙初唐竹虚汪珊樵游钓鱼台》、卷十四《答郑柿里舍人问夹南夹北书》、《里堂札记·答郑柿里》均是如此。而且，焦循北上京师参加会试，就住在"南柳巷郑柿里舍人寓中"①。不仅如此，焦循《论语通释》成书之起因，还与郑兆珏有关。《论语通释·序》："今年夏五月，郑柿里舍人以书来，问'未可与权'。适门人论'一贯'，不知曾子'忠恕'之义。因推而说之，凡百余日，录而次之，得十有二篇。"

焦循与郑兆珏之交往，则始自1787年。《雕菰集》卷二十二《仪征县学生郑君暨节妇吴孺人墓志铭》："嘉庆十一年月日，内阁中书郑兆珏葬其考容千府君暨母节母吴孺人于金陵琵琶街之原，礼也。……循与兆玉、兆珏交二十年。"嘉庆十一年为1806年，"二十年"前，则为1787年。

黄承吉（1771～1842），字谦牧，号春谷，江苏江都人。嘉庆十年（1805）进士，历官广西恭城、兴安、岑溪知县、乡试同考官，十四年，罢官归里。精于说经，工于诗文，著有《周官析疑》二十卷、《梦陔堂诗集》五十卷、《梦陔堂文集》十卷等。

焦循初识黄承吉的时间，在资料中略存差异：其一，乾隆五十四年（1789）。《雕菰集》卷十七《黄次和七十寿序》："乾隆丁未，余馆于寿氏之鹤立堂。寿氏之客，有潘君掌丝者，诗人也，每过余论诗，必称有黄子萼棣者，年最少，将来必以诗名家。萼棣者，春谷旧名也。己酉，余始交次和、春谷兄弟。""己酉"，为乾隆五十四年。其二，乾隆五十五年。《雕菰集》卷十四《答黄春谷论诗书》："庚戌、辛亥以来，始识吾子。闻子论诗，与超宗之言后先一辙。""庚戌"，为乾隆五十五年。《黄次和七十寿序》所记尤其详细，当更可信。

重要的是，黄承吉为焦循至交，且"契洽"终生。这在各自的著述中均有叙述。《雕菰集》卷三《两君咏·春谷》："江都黄春谷承吉，甘泉李滨石钟泗，年相若，才器亦同，皆善余。乾隆壬

---

① 《雕菰集》卷二十《壬戌会试记》。

子、癸丑间，时共诗酒，晨夕相见。"《梦陔堂文集》卷五《孟子正义序》："予与里堂，弱龄缔交，中岁论艺，俦辈中昕夕过从尤契洽者，则有江君子屏、李君滨石，当时以予四人嗜同学，辄有'江焦黄李'之目。或遗子屏而列钟君鼓厓，则称'钟焦黄李'也。"

黄承吉深于作诗，焦循对此十分推许。《里堂札记·戊午手札·答阮芸台先生》："同邑友朋，若钟鼓厓之精细于经，黄春谷之深刻于诗，李滨石之博综于众籍，甚难多得。"

江安，字定甫。江苏仪征人，江立之子，工诗。

焦循与江安，在乾隆五十八年（1793）已有书信往来。《里堂札记·癸丑手札·答江定甫》："春杪接读手书，旋即裁答，托晋蕃寄入都中矣。迩闻已在山东学署，无有司之烦，笔墨之暇，或可以登泰山而瞻东海否乎？""癸丑"，为1793年。

两年后，焦循游幕山东，与江安来往较多。《雕菰集》卷四《江定甫赠刀作诗酬之》，其后附江安答诗；同卷的《芸台学使招同马秋药比部徐惕庵太守颜运生教授孙莲水江定甫两文学小沧浪亭雅集》，是为欢聚的写照。卷二十的《登州观海记》，更成为友朋一同眺望海景的愉快经历："乾隆六十年四月初一日，同仪征江安、甘泉阮鸿游登州蓬莱阁，望海。"

周室辅，字维周，江苏江都人，徐复妹夫。《雕菰集》卷十四有《与周维周论古音书》一通，卷二十三《书江都两生》中，有与之相识及其学术的记述："戊申冬十一月，吾友顾超宗病殁于郡城，徐来佐殓事，引一人至曰，此周生，素慕顾君为人，生未获一见，今闻其殁，来与尸晤。……周生为《三礼》学甚专，所著书草稿尺许，每戴破帽，布衫不系带，携其书行市中，见者以为狂。"知周室辅长于《三礼》之学，而焦循初识周室辅在戊申即乾隆五十三年（1788）。

程赞和，字中之，号爕斋，江苏仪征人。乾隆四十二年（1777）拔贡。嘉庆十四年（1809），以弟赞清贵为山东学政，封赠翰林院编修。赞清致仕回籍，兄弟唱和。勤于读书，至老不衰。
年九十卒于家。著有《燮斋文集》二卷、《诗集》八卷、《词》
一卷。

程赞和为程赞普之兄，焦循与赞普识于乾隆五十二年即 1787
年，与赞和订交，或许也在此时。两人私交甚密，曾在嘉庆元年同
为阮元幕宾，对此，《理堂日记》所记较多。此外，对程赞和，见
诸焦循文字者有三事：

一是选为拔贡。《雕菰集》卷二十四《书谢少宰遗事》："谢金
圃少宰督学江苏者二。乾隆丁酉，值拔贡岁，少宰按部至扬州，遴
选极精慎之虑，于江都得汪中容甫，于兴化得顾九苞文子，二君以
经学重，扬州之士，知屏俗学，咀茹《六经》，自少宰得二君始
也。于泰州得陈燮理堂，于仪征得江德量成嘉、程赞和中之，于高
邮得宋绵初守端，于甘泉得郭均职民，于宝应得刘玉麟又徐，皆升
高能赋，作器能铭。自有选拔以来，未有此盛。"

二是深于《诗经》。《雕菰集》卷十七《送程定甫赴京师序》：
"中之深于《诗》，魏公深于《书》，一亭深于《礼》，而定甫深
于《易》。"

三是排解书院纠纷。《里堂札记·庚午手札·与洪桐生先生》：
"盐台大人作养人材，振兴书院，兼及乙科诸生，诚从来未有之盛
举。循实病夫，欣然仰附。乃有前年腊日之事，循当时与程中之、
洪宾华极力斡旋，而同人多非之，形诸骂詈，声言殴击，久而途遇
者且痛诋排解者之非。"

程赞宁，字魏公，江苏仪征人。程名世次子，赞和弟。焦循与
程赞宁交往，当与赞普同时。《雕菰集》卷十七《送程定甫赴京师
序》："魏公深于《书》。……魏公旷达不拘，使市井鄙俗之气退不
能上，时出一二语，无不中事物之要。"

程赞清（1761～1836），字定甫，号静轩，江苏仪征人。程名
世三子，赞普兄。嘉庆三年（1798）举人，七年进士中式。历官
山东学政、给事中、贵州按察使等职。著有《藉绿轩诗集》六卷。

焦循与程赞清年龄相若，交往亦多。且因赞清"深于《易》"，[①]
更与焦循志趣相合。嘉庆二年，程赞清前往京师，焦循赋诗相送，
并记述此事。《雕菰集》卷十七《送程定甫赴京师序》："岁丁巳，
定甫将游京师，同人绘图赋诗以相赠送。"

　　程赞普（1767～1796），字一亭，号凫塘，江苏仪征人，诸
生。长于诗词，深于《三礼》。《扬州画舫录》卷三《新城北录
上》："程赞普，字一亭，善属文，笃于交友，年三十而卒。阮芸
台阁学挽之以联云：'惟有锦囊比长吉，尚无白发似安仁。'"《雕
菰集》卷十七《送程定甫赴京师序》："吾友程君定甫，伯仲四人，
皆深于学，精于属文。间尝论其风概，中之深于《诗》，魏公深于
《书》，一亭深于《礼》，而定甫深于《易》。"焦循始识程赞普，
时在1787年。《雕菰集》卷二十四《哀程一亭文》："与君结交，
十年于此。"是诗前有《序》："嘉庆元年，岁丙辰，循客于越，闻
吾友程一亭文学以五月初十日病殁，怆然不能食累日，为文以哀
之。""嘉庆元年"为1796年，"十年"前，则为1787年许。

　　朱士彦（1771～1838），字休承，号咏斋，江苏宝应人。嘉庆
七年（1802）探花，授编修。后历官右中允、湖北学政、浙江学
政、工部尚书、吏部尚书、兵部尚书等职，卒谥文定。著有《朱
文定公诗集》十卷、《解左》一卷、《赋颂说》二卷等。

　　焦循结识朱士彦，时在乾隆五十五年（1790）。《里堂道听录》
卷二十八《云贞》："乾隆庚戌，宝应朱休承士彦，以云贞《寄夫
诗》语予，其言大略，未见其书也。时与休承各赋以诗。""乾隆
庚戌"，为1790年。两人所赋诗，一并收于《雕菰集》卷四之中，
《答朱休臣》及后附朱士彦"原作"即是。

　　之后，两人多所往来。如讨论教育弟子之法，焦循就十分赞同
朱士彦之说。《雕菰续集·欲香集序》："朱休承尝语余曰：'教弟
子者，若老圃之养草木，甲始出地，听其机自达，涸则灌之，风则

---

① 《雕菰集》卷十七《送程定甫赴京师序》。

挟之，湿则埤之，虫则剔之，无论刚柔迟速，皆足以有成也。若遏
孽其枝，删削其叶，摇动其本根，不待风雨燥湿而已足为病，然后
受而教之，日治病之不暇，望其机之勃发，难矣！'"

两人最后一次见面，是在 1802 年。《雕菰集》卷二十《壬戌
会试记》："十九日，李冠三邀与汪星言①、徐德三、朱休臣、李滨
石饮于龙王堂楸树下。""壬戌"即嘉庆七年（1802）。之后，亦然
相互关心，书信往来。《雕菰集》卷十三《寄朱休承学士书》：

> 京师一别，十有五年。循丁卯春病绝七日乃苏，用是诸念
> 悉屏，专心学易，跧伏湖滨，遂与世疏。然风雨之夕，孤坐无
> 与，每思良友，心窃惘然。今四月间，李冠三兄有字来村中，
> 道及仁兄信中询及鄙人，不胜感涕，乃思奉一书，未得其便，
> 迟迟至今也。循迹年别无善状，惟于《易》稍有所见，卷帙
> 繁多，未能远寄，已稍述大略，质之王君伯申。大抵圣人之
> 教，质实平易，不过欲天下之人，"各正性命，保合太和"而
> 已。其义理，《论语》、《孟子》阐发无余。

是信作于"京师一别，十有五年"之后，当为嘉庆二十一年
即 1816 年。在信中，焦循表达了"每思良友，心窃惘然"的苦闷
情怀，又不厌其烦地向友人介绍了多年来治《易》的心得体会。
四年后，焦循病逝。

顾麟瑞（？～1810），字仲嘉，顾凤毛弟，嘉庆六年（1801）
拔贡。工于诗词，深于戏剧，著有《筼筜馆诗抄》、《无声馆词
集》、《乐府定霸记》、《峨眉研传奇》等。

焦循与顾麟瑞交往，始自 1787 年。《红薇翠竹词·秋夜月》：
"乾隆丁未，余与顾小谢同馆于郡城，小谢令其弟仲嘉读书羊胡巷
僧寺。""乾隆丁未"为乾隆五十二年即 1787 年。《雕菰集》卷二

---

① "言"，当作"岩"。是文前部分正作"汪星岩"。

十一《亡友汪晋蕃传》亦记述说："乾隆丁未、戊申间，余馆于寿氏，与汪氏兄弟交，时兴化'二顾'超宗、仲嘉亦读书郡城中，往来谭艺，契若金石。"

潘掌丝、黄次和，两人生平不详。《雕菰集》卷十七《黄次和七十寿序》："乾隆丁未，余馆于寿氏之鹤立堂。寿氏之客，有潘君掌丝者，诗人也，每过余论诗，必称有黄子蕚棣者，年最少，将来必以诗名家。蕚棣者，春谷旧名也。己酉，余始交次和、春谷兄弟，余时年二十七，次和长余十四年，不以余为野逸，弟畜余甚亲。""乾隆丁未"，为1787年。

2. 及门弟子

除了弟弟焦徵，裔荣、郑伟、王准、李本善、李元善等人，也师从焦循学习。

焦徵，字季蕃，江苏甘泉人，焦循弟。焦徵年仅十二，父亲亡故，胞兄焦循担负起教育之责。《愧丑集自叙》："乾隆乙巳，丁先人艰，季蕃年已十二，所业未定，吾母忧之甚。循念货殖全倚心计，非敏黠者不能胜任，愚可明，柔可强，惟在学问思辨之功，呼弟问之，亦不欲为贾人。是时，父殡在堂，乃于殡前授以诸经，兼及属文之法。"无论外出游幕，还是北上会试，焦循也一直牵挂着弟弟的学业，《与弟季蕃书》、《示季蕃》诸信就是最好的证明。在校勘上，焦徵亦能助焦循一臂之力。《里堂书跋·演繁露》："校雠之力，吾弟季蕃有功焉。"

裔荣，字向之，江苏甘泉人。裔荣是焦循外甥、门生，也是学术研究的好帮手。在《毛诗草木鸟兽虫鱼释》卷十一末尾，焦循记述说："辛亥九月录成，复自壬子至癸丑又删改一度，令弟徵及裔荣录为清本。"《里堂札记·丙子手札·答徐雪庐》："乞将《五君咏》全书暂付与余甥裔向之，令其写录一过。"是为助其抄书，究其时间，则始自"癸丑"即1793年。或教其学业，如《丙子手札·答裔向之》中论"称吏"事即是；或为其校改文稿，如《乙丑手札·与裔向之》中"文内'被发载皋'宜改为'髽发载皋'，盖被发为男子之事也"等；或替焦循购书，如《注易日记》卷一嘉庆十八年（1813）三月二十七日就记述说："裔向之代购得《诚斋易传》、郭子和《传家易说》两书寄来。"

郑伟，字耀廷，江苏丹徒人。专算学，多巧思。乾隆五十八年（1793），郑伟已与焦循交游。《里堂札记·癸丑手札·答王鸥汀》："柿里、耀庭日切磋于九数之学，足下去后未少辍。耀庭能不畏难，于句股弧矢，每设为难题，终夜不寐，以思其奥义，少年中苦心孤诣于学问中如耀庭者，真眼前不可多得之人。""癸丑"，为1793 年。郑伟与焦循交游，亦见记于《扬州画舫录》卷十三《桥西录》。

嘉庆十年（1805），郑伟劝焦循北上会试，且答应筹措费用。焦循决意不再与试，故写信予以解释，这就是《雕菰集》卷十四所收《答郑耀庭书》。

王准，字钦莱，湖南人，生于福建汀州。擅长诗文，喜好算学，著有《汀鸥文集》。

乾隆末，王准已与焦循交往。《扬州画舫录》卷十三《桥西录》有记："焦循，字里堂，北湖明经。熟于《毛诗》、《三礼》，好天文律算之学。郑兆珏、郑伟、王准皆与之游。"郑伟师从焦循在 1793 年，王准"与之游"或在此时。

在《雕菰集》卷十四中，收有《与王钦莱论文书》一信，就王准"于古取韩昌黎，于今取朱梅庵"的观点，焦循阐释说："布衣之士，穷经好古，嗣续先儒，阐彰圣道，竭一生之精力，以所独得者聚而成书，使诗书、六艺有其传，后学之思，有所启发，则百世之文也。乃总其大要，惟有二端：曰意，曰事。意之所不能明，赖文以明之。"进而指出："依经文而用己之意以体会其细微，则精而兼实，故文莫重于注经。叙事则就事以运其事，必令千载而下，览其文而事之豪末毕著，《禹贡》、《仪礼》、《左氏春秋传》是也。"这封信，是研究焦循经学、文学思想的重要篇章。

《里堂文稿·答王钦莱论勾股重测书》，因王准询问重测之法，焦循认为有三种方法："用长短二竿，一也；用定表游表，二也；用象限求角，三也。"并详细作答。

李本善、李元善，见记于《雕菰集》卷十二《咎由人己对示二李生（本善、元善）》："癸丑之春，焦子居，门人自外至，卒然问曰：'咎由于己与由人者有间乎？'曰：'有间。咎由于人者，圣贤不去也。然则时人之所惑者宜矣。'"

"癸丑"年，为乾隆五十八年即1793年，焦循与两门生之交往，约始于是年。之后，元善曾为焦循抄录诗文。《雕菰集》卷十六《修茸通志堂经解后序》："命门人李元善录序文，得八叶，加于首。"本善则为焦循得力助手，《里堂札记·丁卯手札·答阮芸台先生（四月廿七日）》："《图经》一事，前所分之十门，已口授李本善及舍弟等，办法渐有头绪"；同书《己巳手札·与阮中丞（二月初一日）》："接到《北湖小志》样本四部，粗校一过，系原稿讹误者三四处，系刻误者若干处，俱签出，乞命工改补，令李生本善校看可也。"

二　与外地学者交流学术

焦循与扬州以外学者学术联系的方式，或晤面交流，或书信往来，与扬州府之外的学者有了广泛的学术联系。一则焦循著成《群经宫室图》，引起学界关注；二则展读学界名流之书、讨论相关学术问题，对焦循学术起到了不小的推动作用。

1. 或读其书，或论学术

焦循细读江声、段玉裁等人之书，并与之讨论学术。且与王昶、刘大观、孙星衍、顾抱冲、凌廷堪、王泽、王豫、周瓒、朱械、方仕煌、罗浩等人有着密切的学术联系。

江声（1721～1799），字鳣涛，号艮庭，江苏元和人。嘉庆元年（1796）孝廉方正。精治《说文》，深于《尚书》，著有《尚书集注音疏》十二卷、《论语竢质》三卷、《恒星说》一卷、《艮庭小慧》一卷等。

焦循与江声的学术交往，主要有两方面。

（1）关于《后汉书训纂》

《后汉书训纂》一书，焦循在《雕菰集》中有着记述。卷十五《后汉书训纂序》：

> 《后汉书训纂》者，元和惠征士栋所著书也。岁丁未，余授徒城中，与汪君晋蕃之居近。晋蕃家多藏书，每借阅，而是编与焉。晋蕃之尊人对琴先生，工诗词，风雅倜傥，征士游广陵时，与之交，往来甚密。征士故多疾，先生以参桂之药供之，不啻千金。征士无以报，因以此书赠先生，先生为之校写，作楷本。于是有真、草二本，草曰《训纂》，真曰《补注》，皆藏于对琴先生家，外无有也。先生重气节，负性纯笃，方其官刑曹，在京师，以劲直著名，继遭横逆，家产顿落。于是二本者，仅存草本而写本遂失。是本为征士手录，改涂添补，如蚰蜒蚁子之迹。首帙末题"雍正九年以事对簿之暇作，凡十一年而成"。对琴先生尝语循曰："惠子在扬时，手订此书，有所疑，即以片纸至，令为之核，书成以赠余。然窃人之善，君子耻之，齐邱《化书》，不欲尤而效也。

卷十八《书鲒埼亭集后》：

> 元和惠征士栋，尝病于扬州，需参莫措，汪对琴比部慨然独持赠，费千金。惠病起，以所撰《后汉书训纂》酬之，今鹭亭冯先生所刻《后汉书补注》，即此本也，此事世亦鲜知之者。

在《里堂札记》中，亦屡有所及。《丁巳手札·答汪晋蕃》：

> 接台札并《后汉书训纂》一本，弟亦检出惠君原稿一本，

今送上。盖临时匆遽，互相失误也。此书录成，弟有序一篇以记本末，春间曾得此《序》，录呈王兰泉先生。或者兰泉先生见此《序》，因求此书。吴县江君艮庭亦两次借阅，因未有便人寄去，且苦讹失，付梓之说，俟更商之可也。

《癸亥手札·答李学师》：

> 《后汉书训纂》，除汪对琴先生所藏外，别无他本，吴中所传十五卷，循亦尝见之，盖惠氏诸弟子求真本不可得，于他处搜集而成，非征君手订本也。循曾问诸江艮庭处士，处士言未见其真本，屡有札向循索，以路远未及寄去，而处士已没，盖处士生平未见此本也。

对一部书，叙述如此之详，次数如此之多，在焦循学术生涯中并不多见。可以想见焦循对《后汉书训纂》的重视程度。从中，可察知王昶、江声对此书亦至为关注。

（2）关于《群经宫室图》

焦循学术著作中，首部刊刻之书就是《群经宫室图》。该书很快引起学界的关注。刚一完稿，阮元即索要副本，甫经刊刻，刘台拱便索要此书。[①] 江声阅过后，一年中就两次来信商榷，焦循亦认真作答，《雕菰集》卷十四《复江艮庭处士书》即是复信的内容，开头即对此作了交代：

> 循所为《群经宫室图》一书，乃庚戌年授徒深港时所作。既而病呕血，医者以为中死法，同学及门人辈以此付刻。原稿

---

① 《群经宫室图》卷首载有阮元二信，第一信中说："闻有《宫室图》一书已经脱稿，如有副本，望以见示。"《雕菰集》卷十三《与刘端临教谕书》："迄因阮学使之约，客游于越，适程君中之自丹来，道先生知鄙人名，且索拙作《宫室图》，谨以一部呈上，幸进而教之也。"

于正书中偶杂古体，当时未及改正，至今颇悔之。颜黄门、陆博士所言，皆通论也。昨接台札，指摘是书俚俗之字，承教，感谢之极！其太俗如尊所斥者，当检出改之尔。又来札，称鄙作征引浩博，考核详明，城涂坛学之等，可称精细无遗议，循欣愧无地，叩头！叩头！又蒙于书中，言"位宁"、"荣溜"、"门桌"三条，细加订正，不吝教诲。

同卷《复蒋征仲书》中，再次对此予以说明：

接来札，知用力于《论语》之学甚勤。仆向亦尝用力于是经，为《论语问答记》二卷。所说"过位"及"立不中门"二条，已举其大略入《群经宫室图》中。去年夏间，江艮庭先生书来，辨此二条之误，仆当以书复之。秋末又有书来，仆念草野著书，各信所是，非可用以相攻诘，遂受之不复置辨。然而私意则辨之久也，请录与足下参之。

此外，焦循对江声《尚书集注音疏》赞佩有加。《尚书补疏·叙》："江艮庭处士作《集注音疏》，搜录汉人旧说，而于《传》说亦多取之。"《雕菰集》卷六《读书三十二赞·尚书集注音疏》："处士江公，用平众讼。郑疑亦区，孔是亦用。《二十八篇》，乃可以诵。"

但是，焦循与江声的学术交往，似只用书信的方式，没有见到焦循拜谒这位学界前辈的具体记述。需要留意的是两人交往的时间。

可惜，焦循《雕菰集》所收《复江艮庭处士书》、《复蒋征仲书》两信中，都没有留下写信的年月，无由知晓与江声以书信讨论学术问题的时间。只能略加推测。

《雕菰集》卷十八《江处士手札跋》："乾隆庚戌，余馆于深港卞氏宅，尝撰《群经宫室图》五十篇，是冬呕血几死，遂梓之，疏漏所不免也。"这只是说，"庚戌"即乾隆五十五年冬计划或开始刊刻，并未刻成。因为，《群经宫室图》卷首载有阮元书信："闻有《宫室图》一书已经脱稿，如有副本，望以见示。"是信写于"辛亥六月"，表明《群经宫室图》在"辛亥"即乾隆五十六年六月之前尚未有刻本。乾隆五十七年，凌廷堪《校礼堂文集》卷二十三《与焦里堂论路寝书》中，言及"承示《群经宫室图》"，是副本还是刻本不得而知。而在《雕菰集》卷十三《上王述庵侍郎书二》中，确切记有刻本："岁癸丑，曾以所刻《群经宫室图》一函，交方文学仕煌呈览。""癸丑"，为乾隆五十八年即1793 年。这应当是《群经宫室图》最早的刻本。江声看到的，就是这一版本。据此推测，焦循与江声书信往来，可能在1793 年前后。这一年，江声 73 岁，焦循年仅 31 岁。

王昶（1725～1806），字德甫，号述庵，又号兰泉，江苏青浦人。乾隆十九年（1754 年）进士，历官鸿胪寺卿、都察院右副都御史、江西按察使、直隶按察使、陕西按察使、云南布政使、江西布政使、刑部右侍郎等职。深于金石之学，成《金石萃编》一百六十卷。工于诗文，著有《春融堂集》六十八卷。编纂《国朝词综》四十八卷《续编》八卷、《明词综》十二卷、《湖海文传》七十五卷、《湖海诗传》四十六卷等。

焦循与王昶的学术交流，主要以书信的方式进行。《雕菰集》卷十三收有焦循的两通书信，谈到送呈《群经宫室图》一书事宜。《上王述庵侍郎书一》："前年，阁下以按事至高邮、句容，道经江都，晤汪员外对琴先生，言于京师见焦某所为文，眷眷问循之学业。对琴先生还，即语循，循不禁感泣涕零，莫能自已。……前月在安定书院中，见方君仕煌，言阁下告假归里，遍求当世名士，又计及于循，循与仕煌相交素深，或仕煌阿于所好，于阁下前谬为称道耳。……谨以所刻《群经宫室图》一函，熏沐呈览。"《上王述庵侍郎书二》："岁癸丑，曾以所刻《群经宫室图》一函，交方文学仕煌呈览。"

王昶持续关注焦循，既看重其学术，又保存其文章。所纂《湖海诗传》卷四十三中，就收录焦循《与某论汉儒品行书》一文。

而焦循致信王昶之时间，则始于乾隆五十八年即1793年，《上王述庵侍郎书二》中所说"岁癸丑"正是1793年。

段玉裁（1735～1815），字若膺，号懋堂，江苏金坛人，乾隆二十五年（1760）举人。乾隆三十五年（1770）铨选贵州玉屏知县，后又任四川富顺、南溪和巫山知县。10年后，称疾回里，专于为学。著作主要有《六书音均表》五卷、《诗经小学》四卷、《古文尚书撰异》三十二卷、《周礼汉读考》六卷、《仪礼汉读考》十七卷、《说文解字注》十五卷、《经韵楼集》十二卷等。

焦循与段玉裁的学术交往，从第一章中可知大概。需要补充的是，焦循与段玉裁会面的时间和地点问题。《里堂文稿·顾抱冲小读书以图记》："近世发明古学，莫如惠氏，而六书训故之精，则推金坛段明府玉裁，天文推步之术，惟詹事得其旨最深。岁壬子，段君在扬州，称吴中顾抱冲家藏书最多，尤饶宋刻。明年，段君迁于吴。近年，辛楣詹事亦为吴中院长，天下名师宿儒，聚于一邑，可谓盛矣。""壬子"，为乾隆五十七年即1792年。则焦循得见段玉裁，时在1792年，地点就在扬州。

刘大观（1753～1834），字正孚，号松岚，山东临清人。乾隆时拔贡，历官广西永福县知县、宁远州知州、山西布政使等职。长于诗，著有《玉磬山房文集》。

《里堂诗集》卷二收"庚戌至甲寅"即1790至1794年间诗，其中有《赠邱县刘松岚明府》一诗，且在1794年秋作《大疫室人几死弟复感之不寐作此》一诗之后，则亦作于1794年。焦循与刘大观交往当在此时。

孙星衍（1753～1818），字伯渊，号季述，江苏阳湖人。乾隆五十二年（1787）进士，授编修，后任刑部主事、山东兖沂曹济道、山东督粮道、布政使等职。曾为诂经精舍、钟山书院主讲。擅长词章，深于经史，尤精校勘。著有《周易集解》十卷、《周易口诀义》六卷、《尚书今古文注疏》三十九卷、《尚书考异》六卷等书，校勘《春秋分纪》、《汉纪》、《华阳国志》等书。

《雕菰集》卷十三《与孙渊如观察论考据著作书》一信，写于"乾隆乙卯三月二十日"即乾隆六十年（1795），是为焦循与孙星衍交游之始。

此后，两人仍保持着学术联系。《里堂文稿·书岱南阁文集后》："岁丁巳，全椒吴山尊孝廉鼐自山东来，以孙渊如观察新刻《岱南阁文集》见遗。""丁巳"为嘉庆二年（1797）。而焦循与孙星衍晤面，则在"辛酉"嘉庆六年，《里堂札记·辛酉手札·寄阮芸台先生》："渊如观察、莲水秀才不时相晤，甚不寥寂。"

对于孙星衍之学，焦循多有所述。《尚书补疏·叙》："王西庄光禄作《后案》，力屏其伪，而于马、郑、王注外，仍列孔《传》；江艮庭处士作《集注音疏》，搜录汉人旧说，而于《传》说亦多取之；孙渊如观察屏孔《传》，而掇辑马、郑。"事实上，《尚书补疏》正是在王、江、孙三家之学的基础上写成的。而在《里堂道听录》中，多见孙星衍之文。如卷四的《孙观察论伪孔古文尚书》、卷九的《岱南集·履呈座主朱石君尚书》、卷二十二《平津馆文稿·夏正加时考》、卷二十三的《太阴考》等等。

顾抱冲（1753～1797），字之逵。江苏吴县人，顾广圻从兄，廪贡生。著有《一瓻录》。

焦循于乾隆六十年恩科乡试中初识顾抱冲之后，次年来到苏州，得阅其藏书。《雕菰集》卷二《顾之逵·序》"吴中诸生，乙卯秋，遇于秦淮水榭中。明年，自浙至吴，至其书室，得睹藏书。时校刊《列女传》，值君病死。死数月，书方刊行"。订交一事，在《里堂文稿·顾抱冲小读书以图记》中亦有记述："秋八月，在江宁，得交蒋二、蒋山蒸蔚。蒋二，吴县人，受钱氏学。循就之询匪石之为人，蒋山言匪石与抱冲并以经学名者也。是日，即放舟访抱冲于秦淮水榭中。"

凌廷堪（1755～1809），字次仲，安徽歙县人。六岁而孤，后经商，年二十余又读书。乾隆五十五年（1790）进士，授知县，改宁国府学教授。边从教边研究，著有《礼经释例》十三卷，《燕乐考原》六卷，《校礼堂诗集》十四卷，《校礼堂文集》三十六卷等。

焦循与凌廷堪相识，或在凌廷堪自海州来扬州之后。《红薇翠竹词·虞美人》："养斋名浩，海州人，为吾友凌仲子表侄。乾隆己酉偕仲子来扬，遂作客至今，托业于医卜。""乾隆己酉"，为乾隆五十四年即1789年。

之后，或通信，或会面，然晤面少而通信多。乾隆五十七年，凌廷堪《与焦里堂论路寝书》①中，就《群经宫室图》卷上《宫图八》所述路寝之制予以讨论，对"东堂东乡，东夹在其后；西堂西乡，西夹在其后"疑而辨之。乾隆六十年（1795），两人一同在江宁参加乙卯恩科乡试。《乙卯手札·寄凌仲子》："八月十七日江宁别后。弟亦旋出水关，是日阻风江口，至二十二日方得开船，喜与汪孝婴之船为邻，与之谈弧三角之术。"通信情形则记于《雕菰集》和《里堂札记》当中。《里堂札记·庚申手札·寄凌仲子》则关心《礼经释例》一书的撰写："所为《礼经释例》，曾成定否？抑更别有所作，幸示我也。"

王泽（1759～1842），字鸥汀，号观斋，安徽芜湖人。嘉庆六年（1801）进士，历官至江西赣州、江苏徐州知府。辞官后，寓居扬州天宁寺，专心书画篆刻，著有《有观斋诗文集》、《竹石山房艺谱》等书。

焦循与王泽相识，或在癸丑年即1793年。在《里堂札记·癸丑手札·答王鸥汀》一信中说："别后倏尔数月，回忆日相聚谭论古今。"或在是年相聚。在信中，焦循除述及为诗之道与对待科考的态度外，还说："近来拟为二书，一曰《开方释例》，一曰《加

---

① 凌廷堪：《校礼堂文集》卷二十三。

减乘除释》。"

王豫（1768～1826），字应和，号柳村，江苏丹徒人，改籍江都，附监生。性酷嗜诗，著有《种竹轩诗钞》八卷，编有《江苏诗征》一百八十三卷、《群雅集》四十卷《二集》九卷等。

从《里堂文稿·与王柳村论文书》中可知，焦循与王豫早在江宁乡试中见面并谈论古文："在江宁闻足下论古文时，便欲一痛谈，匆匆未及如愿。"因焦循在信中谈及"二十七岁"后"又学之三四年"，且说"冬间当来翠屏洲上"，则此信或写于焦循三十二岁即1794年江宁乡试后之秋间。

嘉庆五年（1800）前后，两人关系骤然紧张，起因为焦循的一封信。《里堂文稿·与王柳村书》："五月间来札，称近日为有用之学，仆心窃喜之，以为柳村舍诗文浮薄之习而有为于学问，遂时时思闻足下之所学。既而接读尊著《芦中集》弟五、六两卷，而后用知吾兄之学浅狭未识门径。然由此入门，甚易易事，不以所知相告，非直友矣。"焦循信中所言，令王豫异常愤怒，从此不与焦循来往。

后来，阮元组织人员编纂《扬州图经》，焦循与王豫均列其中，且由王豫搜辑地图资料，焦循负责绘制地图。两人交恶，却又不能不商讨此事。于是，焦循求助阮元出面斡旋。《里堂札记·丙寅手札·答阮芸台先生》："王柳村数年前与循最密，尝以其古文相质，循以相好之故，过进直言，遂违'友数、斯疏'之戒。后闻人言柳村背后以此极怒，由是不相往来者六七年矣。乃循与柳村实无芥蒂也。今以图事归循，而柳村采办图事，是必互相商议乃好，未识柳村或仍怒我而不肯晤，则难矣。阁下或约其来城，会于尊处何如？""丙寅"为嘉庆十一年（1806）。

焦循确实意识到了"过进直言"，首先示好。经过阮元协调，关系有所缓和。焦循所辑《石湖遗书》，就是王豫提供线索并一同访获的。《雕菰集》卷十六《石湖遗书序》："丹徒王柳村谓余曰，子向所称范石湖者，吾见其遗书，盖存于关南陈氏。越数日，与柳村访陈氏，陈君素村因以遗稿十数帙示余，皆石湖手迹也。"

嘉庆二十一年（1816），王豫曾把自己的一本诗作托阮亨寄给焦循，并请焦循为诗文集作序。为此，焦循作了答复。《里堂札记·丙子手札·答阮仲嘉》："接尊札及柳村诗一本。……柳村十年不晤，正尔思之，属作诗文集序，诗则见矣，文集是若干篇若干卷，是何体裁，必知之而后可序之。凡作序，与作传同，不知其书之梗概而序之，犹不知其人之本末而传之也。不知而作，则市语矣，非可以信远也。幸将其文集示我。"

周瓒，字采岩。江苏吴县人。《扬州画舫录》卷二《草河录下》叙述说："少学花卉。既成，学界画白描人物，而大幅工笔山水，出奇无穷，遂成名家。兄兰坡，精于医。"

焦循与周瓒相识于1791年。焦廷琥《先府君事略》："庚戌，府君馆于深港卞氏。……明年，馆于牛宅。牛故扬州司马，居郡城，以诗酒自娱，好宾客，府君以病躯时时体中不佳就之，识吴县周君采岩，效其作工笔画。"

周瓒曾为焦循画像，并一同在浙江游历。《忆书》卷四："吴县周瓒号采岩，工画白描人物。乾隆庚戌，自京师归，遂家于扬州。尝为阮大中丞作《校书图》卷子，为余作《焦公像》与《焦孝然像》，程竹广太史为余书跋于上。……辛亥、壬子、癸丑相处最密。乙卯，同游于越。会娶妾，生一子，今复归吴中矣。阮中丞贡上墨模，采岩所画。"

朱械，字敬亭，江苏吴县人，长于书法绘画。《皇清书史》记之。

《雕菰集》卷三有《题朱敬亭郡丞乘查图》一诗，亦为《里堂诗集》卷二"庚戌至甲寅"之诗最末一首，《题朱敬亭郡丞乘查图》当作于1794年。焦循与之交往，约在此时。

方仕煌，字又辉，号晴岩，安徽歙县人。诸生，工小楷。其生平，获载《扬州画舫录》卷二《草河录下》。

焦循与方仕煌"相交素深"，见记于《雕菰集》卷十三《上王述庵侍郎书一》："前月在安定书院中，见方君仕煌，言阁下告假归里，遍求当世名士，又计及于循。循与仕煌相交素深，或仕煌阿于所好，于阁下前谬为称道耳。"或许，方仕煌就在安定书院肄业，时在"癸丑"即乾隆五十八年（1793）。因为，同卷《上王述庵侍郎书二》中说："岁癸丑，曾以所刻《群经宫室图》一函，交方文学仕煌呈览。"

罗浩，字养斋，安徽新安人。凌廷堪表侄，自幼住在海州，中年后多寓居扬州。博学多艺，精于医术，著有《医经余论》一卷，辑有《诊家索隐》二卷。

焦循在《红薇翠竹词·虞美人》自注中说："养斋名浩，海州人，为吾友凌仲子表侄。乾隆己酉偕仲子来扬，遂作客至今，托业于医卜。性情疏淡，放怀棋酒间，于经史能窥见其蕴，而不暇深求。诗古文词，皆当行有识。或以医人目之，非其志也。所咏《医林杂诗》三十首，自仲景以及本朝喻嘉言、张石顽诸君，人置一评，极为允协。于医亦非浅云。""乾隆己酉"，是乾隆五十四年即 1789 年。

之后，家中老幼患病，焦循常延请罗浩诊治。譬如，乾隆五十九年（1794），焦循妻子、弟弟生病，请罗浩医治。《里堂札记·甲寅手札·答郑耀庭》："省试复经内人舍弟大病，养斋在乡十数日，备见困苦之状。嘉庆十九年（1814）二月，罗浩为焦廷琥治病。《注易日记》卷一："廷琥病，养斋视之。"为此，焦循对罗浩感激有加，常赠物以谢。《辛未手札·与朱上珍罗养斋》："偶得蟹十一斤奉上，以为两先生一宵谈助。"《乙亥手札·与罗养斋》："百合粉乃阮宫保从江西寄来，且令梅叔亲送下乡，云是贡物所余，可以补气化痰。"

除此之外，焦循还与罗浩讨论医学或与之相关的问题。一方面，为撰写《扬州府志》，焦循请求罗浩帮助。《己巳手札·与罗养斋》："《府志》之役，《方伎》一门分属于仆。古之医大家在广陵，自汉吴普后，宋则许学士，明则滑伯仁。许学士已细阅本事，方缀其精华，为之作传；伯仁苦于未详。乞将伯仁所著书，及其书中所得之精微，揭出示我。"另一方面，就医学问题进行交流。《丁丑手札·与罗养斋》："偶阅《千金方》，见世俗小儿医所用糕拭出羊毛一证，孙真人详言之，乃是小儿常疾，名为客忤，不名羊毛疹。羊毛疹别是一奇证，不常有。见《名医类案》，乃身生羊毛，非拭出毛也。今小儿医不读书，小儿常有之。客忤已不能识，而妄以羊毛疹名之，殊可笑也。"

罗浩《医经余论》成稿，焦循为之写序，《雕菰集》卷十五《医经余论序》即是。

2. 江宁乡试，广交友朋

这一时期的焦循，也开始了科考历程。屡次参加乡试，在江宁结交了闭阮恭、黄恩长、蒋二、蒋徵蔚、汪莱等人。

闭阮恭，字共水，号林溪，安南人。

《忆书》卷六记述说："闭阮，其姓也。事黎氏，官户部总理，财永定侯，本世袭公，自以功得侯。其国既为阮光平所夺，随黎维祺内附，安置闭阮恭于江宁。余每应省试与晤。其人短小，微髭须而黑齿。彼地贵者，必漆其齿使黑也已。遵本朝服色，而气度闲雅。间亦能为诗。"

从《安南纪略》卷二十七诸文中可知，闭阮恭安置于江宁在乾隆五十五年（1790），嘉庆九年（1804）回国。乾隆五十七年即1792年，焦循前往江宁乡试，或在此时，焦循与闭阮恭相识。

黄恩长，字宗易，号苍雅，苏州人[①]。曾师从外舅王鸣盛学习诗文，擅画花卉，精于篆刻，《扬州画舫录》卷二简以述之。著有《敦好斋印谱》、《千顷堂画谱》。

《里堂札记·丙辰手札·答王西庄先生》（五月十七日）："去秋在江宁，晤黄君宗易。""丙辰"为嘉庆元年即1796年，则焦循

---

① 《里堂诗集》卷二《题黄宗易印谱作》："恩长，崇明人。"

与黄宗易晤面之"去秋"为 1795 年秋天。然两人交往时间，或在 1794 年。《雕菰集》卷三载《题黄宗易县尉印谱作》一诗。该诗收于《里堂诗集》卷二"庚戌至甲寅"之倒数第四首，且在作于 1794 年《大疫室人几死弟复感之不瘳作此》① 一诗之后，则《题黄宗易县尉印谱作》必作于 1794 年。

蒋二，吴县人，师从钱大昕习经。

焦循与蒋二相识，是在 1795 年江宁乡试之时。《里堂文稿·顾抱冲小读书以图记》："秋八月，在江宁，得交蒋二、蒋山蒸蔚。蒋二，吴县人，受钱氏学。……丙辰，循寓于浙江督学院署中，晦之、蒋山俱在，因二君以所学就正于辛楣詹事，詹事称吴县有李尚之文学锐，为己所不逮。"

蒋徵蔚，字应质，号蒋山。江苏元和人。著《五星通解》、《天步中西难问》、《左旋右旋说》等书。

乾隆六十年（1795）乡试期间，焦循与蒋徵蔚相识。《里堂文稿·蒋山诗集序》："乾隆乙卯秋七月，始识蒋山于江宁。蒋山两耳病塞，答问均以笔代之。蒋山日至余寓，互相问难，于是尽得蒋山之所学。"《雕菰集》卷四载有《送蒋蒋山归东吴》一诗。

汪莱（1768～1813），字孝婴，号衡斋。安徽歙县人。嘉庆十二年（1807），以优贡生入京考取八旗官学教习。次年，入国史馆纂修《天文志》、《时宪志》。嘉庆十五年，调任安徽石埭县训导，卒于任上。深于文字乐律，尤精数学，著有《衡斋算学》七卷、《乐津逢源》一卷、《衡斋文集》三卷等。

汪莱为焦循至交。对于汪莱之学，焦循非常推尊。《雕菰集》卷六《读书三十二赞·衡斋算学》："汪君孝婴，天授以敏。数学精深，独入于理。"汪莱年仅 46 岁就突然故去，焦循为此而悲伤不已，故作长诗以致哀思。《雕菰集》卷三《记得一首哭汪孝婴》：

---

① 《理堂日记》："甲寅秋，大疫，循之妇染之。""甲寅"，为乾隆五十九年即 1794 年。

记得秦淮上，与君初结交。……记得岁丁巳，与君各家
居。探赜析疑滞，千里凭尺书。记得长江头，阻风维客
舟。……记得丙寅春，初月二日吉。君来十日留，纵言集一
室。放船风雪中，清兴迈古逸。是年余在城，与君隔数武。记
得余注易，得即贡君睹。君为施丹黄，直谅判去取。是年夏秋
间，君往测海水。记得与君别，送君东门市。明年君入都，信
宿扬州城。晤君一夕谭，明日君长行。君主大金吾，进君修国
史。书成授校官，吾闻为君喜。记得君书来，示我《黄山
记》。云得王孙锅，辨识古篆字。明年又书来，追溯昔年事。
漉酒烹粗鳞，嘉贶念亡弟。亡弟墓草生，没世已五岁。记得开
君书，芄兰横泗涕。癸酉秋试后，余季偕君来。余以脚下痛，
相见遂迟回。

在诗中，焦循回忆了两人交往的过程，情真意切，令人动容。
而《里堂札记·乙卯手札·寄凌仲子》记述了两人乾隆六十年
（1795）八月省试第一次见面的情景，以及两人讨论学术之事，已
如前述。之外，还多次雅聚唱和，寄情山水。《雕菰集》卷四诸诗，
如《张古愚太守招同赵味辛司马何兰士太守孙渊如观察暨江子屏汪
孝婴李滨石雨中泛湖夕饮于倚虹园》、《汪孝婴访余湖中喜而有作》、
《与汪孝婴登泰州望海楼》等，就是焦循在欢聚后留下的佳作。

第三节　游历鲁浙之时

作为阮元幕宾，焦循曾往山东、浙江游历，不仅写成《游山
左诗抄》、《游浙江诗抄》，而且结交了不少学术名流。这期间，循
每每往来扬州，且居家训蒙，与不少学者保持学术联系；还入京参
加会试，与更多人物交往。这无疑使他丰富了阅历，增长了见识，
特别在与友朋交往之中，获得对自己易学研究的首肯和鼓励，使其
信心倍增，更坚定了专心治《易》的学术理想。

一　北上游历山东

乾隆六十年（1795）正月，焦循入山东学政阮元幕，利用岁考机会，游览齐鲁大地，结识众多学者，如桂馥、颜崇槼、武亿、马履泰、徐大榕、孙韶、段松苓、阮亨等。

桂馥（1736～1805），字冬卉，一字未谷，号雩门，别号肃然山外史，晚称老苕，山东曲阜人。乾隆五十五年（1790）进士，曾官云南永平知县。著有《说文解字义证》五十卷、《晚学集》二卷等。

焦循与桂馥相识，是在1795年游幕山东之时。《陆氏草木鸟兽虫鱼疏疏》卷上："曲阜桂未谷馥以掖县教谕为泺源书院监院，余在涒南时识之。未谷以所著《晚学集》示余，内有考订《陆玑疏》一篇甚精。"《里堂札记·乙卯手札·答桂未谷（四月二十八日）》对此亦有所述。《剧说》卷二："乾隆乙卯，余在山左。"乙卯，为乾隆六十年，即1795年。

颜崇槼（1741～？），字运生，号心斋，山东曲阜人。嘉庆初任江苏兴化知县。好金石，著有《摩墨亭稿》一卷，《种李园近稿》一卷、《种李园诗话》等，编有《颜氏家集》、《颜氏遗书》等。

《里堂书跋·颜鲁公文集》既述其生平，又谈及交往经过："《集》十五卷，《补遗》一卷，《年谱》一卷，《行状》一卷，《墓铭》一卷，《本传》一卷，曲阜颜运生令兴化时所刻也，孙渊如观察为之《序》。运生名崇槼，始以孝廉作教职，乾隆乙卯，余在历城识之，已而保举作令于吾郡之兴化，署同知，致仕归。运生好金石，所得古钟鼎，宝之若性命，尝得一古印，文曰'真卿'，以为神授。此本卷首印，即此印所摹也。""乾隆乙卯"，为乾隆六十年，即1795年。

《雕菰集》卷四收《芸台学使招同马秋药比部徐惕庵太守颜运生教授孙莲水江定甫两文学小沧浪亭雅集》一诗。

　　武亿（1745～1799），字虚谷。河南偃师人，先世居山东聊城县。父绍周，官至吏部验封司郎中，武亿生于京师。庚子科（1780）成进士，五十六年，谒选授山东博山县知县。嘉庆四年（1799）十月，卒于邓州客馆。精于金石考证，著有《群经义证》八卷、《经读考异》八卷、《金石一跋》四卷、《授堂金石文字续跋》十四卷、《金石三跋》十卷、《授经堂文钞》八卷等。

　　焦循认识武亿，时在乾隆六十年（1795）。《雕菰集》卷十八《武虚谷先生手札跋》："乾隆乙卯春二月，予客临清校士馆中，有客自外至，长八尺余，破帽羊裘，白须萧萧然，坐与道名姓，乃知偃师武君虚谷，名亿，耳闻之久矣。""乾隆乙卯"，即1795年。在《里堂道听录》卷二十九《武虚谷·序》里，焦循又记述说："闻其善饮，是夕共食，见其饮高粱酒五六斤不醉。时已罢令，为临清书院院长。"

　　在山东游幕期间，焦循与武亿多所往来。《焦里堂先生佚文·仪礼石经校堪记序》："岁乙卯，循游沛南，寓学使阮伯元宫詹署中。自春徂夏，时放舟至水木明瑟轩，与武虚谷亿、桂未谷馥、段赤亭松苓诸君啸咏湖山，考订典籍。"

　　对于武亿之学，焦循称道有加。《雕菰集》卷六《读书三十二赞·经读考异》："偃师武君，识高学渥。辨其析离，明其断续。义证两从，兼收并录。小学之功，此诚菽粟。"在《里堂道听录》中，对武亿之文亦有摘录，如卷十二的"武虚谷《跋墨子》"，卷二十的《经读考异·自序》等。

　　马履泰（1746～1829），字叔安，号秋药。浙江仁和人。乾隆五十二年（1787）进士，官太常寺卿。擅长作诗与绘画，著《秋药庵诗集》八卷。

　　焦循与马履泰交游，集中于乾隆六十年，即1795年一年之间。当时，焦循在山东游幕，马履泰为济南泺源书院山长，两人就在书院相见。《雕菰集》卷十八《徐惕庵太守手书帖跋》："岁乙卯，余在济南，闻诸齐人所称述者如此，时惕庵为他事罢官，余始于泺源书院马秋药院长座上识之，已而屡会于大明湖之水木明瑟轩。"之后，还一同雅集，《雕菰集》卷四《阮学使招同马秋药比部徐惕庵太守颜运生教授孙莲水江定甫两文学小沧浪亭雅集余赋二首》。

徐大榕（1747~1803），字向之，号惕庵，江苏武进人。乾隆三十七年（1772）进士，曾官主事补户部浙江司、户部员外郎。因京察一等，授山东莱州府知府，后调泰安不久，又任济南知府。孙星衍《平津馆文稿》中有《惕庵传》。

焦循始识徐大榕，是在乾隆六十年（1795）游幕山东之时。《里堂道听录》卷二十九《徐惕庵》："惕庵太守，余于乾隆六十年识之山左。"《雕菰集》卷十八《徐惕庵太守手书帖跋》："岁乙卯，余在济南，闻诸齐人所称述者如此，时惕庵为他事罢官，余始于泺源书院马秋药院长座上识之，已而屡会于大明湖之水木明瑟轩。"卷四的《阮学使招同马秋药比部徐惕庵太守颜运生教授孙莲水江定甫两文学小沧浪亭雅集余赋二首》，就是在大明湖小沧浪亭与徐大榕等人雅集时所作。

孙韶，字莲水，江宁人。诸生。著有《春雨楼诗略》。

乾隆六十年，焦循入阮元幕期间，与孙韶相识。《雕菰集》卷四《长山途中寒食》附孙韶"同作"之诗、《芸台学使招同马秋药比部徐惕庵太守颜运生教授孙莲水江定甫两文学小沧浪亭雅集》诸诗，即为交游时所写。

段松苓，字赤亭，山东青州人。

《焦里堂先生佚文·仪礼石经校勘记序》："岁乙卯，循游沛南，寓学使阮伯元宫詹署中。自春徂夏，时放舟至水木明瑟轩，与武虚谷亿、桂未谷馥、段赤亭松苓诸君啸咏湖山，考订典籍。""乙卯"，为乾隆六十年，即1795年。

《雕菰续集》有《与段赤亭论编辑金石书》一文。

阮亨（1783~1859），字梅叔，号仲嘉。阮金堂之孙，阮承春次子，过继给阮元二伯父阮承义为子，为阮元从弟。嘉庆二十三年（1818）副贡，所著《瀛舟笔谈》十二卷、《春草堂丛书》三十六卷，辑《淮海英灵集续集》十二卷，校《七经孟子考文并补遗》二百卷，均传后世。

嘉庆六年（1801），阮亨师从焦循学习。《里堂文稿·欲香集序》："辛酉在浙，为阮中丞课其弟与族子。"《清代名人书札》收有《焦循致阮亨》书信三通而外，《雕菰集》卷三有《题阮梅叔珠湖渔隐图》一首、《雕菰集》卷四《辛酉元旦登吴山弟一峰》附阮亨和诗。阮亨在《瀛舟笔谈》、《淮海英灵续集》中记述焦循之学，又于《雕菰集·序》中叙说交游情形："尝忆乾隆乙卯秋，先生来济南学署，亨随侍策骑，游雠华诸山，兴会淋漓，颇自诩其弧矢四方之志。又尝于嘉庆壬戌冬来杭州节院，亨同放棹西湖，冒雪敲冰，联句于林处士梅花墓下，感慨啸歌，几莫掩其胸怀高逸之风。"

"乙卯"为乾隆六十年，即 1795 年，阮亨时年十二，则阮亨与焦循交往，至迟始于此时。

二 授徒科考，广交友朋

这一时期，尽管焦循以游历为主，四处奔波，但在嘉庆二年至四年这三年中，除两次到江宁参加乡试而外，仍主要在扬州、苏州两地设馆授徒，得暇则勤加著述。因此，与学者联系较多，如钱大昕、王鸣盛、赵怀玉、刘台拱、胡虔、张敦仁、王学浩、李遇孙、林道源、秦恩复、许珩、杨大壮、吴康、汪荣怀、胡量、张彦曾、吴蕭、石钧、徐熊飞、袁廷梼、鲍漱芳、王引之、英和、沈钫、蔡元春、欧阳锦、李培紫、汪潮生、江振鸿、谢文英、洪莹等。

钱大昕（1728～1804），字晓征，一字辛楣，号竹汀，江苏嘉定人。乾隆十九年（1754）进士，历官翰林院庶吉士、编修、詹事府少詹事、广东学政。著有《十驾斋养新录》二十三卷、《廿二史考异》一百卷、《潜研堂诗集》十卷、《潜研堂文集》五十卷、《金石文字目录》八卷等著述。

焦循与钱大昕之间的学术交流，第一章已有交代。使人关心的还有一个问题，那就是焦循有没有当面向钱大昕问业？答案是肯定的。《翼钱三篇·序》："少詹事钱竹汀先生，通儒也。愚尝谒之吴门，其容和，其言达，霭霭可亲。"焦循在《里堂文稿·欲香集序》中写道："戊午至庚申，馆于吴。""戊午"为嘉庆三年（1798），"庚申"为嘉庆五年（1800），或许，焦循就是在这一时期拜见了钱大昕。

王鸣盛（1722～1797），字凤喈，号西庄，江苏嘉定（今上海嘉定）人。乾隆十九年（1754）进士，官侍讲学士、内阁学士兼礼部侍郎、光禄寺卿等。著有《尚书后案》三十卷、《十七史商榷》一百卷等。

焦循阅读王鸣盛之书及请益学问之事，前面已有所及。而且，焦循著述中还多次言及王鸣盛之学，如《尚书补疏》、《易余籥录》卷十五、《里堂道听录》卷十一等。

赵怀玉（1747～1823），字亿孙，号味辛，江苏武进人。乾隆四十五年（1780）南巡，赐为举人，授内阁中书。后任山东青州府海防同知，登州、兖州知府。工于古文及诗词，著有《亦有生斋文集》五十九卷，《续集》八卷。

1801年，焦循在扬州与赵怀玉相识。《里堂道听录》卷三十七《沁园春》："武进赵味辛舍人（怀玉），风流倜傥，著作才也。嘉庆辛酉，外授青州司马，秋冬之间在扬州。时太守张公敦仁为虹桥诗酒之会，予与焉，而始识司马。壬戌在武林，于平湖朱孝廉为弼册上见味辛《沁园春》二首，慷慨激厉，不逊稼轩。""嘉庆辛酉"，为嘉庆六年（1801）。赵怀玉《亦有生斋集》卷四《焦里堂诗序》亦如是记："嘉庆辛酉九月，见于扬州张古余太守席上。"

五年后，伊秉绶主持编纂《扬州图经》，两人又一同共事。《扬州足征录·序》："纂《图经》时，所有膏火纸笔之费，皆伊公自捐俸以给，同事者，赵司马怀玉、臧文学庸、袁太学廷梼，今《府志》中多有三君所辑录。"

刘台拱（1751～1805），字端临，江苏宝应人。乾隆三十五年

（1770）中举，乾隆五十年（1785），官丹徒县训导。主要著述有
《论语骈枝》一卷，《经传小记》三卷，《刘端临先生文集》一
卷等。

就所见材料而言，焦循与刘台拱未曾谋面，仅以书信形式进行
学术交游。《雕菰集》卷十三《与刘端临教谕书》："先生之学，久
闻汪君容甫言之。己酉之春，曾乞容甫札求谒左右，后未果渡江，
至今殊歉歉也。迩因阮学使之约，客游于越，适程君中之自丹徒
来，道先生知鄙人名，且索拙作《宫室图》，谨以一部呈上，幸进
而教之也。……乃近来为学之士，忽设一'考据'之名目，循去
年在山东时，曾作札与孙渊如观察，反复辨此名目之非。"

这封信写于嘉庆元年即 1796 年，理由有二：其一，"迩因阮学
使之约，客游于越，适程君中之自丹徒来"。焦循"客游于越"前
后计有六次，这里所述，为嘉庆元年。其二，"循去年在山东时，
曾作札与孙渊如观察，反复辨此名目之非。""去年"，即《与孙渊
如观察论考据著作书》信末所署之"乾隆乙卯"，为 1795 年。知
《与刘端临教谕书》作于今年，即 1796 年。这也是焦循与刘台拱
开始学术交往之年。

胡虔（1753～1804），字雒君，号枫原。安徽桐城人，诸生，
嘉庆元年（1796）举孝廉方正。先后入翁方纲、毕沅、谢启昆幕
为宾。著有《柿叶轩笔记》一卷、《识学录》等。方东树《仪卫轩
文集》卷十《先友记》："《西魏书》、《小学考》、《广西通志》，皆
出君手。"

1795 年，焦循在江宁参加乙卯恩科乡试时与胡虔相识，并在
《里堂道听录》卷十《西魏书》中，对其《西魏书》、《豫章沿革
考》作了记述："南康谢蕴山先生启昆，官浙江臬使时，撰《西魏
书》，桐城胡雒君虔实襄成之。乾隆乙卯，雒君访余于江宁客舍，
以此书见遗。"《雕菰集》卷八《西魏书论》与之相类："《西魏
书》，谢蕴山先生所撰也。乾隆乙卯秋，遇桐城胡雒君于金陵，雒
君以是书见遗。"

此外，焦循在《雕菰集》卷十五《豫章沿革考序》中还有这样的叙述："吾友胡雒君客江西时，与修郡志，因为《豫章沿革考》二卷，列之为表，而系之以说明。"

张敦仁（1754～1834），字仲篙，号古愚，山西阳城人。乾隆四十年（1775）进士，先后任江西高安、庐陵、九江、抚州、南安、饶州诸县府事。嘉庆五年（1800），任扬州知府。继任松江、苏州、江宁知府。道光二年（1822），任云南盐法道。张敦仁于公事余暇，读书不辍，考订精审，著有《尔雅图考》二十卷，《资治通鉴补正略》四卷，《辑古算经细草》二卷，《开方补记》九卷，《求一算术》三卷，《求一通解》二卷等。

张敦仁就任扬州知府后不久，焦循便与之相识。《里堂道听录》卷三十七《沁园春·序》："武进赵味辛舍人（怀玉）风流倜傥，著作才也。嘉庆辛酉，外授青州司马，秋冬之间在扬州。时太守张公（敦仁）为虹桥诗酒之会，予与焉，而始识司马。壬戌在武林，于平湖朱孝廉为弼册上见味辛《沁园春》二首，慷慨激厉，不逊稼轩，因录之。"

这次雅聚，焦循印象深刻。在《雕菰集》卷四《张古愚太守招同赵味辛司马何兰士太守孙渊如观察暨江子屏汪孝婴李滨石雨中泛湖夕饮于倚虹园》一诗中，亦记此事。"嘉庆辛酉"，为嘉庆六年（1801）。

焦循珍视两人的交谊，更推重张敦仁的为人和吏治。《里堂札记·乙亥手札·答阮芸台先生》："张古愚先生吏治明达，数十年来守扬者，以张、伊两公称首，扬之民能言之，郡之吏亦能言之。"

王学浩（1754～1832），字孟养，号椒畦，江苏吴县人，为王原祁外孙李豫德最得意的弟子。乾隆五十一年（1786）举人，擅长作画，喜好为诗，著有《山南论画》一卷、《易画轩诗录》八卷。

《里堂诗集》卷三收《题王椒畦孝廉画山水》，标明作于"乙卯"即乾隆六十年（1795）。两人之交往，亦在此时。

李遇孙，字庆伯，号金澜，浙江嘉兴人。嘉庆六年（1801）优贡生，官处州府训导。专心考证，精通金石，著有《日知录续补正》一卷、《金石学录》四卷、《括苍金石志》十二卷、《尚书隶古定释文》八卷等。

《里堂札记·丙寅手札·与张秋水（五月二十二日）》："李君遇孙来，兼以《古文尚书释文》见示。其书不寄人篱下谈者云云，非能知之也。弟以湿气疾作，尚未回候，吾兄先道及之。承《湖庄图》序文，乞写一纸与我。""丙寅"，为1806年。

林道源，其生平，见诸《扬州画舫录》卷十二："林道源，字仲深，号庚泉，安徽天长县人。方伯之表甥。性豪迈，善骑射。工诗，不存稿，阮侍郎伯元尝欲裒辑之，未全也。"方伯即江春。

《里堂诗集》卷四《林庚泉归天长索余诗为母寿》："恭人姓熊氏，累世簪与缨。……主人阮学使，谊为恭人甥。"知林道源之母熊氏，为阮元舅母。该诗作于嘉庆元年（1796）三月。从《里堂札记·丙辰手札·答林庚泉》诸信可知，焦循与林道源交往，至少始于1796年。

秦恩复（1760～1843），字近光，号敦夫，江苏江都人。乾隆五十二年（1787）进士，官编修。曾为诂经精舍、乐仪书院讲席，后获聘校勘《全唐文》。有《石研斋校刻书七种》六十卷、《享帚词》四卷等。

焦循与秦恩复应当早就相识，然见诸文字记述在1803年。《里堂文稿·江子屏周易述补叙》："嘉庆癸亥春，访子屏于秦敦夫太史家。""嘉庆癸亥"为1803年。扬州好友常聚于秦恩复家，《里堂札记·癸酉手札·寄阮芸台先生》："二月朔，秦太史家一晤。"

1806年，焦循与阮元、秦恩复、杨大壮、汪莱等人修葺江都王方魏墓石。《里堂札记·丙寅手札·答秦敦夫太史（三月初六日）》："昨日同孝婴往候竹庐都尉，且告以先生为王处士大名先生立石之事。"此事亦见记于《北湖小志》卷三《王螺山传第四》："嘉庆十年,有私毁其茔域者,循告诸县君陈公观国,得改正。明年,秦太史恩复、杨都尉大壮、阮中丞元重葺其墓,立碑石曰'大清处士大名王君之墓'"。焦廷琥《蜜梅花馆文录·修王大名先生墓记》亦述及此事。王玉藻,字螺山,王方魏之父。

1809 年,焦循与秦恩复一同纂修《扬州府志》,《己巳手札》中《答秦太史》、《与秦太史》诸信均述及此事。

1810 年,秦恩复所校《词源》甫加刊成,即赠送焦循。《雕菰楼词话》:"秦太史敦夫以新刻张玉田《词源》见遗。"

在《里堂道听录》中,对秦恩复之文多所抄录,以存其文,以张其学,如卷十二的《鬼谷子·叙》、卷三十七的《箓斐轩·跋》等。

许玶,字楚生,江都仪征人,庠生。深于《三礼》,著有《周礼经注节抄》、《周礼注疏献疑》等。

在焦循记述中,与许玶的交往,最早的文字见于《理堂日记》之中:嘉庆元年(1796)七月"十一日早,程中之兄约于方小壶吃茶。许楚生衣冠来,叩首拜谢,为《英灵集》事也,乃同吃茶"。

嘉庆三年(1798)十月,与焦循、江藩、李斗等人在休园雅集。王豫《种竹轩诗选》卷三有记。嘉庆六年正月初一,焦循与顾广圻、李锐、陈鸿寿、罗永符、许玶、阮亨诸人一起,登上吴山顶。嘉庆七年(1802)中秋,许玶仍在杭州。《里堂词集》中有《天香——武林中秋待月不得(与许楚生同作)》就作于此时。《里堂道听录》卷三十六《义成左尉》、《鸡林道经略使》还引述许玶之说。

杨大壮,字葆贞,号竹庐,江苏甘泉人。昭武将军杨捷玄孙,荫袭轻车都尉,后官至徽州营参将、安庆协副将。嘉庆七年(1802),因病回里,扩建诵芬庄,读书其中。熟悉兵法,工于诗文,深研算学,著有《将楷》七卷,手订《几何原本》、《同文算指》、《圜容较义》等书。

焦循可能早已认识杨大壮。1797年，两人既见面，又通信。《里堂札记·丁巳手札·答杨竹庐都尉》："山庄晤后，本意欲具一筋，为半日之聚，值次日妇病，遂不果，至今歉然。""丁巳"，为嘉庆二年（1797）。

第二年，杨大壮在安徽省城安庆任职，焦循致书以贺。《戊午手札·答杨竹庐都尉》："昨闻移镇省城，不胜欣庆。接到金状元《礼笺》一部，先生所论乐律，何其谦退。"

杨大壮因病回里后，两人接触较多。如《雕菰集》卷四《己巳秋杨竹庐都尉过半九书塾小饮明日作此乞和》、《庚午九月二日竹庐都尉邀往诵芬庄看桂》等文均属此类。

是时，杨大壮着意于天文、算学，既与焦循讨论问题，又借阅书籍。《注易日记》卷一：嘉庆十八二月，焦循"作札《与杨竹庐都尉》，索借去秦道古《数学九章》"。

吴康，字少文，江苏甘泉人。幼多疾，不应举子试，着力诗词，著有《白茆草堂诗抄》四卷，《白茆草堂词抄》一卷，辑录《北湖三家词抄》十卷。

焦循与吴康同里，交往应当很早，然见诸记述者始自壬戌即1802年。《里堂札记·壬戌手札·与周己山》："前闻说与吴少文、欧阳制美为诗会，此佳事。天下事全以兴趣朋友切磋，互相精益，即有足传者也。"

收于《雕菰集》卷十五《吴少文诗序》一文，则作于"嘉庆己巳"即1809年。

两人交往之深，更可从《撰孟子正义日课记》中见其一斑：嘉庆二十五年（1820）三月"廿四日庚辰，晴。阅六帖，修高家桥成，往阅之，归过吴少文白茅草堂，观其《斗鱼图》，小饮而回"。五月二十日，"题《吴少文斗鱼图》"。此后两月，焦循故去。

汪荣怀，字庆人，江苏仪征人。工于作诗，善画山水。

焦循与汪庆人应当早就相识。《里堂文稿·仪征汪氏母传》：

"余尝在汪对琴家交其族人庆人。庆人善绘山水园林，性简质，不轻许可人。"惜未明其年月。

1797年，两人已然熟识。《雕菰集》卷十八《改堂闲话跋》："岁丙辰，余在浙为阮侍郎辑《淮海英灵集》，于黄北垞、吴梅查诗集中，得张孝女事，为之太息感动，急录诸《广陵诗事》卷中。明年，仪邑浚城河，于岸侧得石幢，涤其泥污，字画毕著，则所书孝女救父本末，是地即被焚处也。……时汪庆人在座，曰：'改堂陈氏尝录之矣。'以此卷示余，且兼录金孝女，谓之'真州双璧'。"

随后，往来十分频繁。《里堂文稿·仪征汪氏母传》："嘉庆三年二月，母年八十六，以寿终。适余以家塾授徒之地，乞图于庆人，庆人欲余撰《汪母传》，而以图酬。"一人长于绘画，一人工于诗文，各展其能，各得所需，亦为交游之美谈。《雕菰集》卷十八《湖庄图跋》："嘉庆八年，岁次癸亥，循以母疾不果出游，授徒于家。秋八月，汪君庆人访我于半九书塾。"汪庆人这次来访，为了履行五年前之约，为焦循"家塾授徒之地"作画，故颇费时日，相谈甚欢。《里堂札记·癸亥手札·与汪晋蕃》："庆人来，每日与之泛舟湖中，盘桓于野桥古寺之间，庆翁甚乐，为作图八幅，极工好也。"这八幅图，就是有名的《湖庄图》，"浑朴古雅，脱尽时习"[①]。作于"癸亥"即嘉庆八年（1803）。对于汪荣怀的画作，焦循非常喜欢，《里堂札记·乙丑手札·寄袁寿阶》："仪征汪君庆人，今之高士也，其所作山水画朴厚简质，不入轻鲜一路，弟最嗜之。"嘉庆十年，焦循又与钟怀、李钟泗、汪荣怀一道为朱登三兄弟庆寿，汪荣怀作《图》，焦循书《序》，尽一日之欢。此事见记于《雕菰集》卷十七《朱登三兄弟同寿序》之中。

胡量，字符谨，号嵋峰，江苏华亭人。久居苏州，晚寓扬州，师从王昶，曾向程晋芳学习作诗，且善于绘画，著有《海红堂集》。

---

① 汪鋆：《扬州画苑录》卷二《汪荣怀》。

《雕菰集》卷十三《上王述庵侍郎书二》："大人之门，胡君量、张君焱与循皆交好，尝称大人谦以接下，于阐微显幽之事，尤无所拒，每有求者，必亲自撰著，不假手于人。"

该信作于嘉庆二年（1797），则焦循与胡量此前已多所交往。

张彦曾，初名焱，字复庵，号农间，江苏嘉定人。优贡生，师从钱大昕、王昶，通经史，善篆隶，著有《农间庵诗钞》。

《雕菰集》卷十三《上王述庵侍郎书二》："大人之门，胡君量、张君焱与循皆交好。"《学算五书》在焦循生前就有刻本行世，而《释弧》之书名，正由"嘉定张焱"题署。

该信作于嘉庆二年即1797年，知两人之前过从密切。

吴鼒（1755～1821），字及之，又字山尊，号抑庵、仰庵、达园，安徽全椒人。嘉庆四年（1799）举人，官侍讲学士。善书画，工骈文，著有《吴学士诗集》五卷、《吴学士文集》四卷等，编有《八家四六文钞》九卷、《阳宅撮要》二卷。

嘉庆二年（1797），吴鼒把孙星衍的《岱南阁文集》从山东带给焦循。《里堂文稿·书岱南阁文集后》："岁丁巳，全椒吴山尊孝廉鼒自山东来，以孙渊如观察新刻《岱南阁文集》见遗。内《答江处士声》一篇，既痛诋恒星东移之非，又以地圆及大气举之之说为西人之妄。循谓此二者，非西人之言也。而古圣贤渊源授受之言也。""丁巳"即1797年。

嘉庆七年（1802），焦循请吴鼒为将建之阁题匾。《里堂札记·壬戌手札·与吴山尊太史》："循思新构一阁，广一丈，修二丈，基离地高三尺，凭土山上，东南北三面皆窗，南窗外有柳数十株，柳外所望甚远。吾兄可按此景况赐一扁名，是幸是幸。"看来，焦循计划建造藏书楼的计划由来已久。直到七年后的1709年，焦循用编修《扬州府志》的酬金建起了雕菰楼，实现了这一愿望。

石钧（1755～1805），字秉纶，号远梅，江苏吴县人，监生。著有《清素堂诗集》九卷，《清素堂词钞》一卷。

石钧以卖珠宝为业，《忆书》卷二记其叙述富商向他争购硕大珍珠以献和珅事。亦喜为诗，《里堂札记·戊午手札·答石远梅》："读大集数过矣，《白华》、《枯蓬》二篇及《出关》诸作，皆信其必传。昨与黄春谷论诗，尚屈指吾兄，非面谀也。""戊午"为嘉庆三年即1798年。

徐熊飞（1762～1835），字子宣，一字渭扬，号雪庐，浙江吴兴人。嘉庆甲子（1804）举人，长于诗词及骈文，有《白鹄山房诗初集》三卷、《六花词》一卷和《骈体文钞》二卷等著述。曾受阮元之聘，为诂经精舍讲席。

与焦循的交往，记于《雕菰集·序》中："曩者薄游维扬，焦里堂先生出诗相质，携归浙中，与一二老辈传写吟讽，无不潀然心服，思慕其为人。越十七年，复客邗上。先生有才子子曰虎玉，复以诗相质，一再诵之，其心服无异读先生诗时也。"

是《序》写于嘉庆二十年（1815），"十七年"前，为嘉庆四年即1799，知焦循与徐熊飞交游始自1799年，且"出诗相质"。十七年后，徐熊飞再次"复客邗上"，又与焦循晤面，且读其子焦廷琥之诗，故而写成此《序》。

焦循在《里堂札记·乙亥手札·答徐雪庐》中亦有记述："《白鹄山房诗钞》三卷，十七年前曾蒙赐读，已手抄若干首入《道听录》中。""乙亥"亦为嘉庆二十年，"十七年前"为1799年。

袁廷梼（1762～1810），字寿阶，号又恺，江苏吴县人。六岁而孤，母亲韩氏抚养成人。家多藏书，且多宋元刻本，与黄丕烈、周锡瓒、顾抱冲并称"藏书四友"。精于小学，工于书法，长于绘画，著有《渔隐录》一卷、《红蕙山房吟稿》一卷等。

嘉庆七年即1802年，焦循与袁廷梼相识。《雕菰集》卷五《壬戌五月晦日汪文叔邀同汪晋蕃张开虞蒋春树袁又恺集康山草堂》，"壬戌"，为1802年。

嘉庆十一年（1806），焦循与袁廷梼、臧庸、赵怀玉一同编纂《扬州图经》。《扬州足征录·序》："纂《图经》时，所有膏火纸笔之费，皆伊公自捐俸以给，同事者赵司马怀玉、臧文学庸、袁太学廷梼，今《府志》中多有三君所辑录。”

嘉庆十二年（1807），焦循为袁廷梼《竹柏楼》作序。《雕菰集》卷五《竹柏楼有序》：“吴中袁又恺廷梼，生六岁而孤，母韩哺之，十五年不下楼，君子称其节焉。”

鲍漱芳（1763～1807），字席芬，一字惜分，安徽歙县人。自幼随父经营盐业，聚资百万。酷爱书画，多藏宋元书籍、法帖。后选其精者汇为《安素轩法帖》予以刊刻。鲍漱芳故逝后，子承父业，终至道光九年（1829）刻成。

嘉庆三年（1798），焦循与鲍漱芳始有往来。《雕菰续集·书肯园翁轶事》：“余戊午、己未间，授徒于吴君赓芸家。赓芸，溪南之一分也。席芬每至余斋阁，虽雨雪泥泞，未尝肩舆，曰：‘吾师初来，寝食于此，敢忘之以自侈大？盖吾父所戒’云。凡若此，皆足以为世法。”“戊午”为1798年。《里堂札记·丁卯手札·与郑典五吴赓芸》：“弟与席兄相交十年，形迹甚淡，而情性则深，所见可传之事甚多。”“丁卯”为1807年，则“相交十年”，知交往始于1798年。

嘉庆十一年（1806），两人信件往来频繁。焦循或读其作《入祀乡贤事略》，或为其挑浚界首、子婴闸一带河道之意叫好，或为改造高家桥之事而联络，均载于《里堂札记·丙寅手札》之中。次年，鲍漱芳故去。

王引之（1766～1834），字伯申，江苏高邮人。嘉庆四年（1799）进士，历任贵州、湖北、浙江乡试主考官，兵部左侍郎，户部左侍郎，工部尚书，吏部尚书等职。著有《经传释词》十卷，《经义述闻》三十二卷，《周秦名字解诂》二卷等。

嘉庆元年（1796）九月，焦循代阮元致书王引之，事见《理堂日记》：“初四日，代作与王伯申札。”1797年，王引之与焦循之间已有学术联系。

《释椭》卷首录有王引之作于“正月二十日”之书信一封：

"去岁奉书一函，托郑星兄转致，想已入览。兹从沈四丈处得见大著《释椭》及所和诗。《释椭》为沈丈钞录未毕，尚未携归细读。"又《里堂札记·戊午手札·答沈凫村》："仆正月在郡城，二月方回湖滨，接吾兄两次手札，收到鄙作《释椭》一本，细阅签出诸条，足正弟之误。"既然"戊午"即 1798 年二月后焦循已收到沈钫"细阅签出诸条"，则王引之所言"沈丈钞录未毕"之"去岁奉书一函"诸事当为 1797 年。

1798 年三月，焦循致书王引之，言及"石臞先生《广雅疏证》梗概稍闻于阮公，刻成望赐一部"。[①]次年之己未（1799），焦循收到王引之寄来的《广雅疏证》。

后来，王引之赠送焦循《周秦名字解诂》、《经义述闻》，以及肯定焦循易学诸事，在第一章已有说明。

英和（1771～1840），字树琴，一字定圃，号煦斋，满洲正白旗人。乾隆五十八年（1793）进士，历官军机大臣、热河都统、户部尚书、协办大学士等职。擅长书法，工于诗文。著有《恩福堂诗钞》十二卷、《恩福堂笔记》二卷等。

嘉庆六年（1801），英和出任江南乡试正考官。就在这一科，焦循高中举人。对于经受 11 次乡试磨难的焦循而言，座主英和的知遇之恩令他终生难忘。次年入京会试，焦循第一次拜见英和。《壬戌会试记》："（三月）初四日，与诸同年生公谒座师英煦斋侍郎于史家胡同，师见余甚喜曰：'吾知子之字里堂，江南老名士，屈抑久矣。'予蹙然。师曰：'考试不必趋风气，主师好尚之不同，往往至于相反，莫如据己之所学而自用之，一听人之去取，庶不失乎己耳。'余质木，不善自转移，每持此论，闻师言，益自信。"虽然此次会试落第，但是，英和"据己之所学而自用之"的观点让焦循"益自信"。尽管焦循从此不再与试，但与英和的学术联系未曾中断。

---

① 罗振玉：《昭代经师手简二编·焦先生循二通》。

　　嘉庆九年（1804），在分别三年之后，焦循首次向英和写信，一则诉说三年来情形，二则表示"闭户读书，砥行砺名，庶不负老夫子训诲之至意"的决心。这从《里堂札记·甲子手札·呈座师英煦斋夫子》一信可具知其详。嘉庆十二年，焦循再向英和致信问候。《焦里堂先生佚文·上英尚书书》："循自丁卯秋奉书问安，倏忽越八九载。……循家居以来，专心学《易》，粗有所述，拟为《通释》、《图略》、《章句》三书，约四十卷。因草稿未定，未遽呈鉴。俟写一清本，恭请教正。""八九载"后，即嘉庆二十年（1815）左右。嘉庆二十一年，焦循第三次写信，向英和报告《易学三书》终于完稿的喜讯。《雕菰集》卷十三《上座师英尚书书》："循自壬戌归家，即留心于易。越十二年，至乙亥，成《易学》四十卷。"

　　英和也不时回信。如《注易日记》卷三所记，嘉庆二十一年二月三十日，"英煦斋尚书有书来"；《里堂札记·丁丑手札·答毛秋伯》："七月十日卯刻接到初七日手书，并煦斋老夫子所寄二件，均收到。""丁丑"为嘉庆二十二年（1817）。《己卯手札·谢复英尚书》："六月某日，奉到手书，并临赵孟𫖯为南谷师一幅，集苏句对联一付，石刻三种。"《谢复英尚书》一书写于"己卯"，即嘉庆二十四年（1819），是《里堂札记》所收的最后一封信。

　　第二年七月初五，英和寄来《惜骢马》一诗，期望焦循作诗文以和。焦循用三天时间，写成《惜骢马诗后序》，便一病不起。然焦循对此念念不忘，为没能成诗并向座师回信而深感遗憾。弥留之际，还叮嘱儿子廷琥清抄后寄出。《先府君事略》："七月二十四日，府君呼不孝曰：'吾之病不能起矣。汝宜绩学，子孙宜读书。惜诸孙尚未成立，然长孙授易年十四，粗习属文之法；次孙授书年十一，吾教之作文作试帖，伊亦稍稍能领会；三孙授诗尚幼，俱宜教诲之，使勿坠先业可也。七月初五日，英煦斋先生以寿诗四十纸，并《惜骢马》诗一首寄来，吾以三日之力，仅成《惜骢马诗后序》一篇，甫脱稿即病，吾所憾也。汝即将《惜骢马诗后序》

眷写寄入都中。'"

三天后，怀着拼力完成学术计划的欣慰，带着对儿孙的牵挂和没能给恩师回复最后一信的遗憾，被病痛折磨已久的焦循离开了人世。从《撰孟子正义日课记》可知，这篇《惜骢马诗后序》并非焦循绝笔，却是焦循一生中所写的最后一篇文章。

沈钫，字方钟，号凫村。江苏高邮人，嘉庆二十五年（1820）岁贡生，选为训导。长于书法，精于天算，著有《星球图说》。①

焦循与沈方钟均以精天算有名当时。阮亨《瀛舟笔谈》："吾乡善天文者，国朝自陈曙峰以下，代不乏人。今时如焦里堂师、沈方钟，其铮铮者也。方钟尝撰《星球图说》一篇质于家兄，文法仿《考工》，而语足以达之。"

《焦菰集》卷十一《释月》中，记录了两人晤面之情形："岁戊午，与高邮沈方钟钫晤于金陵之旅舍。方钟语余曰：'月之有魄也，虚与实与？有形而暗与？抑无形而空与？六月之下弦，岁星交于月，星贯弧背，自两角间出，令有形而暗也，则星不得见矣。星故上于月。今月之魄不可以揜星，意者其虚而无形者邪？'余时无以应，归而思之。""戊午"，为嘉庆三年即1798年。

焦循为整理高邮名家李惇遗书，曾向沈钫求访。《雕菰集》卷二十一《李孝臣先生传》："循访先生遗书于沈文学钫，钫访诸培紫，培紫以先生《诗集》及《行述》示循。"而沈钫之《星球图说》，亦赖焦循《里堂道听录》具录而留传后世。

《里堂札记·戊午手札·答沈凫村》：

> 仆正月在郡城，二月方回湖滨，接吾兄两次手札，收到鄙作《释椭》一本，细阅签出诸条，足正弟之误。仆尝谓友朋

---

① 《同治续纂扬州州府志》卷十三《沈钫传》作《星球地球图说》。《江苏艺文志·扬州卷》以为此书佚失，实存录于《里堂道听录》卷二十四上之中。该书成于嘉庆元年，当时尚未定稿。

之益，不在揄扬而在勘核。揄扬，为一时之名计；勘核，为千百年之名计。盖勘核之道，必也好学深思心知其意，以肫诚去其浮游之气，又异于疾忌故伺其隙者，而后乃曲中无不当。数年来得吴中李尚之，颇得其勘校之益。又得吾兄，仆复何虑？讲学问者，彼此各挟一是非，然客气所附，终不足定，惟天文历算，其学实而不虚，非虚又无以得其实，故不容浅浮者轻议其理，不容迂滞者株守其法。有一黍一铢之舛，均明若观火，是不能诬，非不能饰，有精入无假借，有贯通无争竞。仆所以信之好之而从事有年也。李孝臣先生诗及履历，已寄去。履历称曾著《群经识小》一书，此书不知曾刻板否？若未刻成，吾辈为之醵资以付梓。里中前辈湮没不彰，亦后学之过也。

《里堂道听录》卷三十五存有嘉庆六年（1801）所写之《张巧姑传》。

蔡元春，其生平及与焦循交往之事，见于《忆书》卷四："江宁蔡芷衫，名元春，老诗人也。其形如鹤，动必合礼。……戊午，余在江宁，会于快园。""戊午"，为嘉庆三年即1798年。

欧阳锦，字制美，江苏甘泉人，诸生。深于经史，工于诗文，著《倚槐亭诗集》四卷、《制美诗集》四卷等。

《雕菰集》卷十四有《与欧阳制美论诗书》一文，为焦循论诗之佳作，向为人所称道。从同卷《答黄春谷论诗书》一信可知，焦循与欧阳锦论诗约在"癸亥"即1803年前后。

《北湖小志》卷首之图，出自欧阳锦之手。《北湖小志·叙》："余既撰《北湖小志》六卷，阮大中丞为之刻，而属为图。先是，循以府志之役，属同里欧阳君锦往来高邮、天长界上，求诸山涧入湖之道，欧阳君作图以馈我。"《北湖小志》成稿于丁卯年即1807年。焦廷琥《先府君事略》："岁丁卯，府君理葺旧闻，搜访遗籍，虽虫啮鼠伤片纸只字，必检阅而采摘之，成《北湖小志》六卷。"

李培紫，江苏高邮人，李惇次子，庠生。

焦循整理李惇遗书，得李培紫相助。《雕菰集》卷二十一《李孝臣先生传》："循访先生遗书于沈文学钫，钫访诸培紫，培紫以先生《诗集》及《行述》示循。"

焦循寻访李惇之书，时在1798年，《里堂札记·戊午手札·答沈凫村》述及此事。与李培紫交往，或在此时。

汪潮生（1777～1832），字汝信，号饮泉，一号冬巢，江苏仪征人，乾隆六十年（1795）副榜。工画花卉，精于填词，著有《冬巢诗集》四卷，《冬巢居士词》四卷。

汪潮生善于绘画，焦循题其画作，有诗、词各一首：《雕菰集》卷三《题汪饮泉林屋幽居图》、《里堂词集》卷下《菩萨曼——题汪饮泉填词图》。汪潮生母亲故逝，焦循撰写了《汪母李安人哀辞》，收于《雕菰集》卷二十四之中。

焦循与之交往，或始于嘉庆四年即1799年。《里堂札记·己未手札·答汪饮泉》："穷一昼夜之力，将尊集阅完，如《思妇辞》诸篇，皆百劫不能刊者，而应酬之作收入，则不免于累矣。诗之传否，一惟诗之故，不关乎交游之多、宴会之盛也。因属直言，故妄为分别之，幸自酌耳。"是信作于"己未"，即1799年。

江振鸿（？～1813），字颉云、成叔、文叔，安徽新安人，后寄籍仪征，居于扬州康山园。延接名流，善画山水，喜好诗文，编有《新安二江先生集》十卷。

江振鸿为江春嗣子，本人亦业盐，家道富足。嘉庆七年（1802），焦循北上会试，江振鸿加以资助。《里堂札记·壬戌手札·寄阮芸台先生》："去冬蒙惠，又承江文叔雅意，颇足以壮行李之色。"嘉庆十三年（1808），焦循又一次致书江振鸿，请求帮助汪大黉之子汪近垣。汪大黉生前与江振鸿为故交。此事记于《戊辰手札·与江文叔》。

焦循会试落第回里后，受江振鸿邀请在康山草堂雅聚。《雕菰集》卷五《壬戌五月晦日江文叔邀同汪晋蕃张开虞蒋春榭袁又恺集康山草堂》即是。言语间，江振鸿述及兄长，怆然泪下，焦循深为感动。次年，焦循为此而专作《春草》诗一首："扬子江头春草生，生才一寸已知名。虽经朔雪身非死，忽受天阳叶便倾。涕泪君曾伤碧色，头颅我渐长秋茎。樗蒲老去将何用？深巷年年笑不成。"

谢文英（1783～1808），字景张，江苏甘泉人。

《雕菰集》卷二十四《谢景张哀辞》："岁甲子，尔始从予游。""甲子"，为嘉庆九年即1804年。

谢文英师从焦循学习数学及诗文，交往密切。《北湖小志》卷四《私传第二十一》："余为术算之学，门人中鲜有好者，生独信从，每私问其要。余授以《九章》、三角、弧矢之术，不一月，能推步而心知其义。有志于经学，屡问余，余以为宜先习举子业，授以时文。生之为时文也，好雅洁幽淡而不染浮艳之习。见余为古文，私窃效之，颇解序事法。善书，初习宋、元，余以波磔之义语之，遂知上及晋、唐。余病，生侍疾，夜不卧者十余日，祷于神，请损己之寿以益余。余门人数十人，未有笃信善学如生者也。"

洪莹（1780～1840），字宾华，号铃庵，安徽歙县人。少肆业于扬州梅花书院，嘉庆十四年（1809）状元。淡薄功名，潜心为学，著述惜多亡佚，传世者，有补成《元和姓纂》十卷。

在《里堂札记·甲子手札》中，收有《与洪宾华》一信，为焦循与洪宾华学术交往之证："发榜见吾兄高中，不胜欢跃。弟以水气所迫，大宅之阳顿朒肠篡之间，时有所苦，几欲入城为一夕谭，而病未能也。阮中丞所刻诸书，惟《浙江图考》专出弟一人之手，其书较他刻少为明洁，特送上一部。""甲子"，为嘉庆九年即1804年。

三 六度前往浙江

在焦循一生中，外出游历次数最多的地方当数浙江，来来往往，先后计有6次：1795年冬至次年七月，因儿子焦廷琥生病，焦循护送他于七月初四离开浙江回到扬州；1796年八月初，焦循又来到浙江，直至年底；1800 年十月第三次前往杭州，为送儿子廷琥往泰州岁考，次年二月回到扬州；1801 年四月，第四次来到杭州，秋初回到扬州，参加辛酉乡试，考中举人；同年十月，第五次前往杭州，很快于十一月回到扬州，为次年北上会试做准备；1802 年七月至冬，第六次入阮元幕来到浙江。游浙期间，与胡廷森、程瑶田、丁杰、江镠、陈廷庆、刘嗣绾、程邦宪、李锐、谈泰、顾广圻、罗永符、张鉴、朱为弼、汪全德、范景福、蒋调、汪恩、李方湛、方廷瑚、顾廷抡、陈杰诸人有了学术联系。

胡廷森（1719～1803），字衡之，号西崟，江苏甘泉人。嘉庆元年（1796）诏举孝廉方正。工书法，精刑律，著有《西崟诗草》一卷。

《雕菰集》卷十二《属文称谓答》："胡西崟先生问姑丈、姊丈、姨丈之称于阮侍郎，侍郎转以问余，拟此以答。"

嘉庆三年、四年，阮元官礼部右侍郎，兵部左侍郎，然胡廷森与阮元、焦循交往密切则在阮元初任浙江巡抚之嘉庆五年。《雷塘庵主弟子记》卷一："（嘉庆五年）正月初七日，奉上谕实授浙江巡抚。"《揅经室二集》卷二《胡西崟先生墓志铭》："元初任巡抚时，先生至杭，为擘画一切，元以政事节问之，悉其情，逾月，兵刑漕赋事略定，先生曰'可矣'，乃返扬州。"嘉庆五年冬天，焦循应阮元之聘来到杭州，《雕菰集》卷十六《开方通释自序》："嘉庆庚申冬十一月，与元和李尚之同客武林节署。"

胡廷森为焦循里中前辈，应早已相识，但所问"姑丈、姊丈、姨丈之称"一事当在嘉庆五年即 1800 年。

程瑶田（1725～1814），字易田，一字易畴，号让堂。安徽歙县人。科考不顺，九应乡试，终在乾隆三十五年（1770）中举。乾隆五十三年，授嘉定县教谕。平生以著述为乐，精于文字训诂，著有《通艺录》十九种四十二卷。

焦循早已阅读过程瑶田的著述，这在第一章有过叙述。而见到这位仰慕已久的大家，是在杭州阮元幕中，时间为嘉庆七年

（1802）。《雕菰集》卷十五《代阮抚军作丧服足征录序》："嘉庆七年，岁次壬戌，某修葺杭州圣庙，既落成，以旧乐器敝损，不堪考击，迎先生来，考订钟律吹管协之，裁玉为磬，股鼓句倨，一合于古。先生从容出近所著《丧服足征记》七卷见示。"卷十三《乞程易畴先生为先人作墓志书》亦记述说："之江别后，旦暮神驰。迩闻先生杖履清佳，精神倍旧，奇脉之诊，良不虚也。循因母病，不敢出门者三年矣。今冬十月，不幸至于大故。""之江"，浙江古称。是年，程瑶田 78 岁，焦循 40 岁。

之后书信联系密切。当获知程瑶田遽归道山之后，焦循怆然良久，作诗凭吊，即《雕菰集》卷四《仆素少交游迩年家处尤多疏阔昨岁闻武进臧上舍卒于京师今又接歙县孝廉方正程先生讣怆然久之率成二首》。

丁杰（1738～1807），字升衢，浙江归安人。乾隆四十六年（1781）进士，年老而乞改县令，选为宁波府学教授。长于校勘，著《周易郑注后定》、《大戴礼纪绎》等。

《雕菰集》卷十五《代阮侍郎撰万氏经学五书序》："岁乙卯，某承命视学两浙，丁教授杰以万君《经学五书》请某序，将以广其传，且使浙之士知所重也。""乙卯"，为乾隆六十年即 1795 年。

江镠，字贡廷，号补僧。江苏苏州人，江声子，诸生。精小学，善书法。

《雕菰集》卷十八《江处士手札跋》："处士家君名镠，字贡廷，好释氏书，自号曰补僧，素食，手写佛经数十卷。乙卯、丙辰间，同寓武林学院署中，出则共一舟，情好最密。"《注易日记》对此多所记述。

陈廷庆（1754～1813），字兆同，号古华，又号桂堂，江苏奉贤人，乾隆四十六年（1781）进士，曾官湖南辰州知府。《理堂日记》有《与陈古华太守书》，以为所读《古华诗集》中"历考长沉诸作，尤见政善风清，不愧盛朝良二千石也"。写信时间为嘉庆元年（1796）九月末，两人交往大约就在此时。

刘嗣绾（1762～1820），字简之，号芙初。江苏阳湖人，嘉庆十三年（1808）会元，授编修。工于诗词，著有《尚䌹堂诗集》五十二卷、《筝船词》一卷、《尚䌹堂骈体文》二卷等。

焦循与刘嗣绾交游，在嘉庆七年即1802年。《雕菰集》卷二十《壬戌会试记》："（三月）二十二日，郑舍人邀同刘芙初、汪珊樵、唐竹虚游钓鱼台。"《雕菰集》卷四的《同郑柿里刘芙初唐竹虚汪珊樵游钓鱼台》一诗，正述此事。同年秋天，两人一同来到杭州，《雕菰集》卷五《杭州杂诗·喜晤刘芙初》就是证明。

程邦宪（1767～1832），字穆甫，号竹庵，江苏吴江人。嘉庆七年（1802）进士，后官鸿胪寺少卿。工书能诗。

嘉庆七年，焦循与程邦宪、顾廷抡同游杭州云栖。《雕菰集》卷五《杭州杂诗——与程竹庵、顾郑香游云栖》："共访青山学问禅，修篁左右夹吟鞭。放生池外鹅如雪，闲傍疏篱自在眠。"此前，焦循与程邦宪一同参加会试，焦循落第而程邦宪高中。

李锐（1768～1817），字尚之，号四香。江苏元和人，诸生。从私塾中获读《算法统宗》，遂好算学，著有《弧矢算术细草》一卷、《开方说》三卷、《周易虞氏略例》一卷、《召诰日名考》一卷等。

焦循与李锐交游情形，具见于《雕菰集》卷十五《衡斋算学序》之中："岁乙卯冬，予在浙，始得《益古演段》、《测圆海镜》两书，急寄尚之。……庚申冬，与尚之同客武林节署中，互相证订，喜古人绝学复续于今。明年，孝婴来扬州，因以语之。……（壬戌）秋予复在浙，尚之需于孤山，买舟访之。"从中可以理出以下三点：

第一，"乙卯"年，焦循得到数学名著《益古演段》、《测圆海镜》，随后就寄给李锐。

但是，寄给李锐的时间，不是"乙卯"而是次年之"丙辰"。《里堂札记·丁巳手札·答李尚之》："《测圆海镜》去秋粗看一过，未能细审，故以原刻本及顾应祥删改本寄兄雠校，尊所正讹寄浙，弟未之见。"在"丁巳"年言"去秋",当为丙辰年即 1796 年。

第二,"庚申"即嘉庆五年(1800)。这一年,焦循与李锐同在阮元幕中,又同住一屋。《雕菰集》卷二十《诚本堂记》亦有记述:"嘉庆五年……吴门李锐,与余同屋居,共论经史,穷天人消息之理,固有胜于渭之所学。"

第三,"壬戌"年(1802)在杭州晤面。《雕菰集》卷五《杭州杂诗》中有《访李尚之臧在东》一诗。《杭州杂诗》正作于 1802 年。

《衡斋算学序》中,未曾提及 1801 年正月初一与李锐等七人登吴山之事。在《雕菰集》卷四《辛酉元旦登吴山第一峰》有记述。

谈泰,字阶平,江苏上元人。乾隆五十一年(1786)举人,官山阳县学教谕、南汇训导。精于音律算数,著作有《礼记义疏算法解》一卷、《王制里亩算法解》一卷、《王制井里算法解》一卷等。

嘉庆五年,焦循在杭州,曾与谈泰一起研讨数学问题。《开方通释自序》:"庆庚申冬十一月,与元和李尚之同客武林节署,共论及此,尚之专志求古,于是法尤深好而独信,相约广为传播,俾古学大著于海内。时谈阶平教谕亦客督学刘侍郎幕中,时过余寓舍,互相证订,甚获友朋讲习之益。""庚申",即嘉庆五年。

两年后,焦循北上参加壬戌科会试,在堰头偶遇谈泰,作诗以记:"渡河已三日,驱车到堰头。故人一相见,聊慰客中愁。夜语入残梦,春寒失敝裘。此行意宜奋,莫当作依刘。"①卷二十《壬戌会试记》亦有记录:"二月初一日至堰头,遇谈阶平。""壬戌",为 1802 年。

顾广圻(1766~1835),字千里,号涧薲。江苏元和人,不汲汲于举业,终老于诸生。深于经史,精于校勘,孙星衍、胡克家、

---

① 《雕菰集》卷四《堰头遇谈阶平》。

秦恩复、张敦仁、黄丕烈、吴鼒、张敦仁等人先后请其校订书籍。又曾应阮元之邀参与校勘《十三经》和《全唐文》,著有《思适斋文集》十八卷。

从段玉裁的书信中,焦循最早知晓了顾广圻之名。《里堂文稿·顾抱冲小读书以图记》:"四月间,段明府有书来,称有顾君广圻字千里,能明六书音韵之学,尚之与抱冲相友善。千里,则抱冲弟也。"该信写于嘉庆元年(1796)秋。

两年后,顾广圻寄给焦循所校《列女传》一部。《里堂札记·戊午手札·答顾千里》:"由浙江寄来《列女传》一部,读十日而竟。考证极精。""戊午",为1798年。

1801年正月初一,焦循与顾广圻、李锐、陈鸿寿、罗永符、许珩、阮亨一行,登上吴山顶,"深情寄短吟"[1]。次年,焦循在杭州阮元幕中,为顾广圻所赠《孙、吴兵书》而作诗以谢,见记于《雕菰集》卷五《杭州杂诗·谢顾千里赠孙吴兵书》。

1805年,顾广圻与李锐之间出现矛盾,焦循作书排解。《里堂札记·乙丑手札·与顾千里》:"前日在阮大丞家会吊,方知吾兄与尚之不相能。……然朋友相处,必辨明彼此曲直,亦可不必。弟拟欲作札责尚之,使其更来,然吾兄或先施之,尤为妙着。狎鸥处,方仗兄作调停耳。""乙丑",为嘉庆十年(1805)。

罗永符,字子信,安徽歙县人。嘉庆十六年(1811)进士,官黟县知县、嘉兴知府。通经史,工诗文。

1801年正月初一,焦循与顾广圻、李锐、陈鸿寿、罗永符、许珩、阮亨等人同登吴山,寄情赋诗。《雕菰集》卷四《辛酉元旦登吴山第一峰》记此事。

张鉴(1768~1850),字春冶,号秋水,浙江乌程人。嘉庆九年(1804)副榜,后任武义县学教谕。著有《浅近录》八卷、《西夏纪事本末》三十六卷、《冬青馆集》甲集六卷乙集八卷、《雷塘

---

① 《雕菰集》卷四《辛酉元旦登吴山第一峰》附顾广圻诗。

庵主弟子记》八卷等书。

嘉庆元年（1796），焦循在浙江批阅岁考卷子时，知道了张鉴这个名字。随即在写给阮元的信中表扬说："乌程张鉴依《说文》作篆书不误。"

十年后，张鉴在扬州。是年五年，焦循与之通信。《里堂札记·丙寅手札·与张秋水》："李君遇孙来，兼以《古文尚书释文》见示。其书不寄人篱下谈者云云，非能知之也。弟以湿气疾作，尚未回候，吾兄先道及之。承《湖庄图》序文，乞写一纸与我。"次年，焦循得病，得其关照。痊愈后以书信谢之，《丁卯手札·答王实斋张秋水严厚民》即是。

朱为弼（1771～1840），字右甫，号椒堂，浙江平湖人。嘉庆二年（1797），阮元聘请为弼参与修辑《经籍纂诂》。嘉庆十年（1805）进士，授兵部主事，迁员外郎、河南道监察御史、京畿道、礼科给事中、顺天府府丞、擢兵部右侍郎、漕运总督。著作有《蕉声馆诗集》二十卷、《茉声馆文集》八卷、《吉金文释》一卷等。

焦循与朱为弼交游，前后达 20 年之久。两人相识于杭州，时在 1801 年。《雕菰集》卷十八《蜀道归装图跋》："嘉庆辛酉冬十月，晤右甫孝廉于武林节院。"武林，杭州别称。"辛酉"为嘉庆六年即 1801 年。

焦循第二次来到杭州，与朱为弼交往更多。《雕菰集》卷四的《与朱椒堂月下联句二首》，卷五的《杭州杂诗·与朱椒堂夜话》即为过从密切之证。

到了晚年，焦循依然保持着与朱为弼的学术联系。因朱为弼为官在外，这种联系多以书信的方式进行。嘉庆二十二年（1817），焦循向朱为弼叙述了《易学三书》的学术宗旨。《雕菰集》卷十三《与朱椒堂兵部书》：

    《易》之道，大抵教人改过，即以寡天下之过。改过全在变通，能变通即能行权，所谓"使民宜之"、"使民不倦"、"穷则变，变则通，通则久"。圣人格致诚正、修齐治平，全于此"一以贯之"。则《易》所以名"易"也，《论语》、《孟子》已质言之，而卦画之所之，其比例、齐同，有似九数，其辞则指其所之，亦如句股割圆，用甲乙丙丁子丑等字，指其变动之迹，吉凶利害，视乎爻之所之，泥乎辞以求之，不啻泥甲乙丙丁子丑之义，以索算数也。惟其中引申发明，其辞之同有显而明者。

嘉庆二十三年（1818），《易图略》甫一刻成，焦循就托人带给朱为弼一部。《里堂札记·戊寅手札·寄阮寿昌》："因将《易学三书》付刻，今方刻成《图略》一种，寄上四部，请正于足下，余三部乞为分致于朱椒堂、姚秋农、王伯申三先生，并乞致我请正之意。此书因未刻完，尚未遍以示人，此三先生素相知，敢先以请教也。"

焦循以朱为弼、姚文田、王引之为"相知"并"先以请教"，反映出三位友朋在焦循心中有着很重的分量。

汪全德（1773～1819），字修甫，号竹素、小竹。江苏仪征人。嘉庆十年（1805）进士，先后任庶吉士、工部都水司主事、员外郎、江西吉南赣宁道、江西布政使等职。尤嗜《陆宣公文集》及《历代名臣奏议》，著有《骈文》四卷，《竹如意斋诗选》四卷，《崇睦山房词》一卷。

嘉庆七年（1802），汪全德来到杭州，作诗以呈焦循。八月初，汪全德欲往广西其父任所，焦循不能面送，便作诗以赠。《里堂札记·壬戌手札·答汪小竹》："大作佳甚。署中艰于出入，未及面送，意欲作一诗送行，亦苦滞涩，不能遽就，容更寄上也。远行珍重。不悉。"该诗收入《雕菰集》卷五《杭州杂诗·送汪小竹之粤西》："送客樟亭首重分，漓江万里接燕云。孤舟莫厌天涯远，白发堂前正念君。"

范景福，字介兹，浙江钱塘人。精于数学，著有《春秋上律表》四篇等。

焦循是在嘉庆元年（1796）批阅岁考试卷时知道范景福的。《里堂札记·丙辰手札·答林庚泉》："《团扇》诗虽佳，然第香奁一派，定为合府第一，恐非所以教也。鄙意宜以胡敬为第一，诸嘉乐之《阑干赋》甚好，何以不在复试之列？宜补列于五名前。陈复亨《蚕事》绝句，亦未可遗去也。经学定一等四人，以诸嘉乐为首，陈鳣、吴文健、范景福次之。"

此后十年，两人亦未见面，但有书信往来。《丁卯手札·答范介兹》："大作《春秋上律表》，嘉庆八年冬月，阮大中丞特遣一骑赍此书来，循读之凡三度，即手写《推春秋平朔》等九说存之家塾中，以教子弟。今春，厚民又以尊著见示，道先生意，复读一过，益信不朽。惜乎客杭前后五六年，未获一识荆州耳。倘付梓有印本，务见惠一二部。""丁卯"，为1807年。

《里堂道听录》卷二十二摘录范景福《春秋上律表》一书。

蒋调，号竹塘。江苏武进人，孝廉。

焦循与蒋调交往，多在1796年游幕杭州之时，《理堂日记》多所记述。如嘉庆元年九月十七日与蒋调和诗，二十二日，"蒋竹塘索余《宫室图》，以一本赠之"等。《雕菰集》卷四录有《舟宿富阳和蒋竹塘孝廉韵》一诗。

汪恩，字芝亭，江苏上元人。嘉庆元年（1796）进士，官刑部主事。

焦循与汪恩相处谈诗，是在嘉庆五年（1800）的杭州。

《雕菰集》卷十八《书乔剑溪选大历诗[①]后》："嘉庆庚申，余客武林节署，值刑部汪君芝亭主师席，其斋阁与余寓处相对，君晚夕课徒之暇，不以余村野，每过论诗，相与甚欢，以所藏乔剑溪

---

① "诗"后，脱"略"字。除正文有《大历诗略》之记述以外，乾隆安居乐玩之堂刻本、《乔剑溪遗集》本均作《大历诗略》。

《大历诗略》见示，书六卷，自刘长卿至朱放共三十二人，诗五百二十六首。……汪君论诗，不喜义山、昌谷及韩、苏诸家，而好陈思、嗣宗，其性情襟抱之高，已非俗下所及。索观其诗，谦不示人，而惟兢兢以能问于不能焉。"

"庚申"，即嘉庆五年。

李方湛，字光甫，号白楼，浙江仁和人。工诗词，刻有《同岑诗选》等。

《里堂道听录》卷三十七："嘉庆辛酉，仁和李光甫方湛以所刻《同岑诗选》示余，共十二人，人一卷。" "嘉庆辛酉"，为1801年。

方廷瑚，字铁珊，号幼樗，浙江石门人。嘉庆十三年（1808）中举，后任平谷知县。长于书法，工于为诗，著有《幼樗吟稿偶存》六卷。

与方廷瑚相识，是焦循在1801年游幕杭州之时。《雕菰集》卷十七《赠方铁珊序》："与铁珊同处浙抚幕中，铁珊所司繁，暇而为诗。"卷十八《蜀道归装图跋》表述得更为清晰："子名鸿猷，字芝圃，有至性，与父同，尝奉母命省父入蜀，往返万余里，备极劳瘁。……嘉庆辛酉冬十月，晤右甫孝廉于武林节院，右甫名为弼。……有子廷瑚，号铁珊，今为名诸生，亦寓节署中。夜三鼓，每与右甫过予舍，挑灯剧谭，窗外梧叶坠地如鬼声，犹刺刺不睡也，今并及之。"

顾廷抡，字郑香，浙江山阴人。擅长绘画。

1802年七月至岁末，焦循在杭州。期间，与顾廷抡、程邦宪同游云栖。

此外，焦循还为顾廷抡《风雪渡江图》题词一首，《里堂词集下》中《满江红——题顾郑香风雪渡江图》即是。

陈杰，字兰生，浙江湖州人。

1802年，焦循与之讨论数学问题。《里堂札记·壬戌手札·答陈兰生》："鄙所立求方亭术，以后一法为准，前一法余积三，而一以下甚属讹舛，今拟改定之。于此克见足下细心。他处如看出错误，仍望见示，以便即改也。送上《天元一释》一部。此学甚微而极妙，亦祈大才为定之。""壬戌"，为嘉庆七年（1802）。

四　入京参加会试

嘉庆七年，焦循进京参加会试，尽管落第而归，却与朱珪、吴云、戴敦元、孙尔准、唐诩华、汪朝韡进行学术交流，亦多所获。

朱珪（1731～1806），字石君，号南崖，顺天大兴人。乾隆十三年（1748）进士，时年18岁。历官福建粮驿道、山西布政使、安徽巡抚、两广总督、兵部尚书、户部尚书等职，卒谥文正。著有《知足斋文集》六卷，《知足斋诗集》二十卷。

焦循拜见朱珪，是在壬戌会试期间，时在1802年四月。《雕菰集》卷二十《朱文正公神道碑后记》："嘉庆壬戌夏四月初四日，余谒公于西华门之北池，门外车如织，大半皆海内寒士，入门阒然如无人，持刺至左间门塾中，告以求谒意。一阍人起，持刺入，即出曰：'主人坐待客，君自入。'遂入左侧门，行花树，见公衣绯色旧袍，疑立阶上，一童子扶之，拱曰：'不可揖，吾足病未愈也。'令坐于左，公遂纵论经学、理学，旁及诗文，无一外语。"

然在焦循心中，一生引为憾事者有二：一是1786年朱珪主考江南乡试，因丁外艰而未能与试；二是1805年朱珪为会试总裁，焦循身体不适亦未参加。特别是乡试，焦循"一闻试题，即作《过位升堂考》一篇"[1]。已而魁墨出，竟如其所言。

吴云（1746～1837），字润之，号玉松，江苏吴县人。乾隆五十五年（1790）进士，历官编修、山东道监察御史、河南彰德知府。擅长书画，专于金石，著有《两罍轩彝器图释》十二卷、《两罍轩印存漫稿》九卷，辑录《焦山志》二十六卷等。

----

① 《雕菰集》卷十四《答郑耀庭书》。

吴云为焦循门生，《李翁医记下》之"余门人吴润之"即是。当焦循参加壬戌（1802）会试时，时在京城为官的吴云前来看望。《雕菰集》卷二十《壬戌会试记》："三月初一日，吴玉松太史来。明日往候，太史称刑部戴金溪精于算学，是时未试，不便识其人，试毕始访之。"焦循因此而作诗一首，这就是载于《雕菰集》卷三的《吴玉松太史言刑部戴金溪尝道仆所著书明日至铁厂访之》。

戴敦元（1767～1834），字吉旋，号金溪，浙江开化人。乾隆五十五年（1790）进士，选翰林院庶吉士。历官刑部主事、江西按察使、湖南巡抚、刑部侍郎、刑部尚书等职。曾任《续修大清会典》副总纂，著有《九章算术方程新式》、《戴简恪公遗集》八卷。

焦循认识戴敦元，在壬戌会试期间，时在嘉庆七年三月。《雕菰集》卷二十《壬戌会试记》："三月初一日，吴玉松太史来。明日往候，太史称刑部戴金溪精于算学，是时未试，不便识其人，试毕始访之。……十八日，访戴金溪于铁厂。"《雕菰集》卷三《吴玉松太史言刑部戴金溪尝道仆所著书明日至铁厂访之》又有："我居柳巷南，与君隔数武。晨夕可过从，嘉言药愚鲁。"

孙尔准（1770～1832），字平叔，又字莱甫，号戒庵，江苏无锡人。嘉庆十年（1805）进士，历官编修、汀州知府、江西按察使、福建布政使、广东布政使、安徽巡抚、闽浙总督等职。著有《泰云堂骈文体》二卷、《泰云堂诗集》十八卷、《泰云堂词集》三卷等。

嘉庆七年（1802），焦循与孙尔准一同在京参加壬戌会试，在考场与孙尔准相遇。《雕菰集》卷二十《壬戌会试记》："（三月）初八日，足稍差，入场坐国字三十五号，遇无锡孙平叔。同年，焦循致信林道源，又言及孙尔准。"《里堂札记·壬戌手札·答林庚泉》："《钟鼎款识》册内，有小印'尔准'二字，乃孙平叔之名也。平叔，今之名士，似不当去。"

唐诩华，字寄舫，号竹虚，江苏武进人。

　　嘉庆七年（1802）会试期间，两人交往频繁。既同游钓鱼台，如《雕菰集》卷四之《同郑柿里刘芙初唐竹虚汪珊樵游钓鱼台》；又互相论医，《李翁医记上》"余与唐竹虚孝廉论医于京师，竹虚亦称翁不已"；同年还有《答唐竹虚郑柿里》之书信来往。

　　汪朝辅，字珊樵。江苏甘泉人。

　　焦循与汪朝辅交往，主要在 1802 年壬戌会试期间。

　　《雕菰集》卷二十《壬戌会试记》："（三月）二十二日，郑舍人邀同刘芙初、汪珊樵、唐竹虚游钓鱼台。"《雕菰集》卷四之《同郑柿里刘芙初唐竹虚汪珊樵游钓鱼台》为此次游览之诗。会试结束后，焦循与之作别，写下《赠别汪珊樵》一诗："同里复同志，四十始相亲。离别在明日，笑言止一春。深情征古谊，醉语入天真。此况不肯释，泱泱马足尘。"是年，焦循年届四十。

第四节　与修志书期间

　　嘉庆十年（1805），扬州太守伊秉绶倡议修志，惜未成功。嘉庆十四年（1809）始，姚文田等人再次纂修《扬州府志》，次年修成。两次修志，焦循均参与其中，所获良多：一是撰成《北湖小志》等史学著作，提出诸多史学理论；二是与志同道合者交流学术心得，如夏味堂、林苏门、洪梧、伊秉绶、陈嘉惠、汪喜孙、姚文田、白熔、张维桢等。

一　讨论纂修府志之法

　　夏味堂（1745～1825），字鼎和，号淡人，江苏高邮人。乾隆三十年（1765）举人，著有《诗疑笔记》七卷、《读左笔记》四卷、《遂园诗钞》六卷等。

　　《里堂札记·丙寅手札·寄夏淡人孝廉（十二月十五日）》："客岁先母之丧，惠赐厚赙，至今心切感之。闻今岁著书秦兰之丙舍，几欲相访而未获也。太守伊公念郡志许久不修，且原本颇饶讹谬,爰纂辑《扬州图经》一书,委循襄理其事。内有《氏族》一门,仿《唐书·宰相世系表》之例,凡八属之旧姓望族,录其谱以存之。此事分属于循,昨已与王君伯申言之,敢又请之先生,乞于邮邑如尊族夏氏,如贾氏,文通、文肃之两王氏,孙氏,吴氏,沈氏,宋氏,凡旧族,务祈求得其谱乘,寄扬州府署西昭忠祠内,无论刻本写本,纂毕即还,不致零落散失。其宝应之两刘氏,乔氏,朱氏,王氏等族谱,能得之,亦乞致之也。尊著有《毛诗元声》一书,闻极精好,不识曾付刻否?几时得先生为快邪?”“丙寅”为嘉庆十一年即1806年。

从“客岁先母之丧,惠赐厚赙”可知,焦循与夏淡人交往,至迟始于嘉庆十年即1805年。《雕菰集》卷二十三《先妣殷孺人事略》:“嘉庆乙丑十月初四日,吾母殷太孺人卒。”“嘉庆乙丑”,正是1805年。

林苏门(1748～1809),字啸云,号兰痴。江苏甘泉人,阮元舅父。著有《邗江三百吟》十卷、《续扬州竹枝词》等。

焦循与林苏门或早就相识,然有关学术交往的记述,则仅见于《里堂札记·己巳手札·答林啸云》一信:“一别三年,时深渴想。循自病后,血气大衰,性情多别,以此甘作农夫,日与沾体涂足者相处,稔知老丈多精神清健,兴趣日加,曷胜翘慕!承赐大作《邗江三百吟》一部,长夏溽暑,得此解颐,不异匡鼎之来。诸小序古雅简妙,秋水、椒堂两叙,足以道书之梗概,循不多赘也。李生本善称《北湖小志》全劳尊丈雠校,拜谢!拜谢!西山一带山林逸事颇有可志,吾丈何不搜罗纂述,为《西山志》一书?盖府县志虽属官书,不数十年,或更改弃其前本,而后世宝而收之者,每在稗官丛苑间也。”“己巳”为1809年。

洪梧(1750～1817),字桐生,安徽歙县人,洪朴、洪榜之弟。乾隆五十五年(1790)进士,官至沂州府知府。嘉庆七年(1802),任扬州梅花书院山长。

焦循与洪梧或早有联系,至少在“庚午”之“前年”即1808

年就已相识，后于1810年因书院事致书洪梧。这都记述于《里堂札记·庚午手札·与洪桐生先生（正月十六日）》一信当中："盐台大人作养人材，振兴书院，兼及乙科诸生，诚从来未有之盛举。循实病夫，欣然仰附。乃有前年腊日之事，循当时与程中之、洪宾华极力斡旋，而同人多非之，形诸骂詈，声言殴击，久而途遇者且痛诋排解者之非。是以去年罕于到课，不意复有冒循之名者，殊甚骇异。循湖居，去城三十里，有河鱼之疾，月不药者数日而已，诚恐此后到课之日少而伪冒者又至焉，转负宜指作养之意。特此申明，乞语司事者削去循之名籍，使杜弊自循始，亦所以报盐宪也。"

伊秉绶（1754～1815），字组似，号墨卿，福建宁化人。乾隆五十四年（1789）进士，历官刑部主事、员外郎、惠州知府。嘉庆六年（1801），就任扬州知府。为官清廉，深得百姓拥戴。次年，因丁忧回里，扬州数万百姓泣泪相送。三年后，再任扬州知府。嘉庆二十年（1815），入京补官，途经扬州，卒于邸寓。工于隶书篆刻，热心文化事业，主持编纂《扬州图经》，惜未成。著有《留春草堂诗钞》七卷。

焦循记述伊秉绶之事者主要有二：

1. 纂辑《扬州图经》

焦循对伊秉绶纂修《扬州图经》之缘起，以及自己为此而做的努力多所记述。如《里堂札记·丙寅手札·寄夏淡人孝廉》：

> 太守伊公念郡志许久不修，且原本颇饶讹谬，爰纂辑《扬州图经》一书，委循襄理其事。内有《氏族》一门，仿《唐书·宰相世系表》之例，凡八属之旧姓望族，录其谱以存之。此事分属于循，昨已与王君伯申言之，敢又请之先生，乞于邮邑如尊族夏氏，如贾氏，文通、文肃之两王氏，孙氏，吴氏，沈氏，宋氏，凡旧族，务祈求得其谱乘，寄扬州府署西昭忠祠内，无论刻本写本，纂毕即还，不致零落散失。其宝应之

两刘氏，乔氏，朱氏，王氏等族谱，能得之，亦乞致之也。

遗憾的是，此书终未成编。但是，焦循收获良多：一是纂成《扬州足征录》。《扬州足征录·序》："今年乙亥，伊公入都补官，道过扬州，五月二十一日会于雷塘之阮公楼，语及《图经》，因询《文粹》。归检旧箧，稿之存于余处者具在，为次第之，自七月至于九月，粗有端绪，而伊公则以肺病卒于扬州邸寓。丧归，余拜送河干，既为乐府，鼓琴而歌，以写①公之德政，遂为此书《目录》一卷，名之曰《扬州足征录》。"二是著成《邗记》一书。焦廷琥《先府群事略》："府君修《图经》，取旧志考核，随笔记录之，次为六卷，名曰《邗记》"。三是著成《北湖小志》。《里堂札记·戊辰手札·与杨竹庐都尉》："去年所撰《图经》，看来不可得成。循因私为《北湖小志》一书，仅载城北一方之事编。遍为访问轶闻轶事，甚不易得。"知与修《图经》而未成，亦为焦循撰写《北湖小志》这部"足觇史才"②之作的主要原因。这与焦循《北湖小志序》所述相一致："因理旧闻，征诸文献，次为一编，略具条理，用以陈诸太守，备采摘也。"至于《雕菰集》卷十三《上郡守伊公书》中所体现的学术卓识，更是焦循史学理论的重要内容。这同样与参加修纂《扬州图经》密不可分。

2. 表彰政绩

从以下两处记述即可明其大概：《雕菰集》卷十七《送郡太守伊公归里序》："嘉庆乙丑冬，汀州伊公墨卿先生来守吾郡，兴利除害，郡大治。未三年，以忧去，郡之人如失慈父母焉。""嘉庆乙丑"，为1805年。《里堂札记·乙亥手札·答阮芸台先生》："五月间，伊墨卿先生来，会于阮公楼。伊公本宋儒之学，将行道于时，其谦抑不愧醇儒。张古愚先生吏治明达，数十年来守扬者，以

---

① "写"，当作"寓"，形近而误。焦廷琥《先府君事略》正作"寓"。
② 阮元：《北湖小志》卷首《序》。

张、伊两公称首，扬之民能言之，郡之吏亦能言之。""乙亥"，为1815年。

那么，焦循与伊秉绶识于何时？可能在纂修《扬州图经》期间，即1806年。《扬州足征录·序》："岁丙寅，汀州伊公守扬州，时抚部阮公在籍，相约纂辑《扬州图经》、《扬州文粹》两书，余分任其事。明年，伊公以忧去，抚部亦起服入朝，事遂寝。""丙寅"，为嘉庆十一年即1806年。

陈嘉惠，字素村，江苏江都人。藏书宏富，工于校勘，所校《焦氏易林》颇为精审。

焦循整理范荃遗书，多得陈嘉惠相助。《北湖小志·范石湖传第七》："丹徒王豫谓余云：'子向所称范石湖者，吾见其遗书存于城南陈氏。'乃访之，陈君素村慨然畀余，皆石湖手迹也。"

焦循集中寻访和整理乡邦文献，主要在与修《扬州图经》和写作《北湖小志》之嘉庆十一、十二年即1806、1807年之间。与陈嘉惠的密切交往，或在此时。

汪喜孙（1786～1848），字孟慈，号荀叔，江苏江都人。嘉庆十二年（1807）举人，著有《大戴礼记补注》、《且住庵文集》和《且住庵诗稿》等。

焦循与汪喜孙来往，始于嘉庆十一年即1806年。国家图书馆典藏抄本《扬州府图经》五卷之首有汪喜孙题记："嘉庆丙寅，阮抚部元、伊太守秉绶礼致江先生藩、赵怀玉司马、焦君循，袁君廷寿，臧君庸及喜孙同纂是书。甘泉汪喜孙题记。""嘉庆丙寅"为1806年。

时隔四年，汪喜孙请焦循为父亲汪中撰写墓志铭，《里堂札记·庚午手札·答汪孟慈》所说"委撰《墓志铭》"即此事。"庚午"，为1810年。

汪喜孙编修《江都志》，焦循作《江都两生传》以资参用，见记于《忆书》卷五。随后，为《江都志》互致书信加以讨论。《汪荀叔自撰年谱》："（嘉庆十六年辛未）与焦里堂订《江都志》之谬。里堂纪事多失实，余作书争之。"《里堂札记·辛未手札·答汪孟慈》及《壬申手札·答汪孟慈》亦有所及。"辛未"为 1811年，"壬申"为 1812 年。

姚文田（1758～1827），字秋农，号社畲，浙江归安人。嘉庆四年（1799）状元，授翰林院修撰，后历官祭酒、内阁学士、兵部侍郎、左都御史、礼部尚书等职。深于《说文》，兼通历法，著有《说文声系》十四卷、《说文校义》十五卷、《古音谐》八卷、《邃雅堂学古录》七卷、《春秋经传朔闰表》二卷、《邃雅堂集》十卷等书。

焦循与姚文田交往，集中在嘉庆十四年（1809）编纂《扬州府志》期间。

与修《扬州府志》一事，焦循在《红薇翠竹词·六州歌头·序》里表述得十分清晰："府志之役，余分得《忠义》、《孝友》、《笃行》、《隐逸》、《老释》、《艺术》六传。又《秩官志》，自汉迄明，用力最深。……嘉庆丙寅，宁化伊公秉绶守郡，以郡志八十年不修，命余佐其事。明年，公以忧去。己巳，直指阿公复有事于此，请归安姚秋农殿撰主其事，余分得若干卷。"

约略言之，焦循做了三方面的工作：

1. 把此前自己编纂《扬州图经》时所辑资料转交给姚文田。《里堂札记·己巳手札·答姚秋农先生》："循向所纂职官、宦迹一类，共十七本呈览。此系《图经》体例，甚厌其烦冗，不成片段，曾与阮公言之。今得大手笔删削裁归，于体要为妙。"是为该年三月间事。十二月，在《与姚秋农白小山两先生》一信中，又说："《山川志》一本缴上，外《寺庙》、《桥梁》共五本，系草稿，未经收拾。又郡城内所有寺庙一本，亦可用以佐参考也。"

2. 就已故好友写入《府志》尽一己之力。如汪棣、汪光爔和李钟泗。《红薇翠竹词·临江仙》："时值修《扬州府志》，余佐姚秋农先生司其事，李君冠三属以滨石入《文苑》，因撰《行状》一篇呈姚先生，已获载入。"《己巳手札·与姚秋农白小山两先生》："汪对琴先生，郡中老名士也，似宜入《文苑传》，特将其《墓表》、《家传》呈上。又，对琴先生长子晋蕃，幼与阮中丞同学，名亦相亚，并求附入。"

3. 对编纂《府志》提出自己的看法。《雕菰集》卷十三《复姚秋农先生书》即是。就姚文田来信中涉及的三个问题展开讨论："旧志讹谬应删者，于各卷低一格载按语，仍存其名，以备复检，此条极是"；"各传内诏令奏疏之类皆不录，以省烦冗，择其要者入《艺文志》。是说循有请焉"；"史集中以最详要者列为正文，其它事迹互异，或须补采，或须考证，双行列各条之下，如《三国志补注》之例分注之，说是也"。对于后者，焦循还列举了七种变例。该信是研究焦循史学理论的重要素材。

修纂《扬州府志》，焦循还有另外三个收获：

一是用稿酬建成雕菰楼。《雕菰集》卷二十《半九书塾记》："嘉庆己巳，纂修郡志，得修脯金五百，以少半买地五亩，在雕菰淘中，其形盘曲若蠃，以为生圹。其大半于书塾之乙方，起小楼方丈许。……圹以藏骨，楼以息魂，取淘之名以名楼，曰'雕菰楼'。"

二是获赠姚文田《说文声系》。《里堂札记·己巳手札·答姚秋农先生》："奉到手书并大作《说文声系》。"是书为姚文田的学术要著，焦循对之评价很高。《雕菰集》卷六《读书三十二赞·说文声系》："归安姚君，洞平声学。声近声转，两言而足。转为异类，近仍一族。贯而系之，如弗贯肉。唇吻互异，变在乡曲。天籁自发，部居岂鞠。通人之言，使我三复。"

三是与姚文田成为相知好友。嘉庆二十三年（1818），《易图略》甫一刻成，焦循就托人带给姚文田一部。《里堂札记·戊寅手札·寄阮寿昌》："因将《易学三书》付刻，今方刻成《图略》一种，寄上四部，请正于足下，余三部乞为分致于朱椒堂、姚秋农、王伯申三先生，并乞致我请正之意。此书因未刻完，尚未遍以示人，此三先生素相知，敢先以请教也。"

当然，焦循对姚文田的另一部著述亦十分看重，这就是《求是斋自订稿》。从《撰孟子正义日课记》可知，焦循故逝前两月，所阅书籍主要有三部：《太平御览》、《五礼通考》和《求是斋自订稿》。所以，该书在焦循心中的重要地位不言而喻。

白熔（1766～1839），字小山，顺天通州人。嘉庆四年（1799）进士，历官编修、安徽学政、广东学政、江苏学政。

嘉庆十四年（1809），姚文田、白熔具体负责《扬州府志》的修纂工作。焦循参加编纂，故与白熔多所交往。是年九月、十二月，焦循先后两次致书白熔，商讨纂修之事，即《里堂札记·己巳手札》所收《与姚秋农白小山两先生》两信。

张维桢，字芰塘，江苏江都人。乾隆五十三（1788）副贡，著有《石梦山房诗钞》八卷。

焦循与修《扬州府志》，多得张维桢帮助。两人交往，亦多在己巳即1809年。《里堂札记·己巳手札·与张芰塘（三月廿三日）》："惜旧志陋略，不足表扬，能一一求得原本而详之，则妙矣。仍祈同志助我。"同年，焦循在《答阮中丞》信中说："张芰塘颇能助我，绅士中尚德君子也。"

二 谈诗论学，请益医术

在参纂《扬州府志》之时，焦循还与梁同书、汪大黉、汪昌序、汪霖、严杰、赵坦、汪庆垣、董士锡、黄盛生谈诗论学，请益医术。

梁同书（1723～1815），字符颖，号山舟，浙江钱塘人。乾隆十七年（1752）进士，历官编修、日讲起居注官。丁忧归里，不复为官。生活俭朴，不受馈赠。工书法，与翁方纲、刘墉、王文治并称"四大家"。年九十余，尚为人书写墓志。著有《频罗庵遗集》十六卷、《频罗庵论书》一卷、《直语补正》一卷、《日贯斋涂说》一卷、《笔史》一卷等。

1808年，焦循写信给梁同书，阐述志铭碑表与传的区别。《里堂文稿·与梁山舟先生书》："志铭碑表宜简严如经，而传则详著其事，虽隐微琐细神怪谐谑，不妨旁及，所以辅志铭碑表所未备而推广焉者也。故志铭墓表神道碑，必鸿才高位者为之，传则乡壁下士皆可各操柔翰以述所闻。"

《里堂道听录》卷二十九《冯景夏》之后，录有梁同书跋文。

汪大黉（？～1808），字斗张，号损之。安徽徽州人。善隶书，多蓄碑版；工器械，能制自鸣钟。客于盐商江霍亭家，曾以所制自鸣钟进贡。

汪大黉与李炳、焦循、江振鸿、黄文旸、李斗等人相熟。嘉庆十年（1805）李炳故去后，焦循致信汪大黉，询问并索要《金匮注》手稿以便整理；并望其书写李炳履历，为撰墓志铭做准备。此事载《里堂文稿·与汪损之书》之中。

汪昌序，字绍成，仪征县学生。长于校勘，曾为鲍氏校刊《六经》、《太平御览》等书，后校刊《正谊斋丛书》十一种八十五卷。

汪昌序为焦循亲戚。《雕菰集》卷十七《朱登三兄弟同寿序》："余外家谢氏，与翁为戚，翁之婿汪君厚庵，为文舟孝廉之子，其弟昌序，尝从予游。"故昌序与焦循当早已相识。

《雕菰集》卷十六《钞何有轩文集序》："乙丑夏四月，门人汪生昌序以此《集》遗余，余不胜宝惜之。文为写本，当年刻未刻不可知，是尤当宝惜耳。""乙丑"，为嘉庆十年即1805年。

汪霖（1763～？），字春田，江苏如皋人。少孤，母教之。官至广西、山东观察使。

焦循与汪霖相识在丙寅即嘉庆十一年（1806）。《里堂札记·丙寅手札·答秦敦夫太史》："昨日同孝婴往候竹庐都尉，且告以先生为王处士大名先生立石之事，都尉欣然首肯列名。适遇汪春田观察，雄谭至暮归馆，知台驾枉过，有失迎迓，叩头叩头。"同年，又有《与汪春田观察（三月十八日）》一信："昨承一饭，魂皆饫，复领快谈，顿开心经。面求题册，已蒙领之。特命奴子送上《湖庄图》册子，乞随意写于何幅，如所口示。《木兰院》诗，已清妙绝伦也。"

严杰（1763～1843），字厚民，号鸥盟，浙江钱塘人。太学生，道光间举孝廉方正。潜研经学，邃于诗文，著有《小尔雅疏证》、《毛诗考证》二卷、《蜀石经毛诗考证》一卷，辑有《经义丛钞》三十卷等。

焦循与严杰交往，主要集中于嘉庆十一、十二年即 1806、1807 年之间。1806 年十月，焦循为严杰八世祖遗像题文，《雕菰集》卷十八《题禹航严堪忍先生遗像》即述此事。1807 年三月，焦循在郡城生病，严杰等人多所照顾。后回家昏卧七日，渐次痊愈后，四月中旬，便写信致谢。① 此外，赵坦、范景福之书，在此时经由严杰转交焦循。《雕菰集》卷十四《与赵宽夫论文书》："严君厚民来，以大作《文集》见示。"焦循阅读后，再交严杰带回。《里堂札记·丁卯手札·答赵宽夫》："近时稍稍就痊，始复读尊集，恐久存遗失，敬交厚民返上。"

赵坦，字宽夫，号石侣，浙江仁和人。诸生，著有《春秋异文笺》十三卷等。

《里堂札记·丁卯手札·答赵宽夫》："去年承示大集，不揆梼昧，妄参鄙见，已而甚悔之。今春辱赐手书，又以手订之集见示，则刍荛之见，已一一采之，循益自愧，而足下之以虚受人乃若是也。""丁卯"之"去年"，为嘉庆十一年即 1806 年。

《雕菰集》卷十四有《与赵宽夫论文书》一信，《里堂道听录》卷三十七还录有《赠赵宽夫坦》一诗。

汪近垣，汪大黉之子，安徽徽州人。精医术，著有《金匮要略阐义》。

嘉庆十二年（1807）三月，焦循病重，汪近垣尽力医治，终在昏卧七日后转危为安。之后，汪近垣父亲汪大黉作古，家境日

---

① 《里堂札记·丁卯手札·答王实斋张秋水严厚民》。

衰，几不能举火。作为报答，焦循于次年致信江振鸿，期望为之谋一差使，又写信给寿宁之，请其帮助。《里堂札记·戊辰手札·与寿宁之》："近垣丁艰之后，家务繁丛，衣食几不能粗备，为此尤为郁郁。因思斗张在日，原是康山旧人，今文叔家声复振，一切不无需人之处，昨冒昧作札，言于文叔，但得吾兄更一吹嘘，胜弟言千万矣。"

董士锡（1782～1831），字晋卿，一字埍甫，江苏武进人。年十六，师从从舅氏张惠言、张琦为学，工于古文、诗词，于虞翻《易》义尤精，著有《齐物论斋集》。

《雕菰集》卷三有《奉和董晋卿湖上对月诗》，又收于《易余集》，知作于"嘉庆戊辰"即1808年。两人交往或在此时。

黄盛生，字竹云，江苏仪征人。诸生。

与黄盛生相识及过从之事，焦循略有所记，《雕菰集》卷十七《舟隐图序》："余始识黄君，君即以《舟隐图》属为诗，歌咏其事。时余初释母服，明年有修府志之役。越四年，岁辛未，乃以《渔家傲》词题其幅，君复谆谆属余为文。"此词及吴锡麟之《舟隐图诗序》均收于《红薇翠竹词》当中。《雕菰续集·黄君敬文家传》："余僻居湖滨，久不入郡城，嘉庆丙子八月乙酉，有缑冠策蹇饭于市，云将见焦某，已而叩门，则仪征黄子竹云。竹云名盛修，余向识于郡城汪叔震座上。"

就"初释母服，明年有修府志之役"而言，焦循"始识黄君"当在1808年。因为，焦循母亲逝于乙丑（1805），《注易日记》卷三："乙丑，吾母去世。"而与修府志在己巳（1809）。《雕菰集》卷十六《易通释自序》："己巳，佐归安姚先生秋农、通州白先生小山修葺郡志。"

此后，焦循忙于著述，与外界联系越来越少。有学术交游者，仅汪保孙、胡培翚、伊念曾、周用锡少数几人而已。

汪保孙，字肯堂，号榆谷，安徽歙县人。工于填词，著《桃潭渔唱谱》。

《里堂札记·庚午手札·答汪肯堂》："自题图《惜红衣》一首，气脉融贯，非徒剿袭词人剩字剩句，熏香剃面以成西皮二黄之旦首者可比，如韵和之。"庚午即 1810 年，焦循与汪保孙讨论词作，互为唱和。两人所作，均收于《红薇翠竹词》之中。

胡培翚（1782～1849），字载屏，号竹村，安徽绩溪人，胡匡衷之孙。嘉庆二十四年（1819）进士，历官内阁中书、户部广东司主事。为官清正，热心教育，创建东山书院，主讲于钟山书院、惜阴书院。承其家学，精于《三礼》，著《仪礼正义》四十卷、《燕寝考》三卷、《研六室文钞》十卷等。

作为汪莱弟子，恩师故去后，胡培翚致信焦循，请求为老师撰写别传。从此，焦循和胡培翚信件往来，开始了学术联系。《里堂札记·乙亥手札·答胡竹村孝廉》："去腊二十七日接到手书，谆谆以令师别传属诸鄙人，仰见高谊，不胜企感之至。循迩以足疾，村居已二年，不到郡城，故令师去世之信，去冬十一月始闻之，正在悲感，辱承尊谕，不敢以浅陋谢。谨馨所知，拟成一篇，伏祈教正。《群经宫室图》，循少作，不足入高目。大著《仪礼宫室编目》、《燕寝图考》，能以副本见示，幸甚！幸甚！向来张皋文太史有《仪礼图》，亦以宫室为经纬，循尝与郑舍人私言之，写一通请教。""乙亥"，为 1815 年。

同年三月，胡培翚以"东房西室"求教。九月，焦循回信予以热切鼓励。《里堂札记·乙亥手札·答胡竹村孝廉》："熟复再三，深叹精密之至。春间接程易田先生之讣，甚叹老成凋谢。今获睹吾兄之学，所以嗣续慎修、东原、辅之、易田诸君者，有过之无不及矣。"

嘉庆二十二年（1817），胡培翚寄来胡匡衷《仪礼释官》一书，焦循"当即谨读数过"[1]，回信加以首肯之余，还在《里堂道听录》卷五中录其《序》、《例》。

---

[1] 《里堂札记·丁丑手札·答胡竹村》。

伊念曾（1790~1861），字少沂，号梅石，福建宁化人，伊秉绶子。嘉庆十八年（1813）拔贡，官严州同知。工书画，善为诗，著《广印人传》、《守研斋诗抄》等。

《忆书》卷五："是秋，先生以病卒于扬州。九月末，公子少沂以枢归。少沂名念曾，有札寄湖，属作诔文。余以贱不敢诔贵，效《雁门太守歌》，犹以吊之。"

嘉庆二十年（1815），伊秉绶卒于扬州，则焦循与伊念曾之识，当在此年。

周用锡（？~1817），字晋园，浙江平湖人。乾隆六十年（1795）副榜，候补盐库大使。刻苦治经，著有《尚书证义》二十八卷。

周用锡与徐熊飞同为湖州人，相互熟悉。《里堂道听录》卷四《尚书证义》："武康徐雪庐称其刻苦穷经，群经多有撰述，惟以注经为事。……以所撰《尚书证义》二十八卷寄示。"

焦循读其书，欲见其人，可惜未能如愿。焦廷琥《先府君事略》："丙子，武康徐雪庐先生以周君晋园新刻《尚书证义》寄来。晋园，名用锡，平湖人，乙卯副榜，官盐库大使，在广陵惟以注经为事。府君入城访之，则已回籍。明春复访之，则已病殁于里中，府君怆然久之。复把其书，细加绅绎，盖参翼王、江两家，时出新义。府君谓古文之伪，自阎氏百诗、惠氏定宇证而却之详矣。而二十八篇之不伪者，述而疏通证明，此三家实相鼎立，因钞次之，更益以当世通儒说《尚书》之言足与三家相证订者，汇为一帙，题曰《书义丛钞》。""丙子"，为嘉庆二十一年（1816），当时，《尚书证义》刚刚刻成。徐熊飞与焦循往来密切，此前就为《雕菰集》写过序，故《尚书证义》甫一刻成，徐熊飞便寄给焦循一部。

晚年很少入城的焦循，竟两度入城寻访周用锡，可见《尚书证义》给焦循留下了极其深刻的印象。末了，当无法与周用锡面谈学术时，焦循就以此为契机，开始《书义丛钞》的编纂工作。从《撰孟子正义日课记》得知，至嘉庆二十四年底、二十五年初，仍在从事该书的增补工作。

此外，著述之余，焦循晚年的一个重要责任，就是培养孙辈读书为学，他们也成为焦循的学术帮手，如《撰孟子正义日课记》述嘉庆二十四年（1819）六月初八日事："病足，步履维艰，有所翻检，不能自取，令大孙授易取之。凡《注》、《疏》、《说文》及汉、魏诸书，示以所在，尚能翻检不误。次孙授书亦能检《经籍纂诂》。"还有，如授易、授书、授诗三孙校勘《易章句》，侄孙授礼、授经、授官校勘《易话》，授龄校勘《易广记》等。这也是焦循学术交游的一个方面，值得一提。

焦循学术交游情况大体如此。有三点需要说明：

其一，把焦循学术交游分为四个阶段，是以焦循学术生平为基础划分的，从中可见焦循不同时期学术交游的不同特点。但是，为便表述，每一阶段所列学者是以焦循开始与之学术交流的时间而确定的，从书末附表可以看得一清二楚。但是，这并不意味着焦循仅在这一阶段仅与其进行学术交往。毫无疑问，部分师友对焦循产生了深远的影响，远非一个阶段所能包举，如刘墉、顾凤毛、王居重、汪中、程瑶田、李锐、汪莱等等；有的人终其一生都与之过从密切，如英和、阮元、王引之等；而有的学者在交往中又有前后不同的变化，如黄文旸、李斗、江藩、王豫等等。

其二，学术交游当然以学术交流为核心，这应当包括两部分：面对面地讨论和书信交流。清代学者学术交流的重要方式之一，就是通过书信互通信息，或往来辩驳，对此也就不可等闲视之。焦循同样如此，从《雕菰集》和《里堂札记》诸书所收书信可见一端，这是焦循学术交游不可或缺的一个方面。虽然有的学者焦循终其一生都未曾谋面，仅与之有着书信的交流，如江声、王鸣盛、刘台拱等。

其三，焦循一生中，交游之人不在少数。然而，有不少人与焦循之间的联系并非学术性的，所以不能列入学术交游之内。如教焦循骑马的阮承信，资助会试费用的寿宁之，祝其百岁的姚仁和，授徒其家的吴赓芸，一同省试的周巳山，前来拜访的张廷晖等等。这样的人数以十计，在此一并从略。

第三章 学术著作

　　焦循一生，著述丰富，已刊刻及存世的稿本、抄本就有 65 种，遍涉经、史、子、集，取得不凡的学术成就。同时，焦循想著而未成者也不少，亡佚之书同样很多。因为是学术名家，托名焦循所著的伪书竟有 8 种！在此简以述之。为简省篇幅，除极少数著述如《雕菰楼词话》、《剧说》、《易余曲录》而外，其余书籍略及版本，且仅限于清代。

第一节 著成及存世之书

一 经部

1.《易章句》

　　《易章句》写作的原因及其旨趣，焦循在《易话·原辞下第六》中有过总结："余求之十余年，既参伍错综以求其通而撰《通释》，纵之横之以求其通而撰《章句》。"

　　其写作时间，焦循在《叙目》中有着明确的记述："岁癸酉，所为《易通释》、《图略》两稿粗就，而足疾时发，意殊倦，《章句》一编，未及整理之也。……于是五月间，令门人子弟写《通释》、《图略》共二十八卷既毕，因取《章句》草稿手葺之，凡五阅月始就。"也就是说，在"癸酉"即嘉庆十八年（1813）五月至十月间，焦循完成了《易章句》的写作。

事实上，这只是对草稿的整理。以下几点当引起注意：

（1）早在三年前，焦循就在撰写《易章句》一书。《里堂札记·庚午手札·寄汪孝婴》："尚拟为《章句》而未成也。""庚午"，嘉庆十五年即 1810 年。是为《易章句》之草稿。

（2）嘉庆十八年二三月间，《易章句》已在整理之中。《注易日记》卷一中说，嘉庆十八年二月二十八日，"是日改写《谦》、《豫》二卦。""（三月）十三日庚辰，晴，海棠放红。改《坎》、《离》二卦章句。"

（3）嘉庆十八年整理之后，次年加以校订。这在《注易日记》卷二中记述得一清二楚：嘉庆十九年四月"十八日己卯，是日芒种。晴。金丝桃开。校看《易章句》《乾》、《坤》、《屯》、《蒙》四卦"。历时三月，是为初校。自七月二十八日始，抄录"《乾》、《坤》、《屯》三卦章句"，再经三月，至十月十八日，"录《杂卦章句》完"。这是《易章句》的第三稿。

（4）嘉庆二十年三月至九月，删改《易章句》，是为第四稿。《注易日记》卷三：嘉庆二十年三月二十三日，"连日复阅《章句》，与《通释》互勘"；九月十一日，"写《杂卦传章句》完"。

（5）《注易日记》卷三又有：嘉庆二十年十二月至初一日，"校核《章句》"，至二月二十九日，"校《章句》《说卦》、《序卦》、《杂卦》三传完"。是为二校。

嘉庆二十一年二月底至三月中旬，又校核一遍，此为三校。《注易日记》卷三：嘉庆二十一年二月二十九日，"校《章句》《乾》至《需》"，至三月初十日，"校《章句》《序传》、《杂传》完"。

（6）《易章句》刊刻前，焦循再行删订，是为第五稿。《撰孟子正义日课记》：嘉庆二十三年九月二十七日，"灯下改《易章句·豫·象传》、《巽·上九传》、《姤·上九传》、《序卦·受之以复》一条"。

2.《易通释》

在焦循所有著述中，是书用力最深，可谓贯穿其学术生涯之始终。这些均见诸卷首之《叙目》之中：

> 循承祖父之学，幼年好《易》。乾隆丙申夏，自塾中归，先子问日所课若何，循举《小畜·象》辞，且诵所闻于师之解，先子曰："然所谓'密云不雨，自我西郊'者，何以复见于《小过》之《六五》？童子宜有会心，其思之也。"乙巳丁忧，辍举子业，乃遍求说《易》之书阅之，于所疑皆无所发明。嘉庆九年甲子，授徒家塾，念先子之教，越几三十年，无以报命，不肖自弃之罪，曷以逃免？循既学《洞渊》、《九容》之术，乃以数之"比例"求《易》之"比例"，向来所疑，渐能理解。癸酉二月，自立一簿，以稽考其业，历夏迄冬，庶有所就，订为二十卷，皆举《经》、《传》中互相发明者，会而通之也。甲子后，复精研旧稿，悟得《洞渊》、《九容》之术实通于《易》，乃以数之比例，求《易》之比例，于是拟撰《通释》一书。丁卯病危，以《易》未成为憾。病瘳，誓于先圣先师：尽屏他务，专治此经。遂成《易通释》二十卷。自谓所悟得者：一曰"旁通"；二曰"相错"；三曰"时行"。

该《叙目》写于"嘉庆十八年十一月冬至前二日"。此前，《易通释》虽已删改七次[1]，有的条目甚至多达十余次，如《雕菰楼经学丛书》所收《上下》一条，其末跋云："凡易十数遍而后成，自癸酉三月十八日写至二十日而毕"；"癸酉五月十九日至二十三日又改写一度"[2]。"癸酉"即嘉庆十八年（1813）。但是，

---

[1]《注易日记》卷一："嘉庆十八年八月初七日辛丑，大风雨。写《雕菰楼易学通释》二十卷，计易稿凡七次。"

[2]《雕菰楼经学丛书》，台湾文海出版社，1970年影印，第820页。

这并不意味着《易通释》一书最后定稿。此后，焦循对该书仍做了大量的修改工作。如《注易日记》卷二中说，嘉庆十九年八月初一日己未，"改订《厉》字一条，易稿者两次矣"；九月初七日"增《补大人丈人》一条、《牝马牝牛》之条"；嘉庆二十一年，"又改数十条"；次年"二月至六月，阅百日，手写一通，又改数十条"；嘉庆二十三年，"将以易学付梓，日加删订"①；《撰孟子正义日课记》亦记述说，"（二十三年）七月十五日乙亥，晴，热甚。祀先。改《易通释》卷十九《恒》字条"。就是在《易通释》刊刻之后，仍然细加校对，嘉庆二十五年正月二十五日，"灯下，复校《易通释》卷一"。对所发现的问题，立即予以修补，三天后的二十八日，"穆正昌来，修补《通释》板"②。半年后，焦循辞世。

从"幼年好《易》"的知识积累，到临终前的细心校订，《易通释》一书，确实倾注着焦循毕生的心血。

而该书书名从《易释》到《易通释》，卷数从二十四卷到十六卷③再到二十卷，以及诸多条目的分合与删补，都是焦循撰写此书阶段性成果的一大标示，同时也是焦循精益求精治学精神的最好体现。

由于全书通解爻画和文字，所以，"通"是《易通释》的核心特点。就方法而论，则爻画用"比例"之道，文字用训诂通借之法。

3. 《易图略》

焦循在《易图略·叙目》中说："既撰为《通释》二十卷，复提其要为《图略》，凡《图》五篇，《原》八篇，发明'旁通'、'相错'、'时行'之义，《论》十篇，破旧说之非，共二十三篇，编为八卷，次《通释》后。"

---

① 《注易日记》卷首。
② 《撰孟子正义日课记》。
③ 《里堂札记·庚午手札·答汪孝婴》："为《通释》十六卷（今定为二十卷）。"

《易图略》"编为八卷"，经历了从一卷到五卷再至八卷的过程。《雕菰楼经学丛书·易释序》："余既成《易释》八卷，遂病。病小愈，值岁暮，复举大略，统释之为一卷，附于后。"后来，增为五卷，继又增为八卷。《里堂札记·庚午手札·答汪孝婴》："《图略》五卷。"后有注解曰："今定为八卷。""庚午"，为嘉庆十五年（1810）。

之后，《易图略》又有三次大的改订。第一次是嘉庆十八年三月至十一月，《注易日记》卷一中，自三月初六"改写《图略》第三卷，撰《当位失道图》"始，至十一月二十四日，"改写《论爻辰第九》，《图略》八卷完"，焦循一边改订《易章句》，一边重订《易图略》一书。第二次是嘉庆十九年三月至七月，《注易日记》卷二，三月十七日有"改《原辞》一篇"之记，二十日有"连日删改《易图略》，改《爻辰》一篇"等文，七月初一日，则"重写《易图略》卷一、卷二"。第三次是嘉庆二十年二月间，亦见诸《注易日记》卷二当中：初三日，"重订《图略》八卷"。

相比较之下，《易学三书》中，焦循对《易图略》用力较少。原因很简单：《易图略》是对《易通释》的概括和精简，即"提其要"而已。

4.《周易补疏》

二卷。《雕菰楼经学丛书》收稿本二卷，与《焦氏丛书》刊本相较，稿本《叙》内容繁于刊本，而卷中条目则少于刊本。如《叙》中，"余之为易学也，自王弼始。幼时仅见《注疏》，以弼为最古，故学之。已而得李鼎祚《集解》，乃知弼之外有马、郑、荀、虞诸家，皆胜弼远，舍弼而学诸家"诸内容，为刊本所无。而卷上之《见龙在田》、《或跃在渊》、《龙战于野》诸条则为稿本所无。这种不同，表明在稿本的基础上，焦循又做了修订。

撰写《周易补疏》的时间和缘由，焦循在《序》中交代得很清楚："岁壬申"即嘉庆十七年（1812），"每夕纳凉柘篱蕉影间，纵言王弼《易》，门人录之，得若干条。立秋暑退，取所录，次为二卷。迄今七年,《易学三书》既成,复取此稿订之,列群经补疏之首。有治王弼《易》者,此或可参焉否也。"

针对学人声讨乃至否定王弼之学的现象,焦循以严谨求实的态度,引马、郑训诂之说,挖掘王弼易学之精髓,以为"弼之《易》,虽参以己见,而以六书通借解经之法,尚未远于马、郑诸儒,特貌为高简,故疏者概视为空论耳"①。进而指出,虽然孔颖达《周易正义》"奉王弼为准绳",却存在"不能申明"的弊端。视王弼易学为"空论"者,正源之于此。以卷上《自马翰如》一条为例以明之:

> 《注》:"鲜洁其马,翰如以待。"循按:"鲜洁"二字解"白"字,则"白马"者,谓白其马也。"翰如"下用"以待"二字,则"翰"字不解为白色。《檀弓·正义》引郑氏云:"翰犹干也。见《六四》适初未定,欲干而有之。"郑以"白马"指《九三》,谓《九三》干《六四》而有之,不使应初,即王氏所云"有应在初而阂于三"也,"阂"即碍字。惟王氏之意,以"白马"属《六四》,谓《六四》"鲜洁其马",将以应《初九》而"阂"于《九三》,内怀疑惧,马虽备而尚待,盖亦读"翰"为干。《广雅》:"干,安也。"虽白其马而尚安,然未行,故云"翰如以待"也。《正义》:云"其色翰如,徘徊待之"。"翰如"指色,则"以待"二字,《经》何有乎?

5. 《易话》

卷首之《叙》言及撰写此书的原委:"余既成《易学三书》,忆自壬戌②以来十数年间,凡友朋门弟子所问答及于《易》者,取入《三书》外,多有所余,复录而存之,得二卷,目之为《易

---

① 《周易补疏·叙》。
② 半九书塾刻本原作"壬戍",据干支及文意,当为"壬戌"。

话》，以其言质无深奥云尔。"

该《叙》写于"嘉庆戊寅三月三日"，即嘉庆二十三年
（1818）。而焦循着手编写此书，则始自两年前。《注易日记》卷
二：嘉庆十九年八月初八日，"辑《易话》"。到二十一年三月，已
成"《易话》二卷"，并自注说"改写定"①。

之后，又有增补。《撰孟子正义日课记》：嘉庆二十四年十二
月初九日，"撰《阴阳治乱论》，补入《易话》上卷"；二十五年
正月初一，"草《道德理义释》一篇，以入《易话》中"。在《焦
氏丛书》中，这两篇收于卷一之末，只是《阴阳治乱论》改为
《阴阳治乱篇》。

《易话》篇幅不大，然内容精要。卷上多为治《易》心得，卷
下主要汇集和解释《左传》、《尔雅》、《淮南子》诸书说《易》之
文。其中，卷下之《周易用假借论》，虽与《雕菰集》卷八《周易
用假借论》大体相同，然至为重要，总结了焦循易学和文字学的
方法："知彼此相借，全为《易》辞而设，假此以就彼处之辞，亦
假彼以就此处之辞。"

6.《易广记》

是书三卷，或叹治学之难，或评其"牵合"，或批其"妄说"，
或录"确不可易"之论，或记"先得我心"之言。要之，如卷前
《序》中所说："自汉、魏以来至今二千余年中，凡说《易》之书，
必首尾阅之，其说有独得者，则笔之于策，可以广闻见，益
神智。"

因为该书由辑录"笔之于策"者而成，从《易通释·叙》中
可知，焦循自"乙巳丁忧，辍举子业，乃遍求说《易》之书阅
之"，"乙巳"为乾隆五十年（1785）。所以，《易广记》中部分条
目，或在1785年始就已成文了。1815年，已有此书，在《里堂札
记·乙亥手札·答阮芸台先生（四月二十八日）》一信中，有这样

---

① 《注易日记》卷三末。

的注语："循别有《易广记》一书，凡说《易》有持见，随所闻入之。""乙亥"为 1815 年。至次年，是书仍未最终编定。《注易日记》卷三末尾"《易广记》三卷"后有注："此稿尚俟订之。"这一注文的时间是嘉庆二十一年即 1816 年。或许，在写作《易广记序》时，该书方才定稿，而此《序》写于"嘉庆戊寅七月下弦"，即 1818 年七月。

7.《尚书补疏》

道光六年《焦氏丛书》本之《序》文末残缺，可据《焦菰集》卷十六《尚书孔氏传》补。《叙》之"微子问父师、少师"，《国学基本丛书》之《焦菰集》误作"微子问少师、父师"。

《雕菰楼经学丛书》收稿本，无《叙》，亦无七善之说，只述及刊本中"《传》之善七"一节。正文亦仅一卷，涵刊本两卷中大多数条目。首条即《厘降二女于妫汭》，眉批增《曰若稽古帝尧》和《黎民于变时雍》、《其工方鸠僝功》、《荡荡怀山襄陵》、《方命圮族》等条目。有的条目，则为刊本所无，如《朕不敢有后》等。

焦循认为，在《古文尚书》中，"《尧典》以下至《秦誓》二十八篇，固不伪也"，且"东晋晚出《尚书孔传》"有七个优点，故而"专论其不伪之二十八篇"[①]，撰成《尚书补疏》。其中，肯定王鸣盛、江声、孙星衍等人择用《孔传》之说。

不仅如此，焦循还把入清以来释说二十八篇之见辑录成书，名之《书义丛钞》，与《尚书补疏》相互印证。《尚书补疏·叙》："既集录二十八篇之解为《书义丛钞》，所有私见，著为此编，与《丛钞》相表里。"

至于撰写此书的时间，则见于《注易日记》卷一：嘉庆十九年二月十二日，"编录《尚书补疏》。"稿本卷末："嘉庆甲戌三月初六日，录此一卷完。""嘉庆甲戌"正是嘉庆十九年即 1814 年。这一年有闰二月，故《尚书补疏》初稿历时两月而成。

---

① 《尚书补疏·叙》。

8.《禹贡郑注释》

二卷。卷首《序》记述了写作是书的时间和方法："（嘉庆壬戌）十月，从浙江归来，寒窗无事，与子弟门人论说及之，以嘉定王光禄、阳湖孙观察所集之本为质，考而核之，编次成卷，专明班氏、郑氏之学，于班曰《志》，于郑曰《注》，而以《水经》、《禹贡》山水地泽所在一篇，条列而辨之于末。""嘉庆壬戌"，为嘉庆七年即 1802 年。

写作之缘起，阮元在《揅经室二集·通儒扬州焦君传》中说："君游浙，因元考浙江原委以证《禹贡》'三江'，归扬州，撰《禹贡郑注释》一卷，专明班氏、郑氏之学。"

如卷上之《沿于江海，达于淮泗》：

《注》："均读曰沿。沿，顺水行也。"《史记集解》。

循按：《释文》云："郑本作'松'。""松"，当作"沿"，马本作"均"，今《史记》正作"均"。《集解》引郑云："'均'，读曰'沿'。"是正本亦作"均"也。郑既读"均"为"沿"，为郑学者，因改为"沿"，遂又讹作"松"。陆元朗依传写之本，以为郑作"松"，亦明其误，故辨曰"'松'当为'沿'也"。王本直以"'松'读曰'沿'"为郑《注》，大误。

9.《古文尚书辨》①

《中国丛书综录》有焦循著"《古文尚书辨》八卷"一说。道光间承启堂重印本《清颂堂丛书》中收有此书，确为八卷，然仅卷一《辨阎若璩尚书古文疏证》题为"江都焦循"，其余七卷均为"丹徒谢庭兰"著。

该卷对阎若璩"晚出书，未论二十五篇杂乱，即与马、郑、

---

① 参见拙作《焦循著述新证》卷一，社会科学文献出版社，2005。

王三家本同者"、"今之《尧典》、《舜典》，无论伏生，即孔安国原只名《尧典》一篇……欲出伪古文，请自二十八字始"、"'金曰益哉'，三家本，'金'作'禹'……于是叹晚出书之纷纷多事也"等十一条观点予以驳辩。

焦循的"疏证"多不见于《尚书补疏》及其他著述，故为焦循《尚书》学的重要成果，应当引起重视。

10.《书义丛抄》

四十卷，稿本，今藏国家图书馆，现存八卷：卷一至卷二《尧典》一百一十九条，卷五至卷六《禹贡》一百六十五条，卷三十六《费誓》十条，卷三十七《吕刑》四十二条，卷三十八《文侯之命》八条，卷三十九《秦誓》十条。另外，傅斯年图书馆亦藏是书残稿二册。

《书义丛钞》的撰写，始于嘉庆二十一年（1816），缘于阅读徐熊飞寄来周用锡的《尚书证义》一书。《先府君事略》：

> 丙子，武康徐雪庐先生以周君晋园新刻《尚书证义》寄来。晋园，名用锡，平湖人，乙卯副榜，官盐库大使，在广陵惟以注经为事。府君入城访之，则已回籍，明春复访之，则已病殁于里中，府君怆然久之。复把其书，细加绅绎，盖参翼王、江两家，时出新义。府君谓古文之伪，自阎氏百诗、惠氏定宇证而却之详矣。而二十八篇之不伪者，述而疏通证明，此三家实相鼎立，因钞次之。更益以当世通儒说尚书之言足与三家相证订者，汇为一帙，题曰《书义丛钞》。

从《里堂札记》中，能知收到徐熊飞书信的确切时间。《丙子手札·答徐雪庐（八月十九日）》："月之十八日，接台札及朱布衣诗一本，周君《尚书证义》一部。灯下即将布衣诗吟诵数过，其音清至，令人意远。早起展读周君之书，精核简洁，已见一斑。"也因为"精核简洁"，故焦循十分重视，《孟子正义》多加引用，

《里堂道听录》卷四录有该书《自序》一篇。

这些材料说明,《书义丛钞》的撰写始自"丙子"即嘉庆二十一年（1816）。此后,陆续辑录。两年后,尚未成书,亦未分卷。《注易日记》嘉庆二十三年三月二十三日,在《书义丛钞》之后自注曰:"未抄录,未成卷。"就是在临终前,仍在增补此书。从《撰孟子正义日课记》中可以看到,自嘉庆二十四年十二月二十六日起,至次年正月初九日,在草成《孟子正义》之后,利用年末岁初之余暇,连续十三天,焦循都在"增补《书义丛抄》"。半年后,焦循去世。这半年间日记中再无增补之记。而父逝后焦廷琥所写《先府君事略》已有这样的表述:"仿卫湜《礼记》之例,以时之先后为序,得四十卷。"则知嘉庆二十五年（1820）正月,《书义丛抄》或已辑录成册。

综观全书,对入清后诠释关涉二十八篇之精到见解者,目之所及,尽列其中,"所采录者共计四十一家,五十七种"。如毛奇龄的《经问》、《经问补》,惠栋的《九经古义》、《易例》、《古文尚书考》,任大椿的《弁服释例》、《深衣释例》等等。

11.《毛诗补疏》

焦循治经,易学之外,于《毛诗》用力尤深。是书五卷,《序》中言及撰写过程:"余幼习《毛诗》,尝为《地理释》、《草木鸟兽虫鱼释》、《毛郑异同释》三书,共二十余卷。嘉庆甲戌莫春,删录合为一书。戊寅夏,又加增损为五卷,次诸《易》、《尚书补疏》之后。""嘉庆甲戌"为嘉庆十九年即 1814 年。

论其写作之因,则起于学人不分毛亨、郑玄之义,且不明其声音训诂精义。此亦见于《序》中:"毛、郑义有异同,往往混郑于毛,比毛于郑,而声音训诂之间疏略亦多。"

《雕菰楼经学丛书》收稿本,卷首《序》略有不同。如"余为毛诗学最久,尝著《毛诗鸟兽草木虫鱼释》十二卷,《地名释》五卷,《毛郑异同释》五卷。嘉庆甲戌暮春,读《易》稍暇,取而录为此编"。从卷末之记可知,初稿卷数为八卷,且写成之日比"暮春"要精确得多:"嘉庆甲戌三月十六日,录引八卷完。"其内容,与刊本多同,亦存在差异,如无卷一《序故诗有六义焉一曰风二曰赋三曰比四曰兴五曰雅六曰颂》等条。

此外,上海图书馆藏有《诗笺异同释》稿本,五卷,或为《毛诗补疏》之草稿之一。①

12.《陆氏草木鸟兽虫鱼疏疏》

对于重疏此书的目的,焦循在《序》中说:"余以元恪之书既残阙不完,而后世为是学者复不能精析,因撰《草木鸟兽虫鱼释》既成,又据毛晋所刻之本,参以诸书,凡两月而后定,附之卷后,有未备,阅者正焉。"

于是,便先行辑录,标明出处,继而加"循按"以疏之。如《凤皇于飞》:

> 雄曰凤,雌曰皇,一名鹓,其雏名鸑鷟。或曰凤,一名鸑鷟。其形:鸿前,鹿后,蛇颈,鱼尾,龙文,龟身,燕颔,鸡喙。首戴德,颈揭义,背负仁,翼挟信,心抱忠,足履正,尾系武。非梧桐不栖,非竹实不食。朝鸣曰发明,昼鸣曰上翔,夕鸣曰满昌,昏鸣曰固常,夜鸣曰保长。得其屡象之,一则过之,二则翔之,三则集之,四则春秋居之,五则为身居之。
>
> 《释文》。《尔雅音义》。《初学记》三十。《太平御览》九百十五。循按:《初学记》引作"《草虫经》云:'雄曰凤,雌曰皇。其雏为鸑鷟。或曰凤皇一名鸑鷟,一名瑞鹓'。下又云:"《毛诗疏》曰:'非梧桐不栖,非竹实不食。'"后《事对》中又引《诗义疏》曰:"凤皇名鸑鷟,非梧桐不栖,非竹实不食。诸说鸑鷟凤类,与此不同。"徐坚、陆德明俱唐初人,徐所引《草虫经》书名,则《草虫经》即陆玑《疏》无疑。至《释文》"或曰"下所云,与《初学记》所标《诗义

---

① 《焦循著述新证》,第52~57页。

疏》者，虽详略不同，而所谓"凤一名鹥鹥"，及"梧桐"、"竹实"二句实合。彼此互校，皆陆《疏》之文。朱检讨《经义考》以《草虫经》别于陆《疏》，非也。

13. 《毛诗草木鸟兽虫鱼释》

《毛诗草木鸟兽虫鱼释》为焦循学术生涯中最早着手撰写之书。前后经历18年，七度易稿。卷十一末尾记述说："辛亥九月初二日，录《鲁颂》、《商颂》二卷。此书作之八年，易稿五次，然心疑不能定，尚须删改者，不啻十之四五，甚以著书之难也"；"辛亥九月录成，复自壬子至癸丑又删改一度，令弟征及裔荣录为清本。自乙卯至今己未，凡五年，又删改一度。本三十卷，今合为十一卷，而以考订陆《疏》为一卷续于后，共成十二卷。"

因为屡经修改，稿本必多。传留至今的，就有三种不同的稿本：

（1）三十卷本

今藏上海图书馆。在拙作《焦循著述新证》①中，对其名称、卷次、内容等均有介绍，在此不赘。为便阅读，仅录该书《序》所述之写作目的及其方法："思尽去诡说，独存古义，徧览典籍，就正有道，考六书以明其通借，审音均以酌其转变，有足为毛郑证者，详引以疏之；有足以补毛郑之缺者，考正以附之；其足以乱毛郑之学者，取其易信者驳之；不足驳者格去之。"

（2）十一卷本

藏于上海图书馆。《续修四库全书》影印者，即为此本。除卷二之外，《叙》及各卷之末均有附记，从中可知焦循撰写此书的具体时间和艰苦历程。值得注意的有如下六点：

①确切记述了开始撰写的时间。《叙》末："是书创始于壬寅。""壬寅"，为乾隆四十七年即1782年，焦循时年19岁。

---

① 《焦循著述新证》，第43～50页。

②记录了删订各卷的写作进程。如卷一："戊申十二月十九日录起；乾隆己酉正月初四日删定录讫"；"嘉庆戊午九月，又删改录一过。""戊申"为乾隆五十三年（1788），"己酉"为次年即1789年。"戊午"为嘉庆三年即1798年。

③设馆授徒不忘著述。如卷三："己酉九月二十八日至十一月十二日，删录《墉风》毕，时在寿氏馆中"；"壬子九月初十日，又删改一过，时在郑氏馆中。"卷四："乾隆庚戌二月十八日，改录《王风》讫，时馆于深港。卞氏深港在城角十五里，临江，焦山在其南，水木明瑟，颇助读书之趣。"卷八："辛亥五月晦日，录《鸿雁之什》一卷于牛氏之江外草堂。"而且，附带记述在寿氏、郑氏、卞氏和牛氏馆中授徒的时间，对了解焦循生平特别是学术生涯多所帮助。

④会试落第亦然著述不息。《叙》："壬戌自都中下第归，又阅一过，觉尚有宜删削处"；卷三："壬戌七月十四日，阅一过，稍加删削，尚未尽善。时病疟"。《雕菰集》卷二十《壬戌会试记》详述了会试之经历，末了说："五月二十日抵家。"会试之后，曾一度有传言焦循能得会元，不料却名落孙山，失望之情难以言表。然而，回家后的焦循却静心著述，删订此书，病中亦然，尤其令人敬佩！

⑤学术研究与现实生活紧密联系。如卷五："黄鼠在田野为群，害谷、麦，善走，凡狗不得，唯鼠狼能得云。《御览》九十一引《广志》"；"《诗文疏》曰：《尔雅》鼫鼠，许慎曰五技鼠也，今河东有石鼠，大且多力，交前两脚于头上，善跳鸣，食人禾稼，逐则走入树空中，亦有五伎，或谓雀鼠。其形大，故云石鼠也。（阙之）《诗》言其方物，宜谓此鼠也，非今之鼠也。又鼠不食禾苗，本又谓蝼蛄为食鼠，亦有五伎。古今土名虫鸟，物异名同故也"。

⑥详述修改次数。卷十一："辛亥九月初二日，录《鲁颂》、《商颂》二卷。此书作之八年，易稿五次，然心疑不能定，尚须

删改者，不啻十之四五，甚以著书之难也"；"辛亥九月录成，复
自壬子至癸丑又删改一度，令弟征及裔荣者录为清本。自乙卯至
今己未，凡五年，又删改一度。本三十卷，今合为十一卷，而以
考订陆《疏》为一卷续于后，共成十二卷。时秋八月初三日，天
阴雨，因次女病归来，检阅之，书记于此"；"壬戌七月十七日，
又检阅一过"；"甲子九月阅。忆次女以庚申七月殇，今五
年矣"。

（3）十卷本

上海图书馆藏书目录中，有题为"十卷本"者，实际并非如
此。查阅原书，内容亦与十一卷本大体相同，卷首《序》与三十
卷本同，卷末即十二卷为《陆玑疏考证》。且改动处亦类似：原为
"扬州焦循学"，后改"江都焦循学"；原题《毛诗物名释》，后改
"《毛诗草木鸟兽虫鱼释》"。只是卷末题跋在时间次序上稍有不同，
如卷一末："乾隆己酉正月初四日删定录讫。戊申十二月十九日录
起。嘉庆戊午九月，又删改录一过。"

与《毛诗草木鸟兽虫鱼释》关系密切者，还有《毛诗物名
释》。该书现存两种版本：其一是上海图书馆所藏稿本，卷首有江
藩写于乾隆五十三年之《序》，其中说："丁未冬，见理堂于广陵，
出是书示藩。阅三月而读竟，可谓斑父豹鼠，无愧终军，八足二
螯。熟读《荀子》，通文字之津涉，粹训诂之谭奥。辨证《毛诗》，
旁通《尔雅》，其闭户覃思之苦，盖深有慨于不辨菽麦者矣。"该
《序》未收于江藩著述之中，弥足珍贵。就内容而言，仅存第一
卷，条目与内容几与《毛诗草木鸟兽虫鱼释》第一卷相同，即使
是卷末之记，亦然相差无几："右《周南》己酉正月初四日删定录
毕。"其二是台湾傅斯年图书馆典藏稿本，共二十卷，六册，原题
《毛诗多识》，[1] 所附之记亦多与十一卷本相类，如第二册末之：

---

① 赖贵三：《台海两岸焦循文献考察与学术研究》，文津出版社，2008，第256页。

"庚戌二月十八日，录毕。时馆于深港。卞氏深港在城南十五里。"① 就与《毛诗草木鸟兽虫鱼释》卷四末之记十分近似。

14.《毛诗地里释》

四卷，稿本，藏于上海图书馆。卷首嘉庆八年（1803）二月所写的《序》："乾隆丁未，馆于东城寿氏，偶阅王伯厚《诗地理考》，苦其琐杂，无所融贯，更为考之。迄今十七年，未及成书。今春家处，取旧稿，删其繁冗，录为一册，凡《正义》所已言者，不复胪列。附以氏族，得四卷。"第四卷之首亦有《序》："窃以杜征南撰《春秋集解》，又为《土地名》、《氏族谱》以相经纬，《诗》与《春秋》表里。释其地，宜释其人。"故于卷四释人名，如召伯、公子顽和公子素等。

就是说，本书分两部分：前三卷释地理，末一卷释人物。互为表里，相辅相成。

可是，焦循在《毛诗补疏·叙》中说："尝为《地理释》、《草木鸟兽虫鱼释》、《毛郑异同释》三书，共二十余卷。嘉庆甲戌莫春，删录合为一书。"这里的《地理释》应当就是《毛诗地里释》。既然把三书"删录合为一书"，那是不是意味着《毛诗地里释》就是《毛诗补疏》草稿的一部分呢？答案是否定的。

只要比较两书的条目和内容就足以说明这点。如《毛诗补疏》卷一共有25条，《毛诗地里释》卷一计54条。除极少数条目如《中谷》、《崔嵬》与《毛诗补疏》中《施于中谷》、《陟彼崔嵬》接近而外，余则都不相同。即使是接近者，两书解释重点显然不同。《中谷》只列一句："《传》：'中谷，谷中也。'"而《施于中谷》只诠解"施"义；《崔嵬》辨"崔嵬"与"砠"之区别，而《陟彼崔嵬》仅仅一句："《传》：'崔嵬，土山之戴石者。'"其他各卷亦然。可以说，《毛诗地里释》与《毛诗补疏》是各自独立的两部书，与其他著述草稿与定本的关系完全不同。

---

① 赖贵三：《焦循年谱新编》，里仁书局，1994，第83页。

15.《推小雅十月辛卯日食详疏》

二卷。有三种版本：稿本，一卷，有李肇偶跋，现藏台北国家图书馆。江都李氏半园抄本有二，一藏南京图书馆，一卷，亦有李肇偶跋；一藏湖北省图书馆，二卷。

写作时间及主旨，记于《理堂日记》之中："（嘉庆元年九月）十二日，《毛诗·十月之交》，毛指幽王，郑指厉王，阮阁学主毛说。吴中臧在东驳之，余为推幽、厉两朝十月朔日，推得幽王六年十月朔日蚀限，是日推定（稿别存）。"

知焦循推得《十月之交》中"十月之交，朔日辛卯，日有食之"之日食，发生在周幽王六年即公元前776年十月初一日。

南京图书馆所藏抄本虽只一卷一册，却包括两部分内容：正文除辨江永诸说而外，还有《推周厉王无十月辛卯朔日食表》；文末则附《〈古文尚书疏证〉推十月辛卯考》。

在《易余籥录》卷六亦有所论："阎百诗《古文尚书疏证》推十月辛卯，用《授时术》也。门人偶问及之，为详疏《疏证》云：'上推周幽王六年乙丑岁，距至元辛巳二千五十六年。'"《推小雅十月辛卯日食详疏》中所附考订阎若璩之文，亦收其中，文字大体相同，除无"循按"用语而外，《易余籥录》还把"○"写作"零"，把"百诗"写作"阎氏"。

16.《礼记补疏》

《礼记》亦为焦循早年用心研读的儒学经典之一，并著有《礼记索引》数十卷。对此，《扬州画舫录》卷十三已有著录："《礼记索引》数十卷。"可惜的是，此稿遗失了。后来，根据零星资料，焦循又辑录并删订为《礼记补疏》三卷。这些，都尽见于该书之《叙》中："余乡读《礼记》，尝为《索隐》一书，西乡徐心仲将草稿持去，已而徐物故，莫知所在。十数年来，专力于《易》，未之及也。甲戌夏，寻得零星若干条，次为五卷。今复删为三卷。皆少作，第考究训诂名物，于大道未之能及。"

"甲戌"，为嘉庆十九年即1814年。1814年编录《礼记补疏》

一事,《注易日记》卷二记载得更为清楚:"(嘉庆十九年三月二十一日) 编写《礼记补疏》";"(四月初九日) 录《礼记补疏》五卷。"

《礼记补疏·叙》写于"嘉庆二十三年岁次戊寅七月",则"今复删为三卷",或在此时。

焦循补疏时,首列郑玄《注》文,后以"循按"释之,时驳《正义》之失。究其旨意,确以"训诂名物"为主。如卷三《德者,性之端也》:"循按:'性之端',犹《孟子》言'仁之端'、'义之端'。'端',首也。性不可见而见端于德。《正义》云'端正',非是。"

此外,焦循曾抄录《礼记》一书,现藏南京图书馆。

17.《三礼便蒙》

有两种版本:稿本,四册,现藏上海图书馆,篇次与抄本同,多所改动,如《祭祀上第十三》下有朱字"祭天",《祭祀中第十四》下有墨字"祭地及杂记",《祭礼下第十五》有"祭宗庙"三字,而卷末郑孝胥跋与抄本同;郑孝胥抄本,或订为六册,或为八册。

抄本多见,然时有讹误。如第一篇末条《孔冲远〈正义〉考之》:"《毛诗正义》云:'《大戴礼》,遗逸之书,文多假托,不立学官,世无传者。其《盛往篇》云:明堂外水名曰辟雍。《政穆》称大学明堂之东序,皆后人所憎,失于事实,故先儒虽立异端,亦不据为说。'""盛往"之"往",当为"德";"所憎"之"憎",当为"增"。

稿本不分卷,抄本二十三篇,《注易日记》又说:"《三礼便蒙》,四卷。"或许,分为四卷者为该书定本,惜未之见!

此书虽名"便蒙",但化繁为简,条目明晰,立论有据,释说精炼。卷末郑孝胥《跋》以为:"贯缀经文,审定《传》说,足为治《礼》者之老师矣。""为治《礼》者之老师"或有溢美之词,作为《三礼》之治学门径当非虚言。

18.《春秋左传补疏》

五卷。卷首《叙》交代了撰写的缘由及其主旨："吾于左氏之说，信其为六国时人为田齐、三晋等饰也。左氏为田齐、三晋等饰，与杜预为司马氏饰，前后一辙，而孔子作《春秋》之义乖矣。四明万氏充宗，作《学春秋随笔》，斥《左氏》之颇；吴中惠氏半农，作《春秋说》，正杜氏之失；无锡顾氏栋高，作《春秋大事表》，特纠杜氏之误。而预撰《集传》之隐衷，则未有摘其奸而发其伏者。贾、服旧注，惜不能全见，而近世儒者补《左氏》注，亦徒详核乎训诂名物而已。余深怪夫预之忘父怨而事仇，悖圣经以欺世，摘其说之大纰缪者，稍疏出之，质诸深于《春秋》者，俾天下后世，共知预为司马氏之私人，杜恕之不肖子，而我孔子作《春秋》之蟊贼也。"

披检其文，焦循并未全部"摘其说之大纰缪者，稍疏出之"，对杜预《注》中确当之说，亦予首肯。如卷一：

> 《传》："有蜚，不为灾。"《注》："蜚，负蠜也。"
>
> 循按："负蠜"之名，《说文》有二：《虫部》云"蠜，自蠜也"，此《尔雅》之"草螽，负蠜也"；《虫部》云"蠜，臭虫，负蠜也"，此《尔雅》之"蠦蜰"，即此蜚也。郭璞注"卢蜰"作"负盘，臭虫"。盘与蠜音同，可通用。此《注》作"蠜"，正与《说文》同，非误。

真正以为"杜预为司马氏饰"而在疏中"摘其说之大纰缪者"，多与乱臣贼子有关。如卷三对杜预"改杀称弑，辟其恶名，取有渐也。书弑之义，《释例》论之备矣"，诸文详加批驳，结论是："自杜预为《集解·释例》，而乱臣贼子接迹于六朝，而惧心且渐泯。是孔子之《春秋》为邪说诬民而用，而为邪说者转托于《春秋》。故必知左氏之说之邪，知杜预宗左氏之说之奸，而《春秋》之义明，乱臣贼子乃无所倚托，而惧心复萌矣。"

正因为如此，焦循在其余著述中，遇到相关的问题，以互见的形式，注明已在该书中予以诠解。如注解《易通释》卷十八《临》之"不行为义"时说："别详《左传补疏》。"在《孟子正义》卷十三"乱臣贼子惧"中，焦循以为"戒早辨，治未乱，防其乱也。惧乱贼，治已乱，还其未乱也"，并说"余《春秋左传补疏》中详言之"。

而编写《左传补疏》的时间，《注易日记》卷二有记：嘉庆十九年四月十五日，"连日编录《左传补疏》"；五月十二日，"编录《春秋左传补疏》四卷"。

显然，对此书后来又作了修订，增为五卷。

19.《论语通释》

版本主要有两种：稿本，现藏上海图书馆，卷首有焦循《叙》，卷末有汪莱《跋》；刊本，光绪十四年（1888）德化李氏《木犀轩丛书》本。

在《自序》中，焦循述及撰写《论语通释》的原因：一方面，"余尝善戴东原氏作《孟子字义疏证》，于理、道、性情、天命之名，揭而明之若天日，而惜其于孔子'一贯'、'忠恕'之说未及阐发"，故作《论语通释》加以"阐发"；另一方面，"郑柿里舍人以书来问'未可与权'，适门人论'一贯'，不知曾子'忠恕'之义，因推而说之"。

对于《论语通释》一书，向来评价甚高。梁启超在《国学入门书要目及其读法·修养应用及思想史关系书类》中指出："焦循《论语通释》，乃模仿《孟子字义疏证》而作，将全部《论语》拆散，标准重要诸义，如言仁、言忠恕等，列为若干目，通观而总诠之，可称治《论语》之一良法，且可应用其法以治他书。"张舜徽在《清代扬州学记》第五章《焦循·焦氏的经学和史识》里，以为《论语通释》"足与《孟子字义疏证》互相发明"。

20.《论语补疏》

焦循撰写《论语补疏》的原因有三个：第一，自幼习《论语》，可"愈求之，愈不得其要"①。治《易》之后，方豁然开朗。如《叙》中所说："自学《易》以来，于圣人之道稍有所窥，乃知《论语》一书，所以发明伏羲、文王、周公之旨。"从这个意义上说，《论语补疏》是焦循研《易》的结晶。第二，焦循以"假借"治《易》，并自成体系。对于《论语》，焦循也认为"凡立一言，必反复引申，不执于一"②。这里的"引申"，其实就是"假借"方法的延伸，《叙》中总结为两个方面："《论语》一书之中，'参伍错综'，'引申触类'，其互相发明之处。如告子贡曰：'吾一以贯之'，未言'一贯'，何谓也？则又言以'一贯'告曾子，而曾子语门人曰：'夫子之道，忠恕而已矣。'则所谓'一以贯之'者，谓忠恕也"；"有言则同而义则异者，其自相发明，尤为神妙。如言'学而不厌，诲人不倦，何有于我哉？'是不自居矣；而又云：'抑为之不厌，诲人不倦，则可谓云尔已矣。'是又自居矣。"第三，《论语通释》著成后，汪莱认为"简而未备"③，故再次疏解，以为补充。

　　在长期的学术积累之上，是书很快就汇录成书。《注易日记》卷二："（嘉庆十九年五月十三）录《论语补疏》，编次之。"然何时录成，《日记》中没有说明。好在《雕菰楼经学丛书》收有稿本，无序跋，条目亦与刊本有异，如前三条即《人不知而不愠》、《传不习乎》、《主忠信无友不如己者》），但是，卷末留有录成的具体时间："嘉庆甲戌五月二十二日，录此卷完。""嘉庆甲戌"，正是嘉庆十九年（1814）。算起来，焦循初次编录此书，仅用了九天时间。

　　21.《孟子正义》

　　三十卷。分四步而成此书：

　　第一步，是搜集和汇录入清以来精解《孟子》之说，始于嘉庆二十一年即1816年。在《撰孟子正义日课记》嘉庆二十一年三

---

① 《论语补疏·叙》。
② 《论语补疏·叙》。
③ 《论语补疏·叙》。

月末，焦循就已经记有"《孟子长编》"之书名，并注释说"未抄录，未成卷"。是年冬天，正式编写，这在《孟子正义》卷末有述："丙子冬，与子廷琥纂为《孟子长编》三十卷，越两岁乃完。""丙子"，为1816年。不过，《里堂札记·戊寅手札·寄阮宫保（十一月十七日）》的记述略有不同："自去冬以来，与小儿采录本朝三十余家之书，已写为《孟子长编》十四帙。"此信写于"戊寅"即嘉庆二十三年（1818）冬，则"去冬"当为1817年冬。显然，信中"去冬"中只是泛指。

第二步，是开笔撰写草稿。因担心"心力"可否支撑，更为了督促自己，便"立定课程"①，开始撰写。《撰孟子正义日课记》："嘉庆二十三年戊寅，十二月初七日庚午，晴，暖如二三月。开笔撰《孟子正义》，起《孟子》卷第一。"次年七月十四日，"草《篇叙》完。次为三十卷。"完成草稿的撰写。

第三步，进行修改。先从第三十卷开始。嘉庆二十四年十一月二十七日，"增改《正义》第卅卷"；二十五年正月十九日，"增补《孟子正义》。"②

第四步，誊录清稿。《撰孟子正义日课记》：嘉庆二十五年二月初六日，"录写《孟子正义》卷一"；十一日，"写录《孟子正义》卷卅"。而后依次录卷二十二到卷三十，至六月二十五日，"写《孟子正义》卷卅完"。六月二十九日始，"写《孟子正义》卷二"，至初八日，依然"写卷二"。这一天，是《撰孟子正义日课记》记述的最后一天。十九天后的二十七日，焦循辞世。

虽说清稿没能全部抄完，但已完成了草稿和修改工作，终于了却自己的心愿，也成就了"清儒诸经新疏中为最佳本"③之学术巨著。

---

① 《孟子正义》卷三十。
② 《撰孟子正义日课记》。
③ 梁启超：《国学入门书要目及其读法》，载《饮冰室合集》第九册，中华书局，1989。

凝集于《孟子正义》字里行间的，是焦循所付出的无比艰辛的努力。《先府君事略》："自恐懈驰，立簿逐日稽省，仍如前此注易。简择长编之可采者与否者，有不达则思，每夜三鼓后不寐，拥被寻思某处当检某书，某处当考某书。天将明，少睡片刻。日上纸窗，府君起盥漱，即依夜来所寻思，一一检出而考之。"

对《孟子正义》耗费如此多的心力和气血，甚至不惜生命也要完成一生中这最后一部著作，究其原因，就在于秉持"终则有始"的学术理念。这至少包蕴两个内涵：

第一，身体日衰，将至"终"点。对自己的身体状况，通晓医术的焦循十分清楚。他知道，这部书将是自己学术生涯之"终"点。受《易传》反复强调的"终则有始"思想的影响，"弱冠即好《孟子》书，立志为《正义》"①的焦循，临"终"而归"始"，努力实现少年之"志"。

焦循一生中，最凶险的经历莫过于 45 岁时的一场大病。《易通释·叙目》："丁卯春三月，遭寒疾，垂绝者七日，昏瞀无所知，惟《杂卦传》一篇往来胸中，既苏，遂一意于《易》。"昏睡七天，苏醒后专心治《易》，终于著成清代学术名作《易学三书》。实际上，焦循对《易学三书》的写作，也几乎是当做终极目标来进行的，因为，"身苦善病，恐不克终竟其事"②。硬是凭着顽强的毅力和执著的精神，在不同阶段达到了自己的学术追求，实现了自己的人生理想。

第二，终而复始，自成体系。焦循在许多领域都取得非凡的成就，但不能否认，代表其学术最高水平的是易学。在焦循看来，《易学三书》固然是自己治《易》的精华，但远不是自己学术体系的最后环节。因为，对"圣人之道"，"《易》隐言之，《论语》显

---

① 《孟子正义》卷三十。
② 《易通释·叙目》。

言之，其文简奥，惟《孟子》阐发之最详最邕"①。《易学三书》
只是解决了"隐"于卦画和爻辞之后的深刻内涵，即用通借、比
例之法成书，以改过、迁善之道为旨。对《易》的阐发，则以
《论语》和《孟子》为核心。于《论语》，焦循已著成《论语通
释》和《论语补疏》。于《孟子》，虽曾有过《孟子补疏》，却过
于简单，不能充分表述对《易》"阐发之最详最邕"的意蕴。于
是，《孟子正义》的撰写便成必然的学术环节。从这个意义上说，
《孟子正义》是焦循易学体系的有机组成部分。因此，《孟子正义》
的撰写，标志着焦循易学体系最"终"完成。

　　之所以能在这样短的时间内撰成如此不凡的著述，与焦循把司
马光先纂《长编》再著正文的优良史法引入经学密不可分，对后
世产生了深远影响。第五章对此有较为详细的叙述。

　　而从卷末叙述来看，《孟子正义》共涉及 64 家清人学说，如
顾炎武、毛奇龄、阎若璩等等。若"间有鄙见，用'谨按'字别
之。廷琥有所见，亦本范氏《谷梁》之例，录而存之"②。如卷二
十三"不如荑稗"之释，就有："谨按：'不如荑稗'，犹孔子言
'博弈犹贤'，孔子非教人学博弈，孟子非教人种荑稗也。解者谓
是理消物长之喻，不如荑稗，是天理之槁枯，不胜人欲之长旺，非
孟子义也。"廷琥按语，则见于卷六、十二、十七、二十一、二十
七、二十九诸卷当中，或校订文字，或诠释字义。要以释卷十二之
《注》"皿所以覆器者也"为代表，长达千余字，尽可见承袭父学
之特色。

　　与《孟子正义》有关者，还有《孟子补疏》二卷，稿本，现
藏北京大学图书馆，为《孟子正义》之初稿。内容有三十三条，
除稍有删改，主要内容均录于《孟子正义》之中。从《注易日记》
卷末《七经补疏》可知，焦循确实早已撰成《孟子补疏》二卷，

---

①　《论语补疏·叙》。
②　《孟子正义》卷三十。

或许因为"弱冠即好《孟子》书，立志为《正义》"，所以，便先行刊刻《六经补疏》，最终把《孟子补疏》糅合于《孟子正义》一书，从而完成自己的学术理想。

22.《群经宫室图》

二卷。《焦氏遗书》本卷首有嘉庆五年六月冯集梧之《序》，次为乾隆五十八年（1793）五月阮元所作《序》，次为乾隆五十六年六月十五日、十一月初四日书信二通，卷末为焦循所作《叙》。

全书分为九类：城，宫，门，屋，社稷，宗庙，明堂，坛，学，绘图五十幅。图文并茂，井然有序。

《群经宫室图》是焦循第一部刊刻面世的书籍。对撰写的时间、原因，以及刻成后的学术反响，焦循在《雕菰集》卷十八《江处士手札跋》中有着简略的记述："乾隆庚戌，余馆于深港卞氏宅，尝撰《群经宫室图》五十篇，是冬呕血几死，遂梓之，疏漏所不免也。吴中处士江君艮庭声以书规之，规之有未协，至于往复辩论焉。""乾隆庚戌"，为乾隆五十五年即 1790 年。与江声就"位宁"、"荣溜"、"门桌"等切磋之文，载于《雕菰集》卷十四《复江艮庭处士书》、《复蒋征仲书》等书信当中。

对于此书，焦循十分重视。焦循著成此书之时，家境大不如前，可仍然刊刻两次，这就是乾隆五十八年刻本、嘉庆五年半九书塾本。这是焦循生前唯一一家刻过两次的书籍，重视程度由此可见。所幸的是，上海图书馆均有藏本。

有一点令人疑惑，臧庸在嘉庆十二年撰写的《焦氏世德记》中说，焦循"著《群经宫室图考》"①，江藩《国朝汉学师承记》卷七也记为"《群经宫室图考》"②，是记述有误，还是该书曾取此名？若是后者，可初刻本及《扬州画舫录》卷十三均以之为"《群经宫室图》"。何况，焦循自己叙述时，从来也都记作《群经宫室

---

① 载《北湖小志·家述下》。
② 江藩：《国朝汉学师承记》（外二种），三联书店，1998，第 145 页。

图》或《宫室图》。如《雕菰集》卷十三《上王述庵侍郎书二》：
"岁癸丑，曾以所刻《群经宫室图》一函，交方文学仕煌呈览。"
同卷《与刘端临教谕书》："因阮学使之约，客游于越，适程君中
之自丹徒来，道先生知鄙人名，且索拙作《宫室图》，谨以一部呈
上，幸进而教之也。"或许，臧庸和江藩之记只是不尽准确而已。

二 史部

1.《裔烈娥本末》

二卷，稿本，现藏上海图书馆。上卷辑录《府详》及宋和、
郭嗣龄、黄湄等人传文十篇；下卷录有五十位学人之哀悼之诗和二
十篇与其余贞女烈妇有关之文。

焦循向来关注忠孝节烈之事，因此而对发生在家乡的裔烈娥事
件非常重视。在著述中屡屡提及。《雕菰集》卷二十三有《书裔烈
娥事》，《北湖小志》卷四载《裔烈娥传》，《里堂文稿》收《裔烈
娥传后叙》，《扬州足征录》卷十二辑宋和《裔烈娥传》、方观
《烈妇裔氏墓表》、黄湄《裔烈娥碣文》、郭嗣龄《烈妇裔氏节
略》，《集旧文抄》录施铨《哀裔烈娥》诗。把与裔烈娥之事相关
者汇辑成书，就不足为怪了。

虽为编纂之书，亦具重要的学术意义和文献价值。在学术意义
上，与焦循学术宗旨密切相关；文献价值上，焦循认为，"里中前
辈湮灭不彰，亦后学之过也"①，故本书不仅是焦循细心辑录乡邦
文献的具体表现，而且，存录了不少佚文、佚诗，佚文如收陈俨
《范公堤利病议》等六篇，佚诗如郑爕之诗：

> 烈妇之烈古所贤，烈妇之遭何可传。内人外人尽禽兽，老
> 姑小姑相偪煎。古人欲废国人变，吾曹羞令笔墨膻。一条缢线
> 表清白，娟然只影归黄泉。千丑万恨饮泣血，付之厄运归之

---

① 《里堂札记》所收《戊午手札·答沈凫村》。

天。我笑世间愚父母，不早择婿长迁延。卧病在床始急遽，听媒欺诳何改焉？呜乎！听媒欺诳何改焉？

至于《裔烈娥本末》的编纂时间，见诸《里堂文稿·裔烈娥传后叙》之中："去年秋，得歙人宋介山和所作传，言娥事甚著。今岁四月间，又得府县详判及方石川觐所为《墓铭》，黄湄、郭嗣龄所为文各一，葛仑、施诠等诗共四十余首，次为二卷。……乾隆辛丑夏月。""乾隆辛丑"，为乾隆四十六年即 1781 年。焦循时年十九岁。可以说，《裔烈娥本末》是焦循学术生涯中成书最早的著述。

2.《理堂日记》

一卷。有两抄本：一藏国家图书馆，内有李肇偶跋文；一藏上海图书馆，无李肇偶跋文，却多有眉批，如"《日记》皆顶格写"等。

记录了嘉庆元年（1796）七月初四日至十二月三日之事。但七月十四日至八月初三日十九天没有日记，九月初五、初六、初十、十二日、十五日及十二月初三日六天有日期，却无内容。

所记内容，主要包括两个方面：自浙江送廷琥回乡治病；在浙江入阮元幕参与岁考诸事。有五点值得一提：一是部分医案的记述比《李翁医记》详细；二是叙述了与江藩、黄文旸、李斗、汪光爔、李钟泗、李锐等人交游情形；三是记载了《推小雅十月辛卯日食详疏》和《释椭》之成书时间，对李斗前往苏州刊刻《扬州画舫录》亦有述及；四是详细记录了当年浙江岁考的经历、考题和阅卷等事，对研究清代科举提供了可靠的素材；五是录有焦循之佚诗和佚文，如《与陈古华太守》：

循顿首古华先生阁下：九月二十四日昏时收得所示大著《古华诗集》一函，连夜披读，至二十六日昏时，阅过两遍。高才大笔，绝去前人窠臼，不必赘言。而历考长沅诸作，尤见

政善风清，不愧盛朝良二千石也。闻芸台阁学言己酉前佳作尚
多，祈为尽付诸梓人，俾观者得见全豹，不更快乎？谨作长古
诗三十韵以志。得读台集之幸，并录以呈政。艰于作正书，姑
草草，谅之谅之！中尚有山阴道上之行，当更得佳什几许，日
内能刻成一集，见教否？便请钧社，不具。十月初一日，江都
后学焦循叩。

陈廷庆（1754～1813），字兆同，号古华，又号桂堂，江苏奉
贤人，乾隆四十六年（1781）进士，曾官湖南辰州知府。是信为
《里堂札记》所无。可惜，信中所说"作长古诗三十韵以志"，该
诗未见。

因《理堂日记》止于嘉庆元年十二月三日，成书时间自然亦
在此时。

不过，在述及名医李翁时，却说"李振声名钧"，与其他著述
所记有异，如《雕菰集》卷二十二《名医李君墓志铭》："君讳炳，
字振声，号曰西垣。"《里堂道听录》卷三十三《肝在右》："李振
声名炳。"《理堂日记》为抄本，或有讹误，当以《雕菰集》为确。

3.《注易日记》

三卷。有两种版本：稿本有二，一藏国家图书馆，一藏北京大
学图书馆，起自嘉庆十八年（1813）三月五日，终于嘉庆二十年
（1815）三月初十日，多所涂改，时有缺页；抄本，现藏北京大学
图书馆。

内容主要有三点：

（1）修改《易学三书》。如卷一记中嘉庆十八年三月十八日，
"改《家人》、《睽》二卦。改《至》字一条。重订《图略》。闲坐
对花，忽忆丁卯三月十八日病剧，昏绝七日乃苏，已七年矣。"所
改《家人》、《睽》二卦为《易章句》，《至》字一条为《易通释》，
《图略》即《易图略》。

对编著《周易补疏》、《易话》、《礼记补疏》、《孟子补疏》、

《易余籥录》、《扬州足征录》、《里堂道听录》、《种痘书》诸书亦有涉及，还记述了《大衍求一释》、《汪孝婴别传》、《雷塘话雨记》的写作时间。

（2）叙述刊刻经过。卷首录有刊刻《易学三书》之时间："戊寅，将以《易学》付梓，日加删订。戊寅九月，《图略》八卷刻完；十二月，刻完十九卷、廿卷。己卯二月，刻完十七、十九两卷；三月刻完十四、十五、十六三卷；闰四月刻完卷三、卷四、卷十三、卷十一；五月刻完卷五、卷六，又卷一、卷十二；六月刻完卷六、卷七。""戊寅"，为嘉庆二十三年即1818年。

（3）罗列生平著述。录于卷末，现整理之如下，括号内文字为焦循自注：

经部：《易学三书》四十卷，《易话》二卷（改写定），《易广记》三卷（此稿尚俟订之），《七经补疏》二十三卷（《易》二卷；《尚书》二卷；《毛诗》五卷；《左传》五卷；《礼记》五卷；《论语》二卷；《孟子》二卷）。《毛诗草木鸟兽虫鱼释》十一卷，《陆玑疏考证》一卷，《毛郑诗异同释》三卷，《禹贡郑注释》二卷，《诗地理释》四卷；《三礼便蒙》四卷，《浙江图考》（代阮宫保撰），《群经宫室图》五十篇（旧付刻）。

史部：《北湖小志》六卷（已刻），《邗记》五卷；《神风荡寇记》二卷（入《文集》），《北湖焦氏家乘》八卷。

子部：《里堂学算记》（《加减乘除释》，《天元一释》，《释弧》，《释轮》，《释椭》，以上五种刻过；《开方通释》一卷未刻，《大衍求一释》未刻，今附录《易通释》末），《种痘书》一卷，《沙疹吾验篇》一卷，《里堂说医》一卷（散篇未成帙），《里堂家训》二卷，《李翁医记》二卷（已刻），《八五偶谈》一卷。

集部：《易余籥录》十八卷，又辑增二卷（旧名《易余偶语》，今改），《剧说》六卷，《诗话》一卷，《里堂道听录》五十卷，《扬州足征录》二十七卷（二书纂录抄选而已），《里堂书跋》（未定），《里堂札录》四卷，《忆书》，《雕菰集》（《红薇翠竹词》一卷，《仲轩词》二卷，《易余诗集》一卷，《里堂诗稿》八卷，文十二卷，尚未编定），《选唐赋》一卷（课徒），《唐人五绝选》一卷。

在末尾，焦循又记曰："嘉庆丁丑，手订《雕菰集》二十四卷（《赋》一卷，《诗》四卷，《文》十九卷），《目录》一卷，《集外文》一卷（卅篇），《书义丛钞》，《孟子长编》（以上未钞录，未成卷）。"

4.《撰孟子正义日课记》

一卷。稿本，现藏国家图书馆。

日记始自嘉庆二十三年（1818）十二月初七日，终于二十五年（1820）七月初八。

首先，记录了撰写《孟子正义》的过程。如第一天之日记："开笔撰《孟子正义》，起《孟子》卷第一。"到嘉庆二十四年七月十四日，"草《篇叙》完。次为三十卷。"次年二月初六日"录写《孟子正义》卷一"，直到七月初八日，一直都在抄录着。

其次，记录了与其他著述相关的活动。嘉庆二十四年七月十五日，即草成《孟子正义》初稿的第二天，"改《易通释》卷十九《恒》字条"；六月十九日，"足疾，坐内室不能起者，前后共十二日，痛楚无聊，扶坐牛皮床，日草《花部农谭》数行，虽谐谑短书，然有悟处，因删而录之，为一卷"；八月初八日，"暇则编录《易余籥录》"；十月十二日，写《李氏两大夫阡表》；十二月初九，"撰《阴阳治乱论》，补入《易话》上卷"；十二月廿六日，"增补《书义丛钞》"。嘉庆二十五年，正月初一日，"草《道德理义释》一篇，以入《易话》中"。

再次，记录了撰写工作的艰苦。两年当中，足疾频频发作。二十四年六月十六日，"五月初三日，足疾发，至今日方出门外行，然步殊蹇也。"八月二十日，"足疾发"。二十五年四月初五，"足疾发"，五月十二，"足疾发"。因为足疾，又不废著述，长期久座,甚至连臀部都磨破了。二十四年六月二十六日,"连日黎明即起,至昏而罢,兀坐板床,臀肉磨破。"也因为足疾,无法走动,指导年幼的孙子取书和查检,二十四年六月初八日,"病足,步履维艰,有所翻检,不能自取,令大孙授易取之。凡《注》、《疏》、《说文》及汉、魏诸书,示以所在,尚能翻检不误。次孙授书亦能检《经籍纂诂》。"此前,焦廷琥帮助父亲完成《孟子长编》,这时候,焦廷琥前往省城参加乡试,故让孙子相助。所以,《孟子正义》既是焦循战胜磨难的结晶,也可以说是三代人一同努力的结晶。

最后,记录了阅读的书籍。自嘉庆二十四年七月十七日,至次年七月,利用撰写之余暇,焦循大量进行阅读,先后披览了52种书籍:《潜夫论》,《荀子》,《韩诗外传》,《新语》,《逸周书》,《盐铁论》,《新序》,《春秋繁露》,《新书》,《吕氏春秋》,《韩非子》,《论衡》,《大戴礼记》,《淮南子》,《管子》,《楚辞章句》,《列女传》,《老子》,《列子》,《国语》,《晏子春秋》,《申鉴》,《说苑》,《春秋左氏传》,《史记》,《汉书》,《庄子》,《战国策》,《风俗通》,《太玄》,《焦氏易林》,《鬼谷子》,《鹖冠子》,《鬻子》,《尹文子》,《公孙龙子》,《西京杂记》,《孙子》,《吴子》,《后汉书》,《颜氏家训》,《汉纪》,《后汉纪》,《三国志》,《人物志》,《公羊传》,《艺文类聚》,《北堂书钞》,《六帖》,《太平御览》,《求是斋自订稿》,《五礼通考》。

5.《北湖小志》

六卷,图一卷。主要有两种版本:抄本,有汪鋆跋,现藏国家图书馆;嘉庆十三年阮氏刊本。

对于写作的时间、内容以及该书的价值,焦廷琥在《先府君事略》中记述得十分清楚:"岁丁卯,府君理葺旧闻,搜访遗籍,虽虫啮鼠伤片纸只字,必检阅而采摘之,成《北湖小志》六卷。凡叙六,记十,传二十一,书八,家述二,共四十有七篇。舅父阮芸台先生谓'此书数卷,足觇史才'。""丁卯",为嘉庆十二年即

1807 年。

《里堂札记》对《北湖小志》之成书和刊刻有所记载：《丁卯手札·与阮芸台先生（二月初八日）》："循别有《北湖小志》一书，已成十分之六七。"知 1807 年二月初，《北湖小志》尚未成书。《己巳手札·与阮中丞（二月初一日）》："接到《北湖小志》样本四部，粗校一过，系原稿讹误者三四处，系刻误者若干处，俱签出，乞命工改补，令李生本善校看可也。"则嘉庆十三年（戊辰）阮氏刊本，嘉庆十四年（己巳）仍在修补之中。

6.《邗记》

六卷。有六种版本：稿本有二，一为二卷，一为六卷，均藏国家图书馆；抄本，今藏扬州图书馆；抄本，六卷，今藏上海图书馆；刻本亦有二：光绪十一年《传砚斋丛书》本和民国二十二年《扬州丛刻》本。

阮元在《通儒扬州焦君传》中说，《邗记》为焦循"随笔考录扬事"之书。究其文，确为考核春秋至明扬州之史事。卷一考"中渎故道"及广陵沿革；卷二至卷四考太守、刺史、别驾诸宦迹与职官；卷五、卷六考人物。考核精确者所在多见，如卷六：

> 《白氏六帖》引云："汉有应曜，隐于淮阳山中。与四皓俱征，曜独不至，时人谓之曰：'商山四皓，不如淮阳一老。'八代孙应劭，集解《汉书》"云。宋人类书《海录碎事》、《锦绣万花谷》皆引之。汉之淮阳，今陈州归德等处。应氏世居南顿，南顿故城在今之项城县境内，属陈州。曜为陈州人，故隐居其地之山中，与广陵风马牛不相及。旧志误认淮阳为淮南，竟改作淮南，无论水以北为阳，淮阳是淮水之北。即淮南在汉时亦属六安、固始等处，亦非广陵也。淮南王不得混为江都王。明焦弱侯太史《类林》引作"睢阳一老"。

但是，在焦循的著述中，对《邗记》的卷数却有着不同的记载。《红薇翠竹词·六州歌头》："余别撰《邗记》五卷，载所考辨之事。"《注易日记》卷末："《邗记》五卷。"或许，初稿分为五卷，后来订为六卷。

因无序无跋，在其他著述中焦循也未曾述及，故无从得知《邗记》的写作时间。间接的记载有两条：

焦廷琥《先府君事略》："府君修《图经》，取旧志考核，随笔记录之，次为六卷，名曰《邗记》"；阮元《通儒扬州焦君传》："因分撰《扬州府志》，收拾杂文旧事，次第为《目录》一卷，名曰《扬州足征录》。又以随笔考录扬事者，成《邗记》六卷。"

据焦廷琥所记，则成书于撰写《扬州图经》的 1806、1807 两年之间。如以阮元所记为准，则成书于 1810、1811 年左右。焦循在《扬州足征录·序》中说："岁丙寅，宁化伊公守扬州，时抚部阮公在籍，相约纂辑《扬州图经》、《扬州文粹》两书，余分任其事。明年，伊公以忧去，抚部亦起服入朝，事遂寝。己巳、庚午间修《扬州府志》成，即原本于《图经》也。""丙寅"，为嘉庆十一年即 1806 年，"己巳"、"庚午"为嘉庆十四年（1809）、十五年（1810）。

两者之间，应该是在与修《扬州府志》期间或之后。理由有二：

（1）书信中所说内容收于《邗记》。《里堂札记·己巳手札·答阮中丞（四月初五日）》："旧志以刘秉中为两浙行台御史，元时止有江南行台御史，无两浙谓。"详细考证之文则见诸《邗记》卷六，以为"元之行御史台，仅江南、陕西有之"，而"无两浙行台御史"。这两处表明，焦循是在"己巳"年考核之。

（2）词作中注文收于《邗记》。《红薇翠竹词·六州歌头》为纪念"《府志》之役"而作，焦循在注释其中的词句"谁道张辽官此，建安世、已弃江西"时说："杜佑《通典》以广陵为魏地，举文帝幸广陵、张辽屯海陵为证，不知孙策攻陈登于匡琦城，操迁登于东城。建安十八年，曹公攻濡须口，不克，民自庐江至广陵户十余万，皆东渡江，江西遂虚，吴以孙韶为广陵太守遥领之，其地何得为魏有?"在《邗记》卷二中，对此有更为具体的考述。既然该词为"《府志》之役"而作，所考"张辽官此"理应就在此时。

或许，因整理与修《府志》旧稿而成的《扬州足征录》成书于"乙亥"即1815年，同样为董理纂修《府志》时"随笔考录扬事"而成的《邗记》也成书于此时前后。

7.《里堂书跋》

二卷。稿本，今藏上海图书馆。

收有一百零四篇跋文，上卷四十二篇，下卷六十二篇。焦循读书，凡"可以广闻见益神智"之言，便随时"笔之于策"①，久而汇录成书，《易广记》、《易余籥录》和《里堂书跋》等因之而成。整理札记以成书也是焦循著述的重要方式之一。

该书遍涉四部之书，而以子、集著述为多。跋文精练，内涵丰富，在简要介绍各书作者、卷目、版本、主旨等要素的同时，往往述及自己之学术情况：或者说明该书来源，如《参寥子诗集》"为先曾祖所遗"，《孙子吴子司马法》为"吴中顾涧苹送"，《杜少陵诗集》则是"嘉庆甲子初夏，帅弟子门赴科试于泰州，得此本于市"等；或者述其著述，如《覆古介书》："丁巳夏月，村居无聊，分别订之，专取史䖝等六种为《覆古介书》，其《尔雅》等七种，为《东海丛书》，余为《东海杂刻》"；或者叙述学术渊源，如《周髀图注》："余幼时学算，苦无入手处，询诸郡人，莫能言者，偶得此书熟之，遂明开方句股二术"；或者辨析学术旨趣，如《潜丘札记》："'考据'二字，余最憎之，而阎氏津津道之。近时学者动自诩为'考据'，自阎氏起之也。"故对了解焦循学术颇多裨益。

《里堂书跋》的整理成稿，当在嘉庆二十一年即1816年初夏之后。因为，在《注易日记》卷末嘉庆二十一年三月二十三日之记中，有"《里堂书跋》，未定"之述，说明此时正在整理之中。

---

① 《易广记·自序》。

8. 嘉庆《扬州府志》

七十二卷，首一卷，嘉庆十五年刻本。

焦循只是参纂此书，本应放在后面的参编部分中介绍即可。但是，因与其他四种资料关系密切，故在此加以叙述。

（1）《扬州府图经》（残稿）

不分卷。稿本，有残缺，焦循纂修，现藏国家图书馆，题为"扬州府图经残稿"。

包括《术艺传》、《笃行传》等内容，辑录了自汉至清相关历史人物的资料。《术艺传》中罗列如汉吴普、唐谭简、宋魏朴、元王君迪、明陈君佐和方新等人，清人有罗光荣、尤琼、郑重光、李炳等。《笃行传》如晋高惺、宋吴志兴、元顾仲庸、明颜师鲁和储仲文、马士权、顾黑子、张福江等人，清代有汪文德、叶禹臣、张垣等。卷末还有其他《图经》之残稿。

其写作方法，先叙述生平，其次注明资料出处，如吴普，传中分别标明："以上见《后汉书·方伎传》"；"见《隋书·经籍志》"；"见《大观证类本草》"；"见《唐书·艺文志》"；"见唐孔志约《本草序》"。

从内容来看，该书与《扬州府图经》几无关联。

翻检《里堂札记》的记述，可以大概知晓焦循编纂《扬州府图经》所负责的门类：

一为《氏族》。《丙寅手札·寄夏淡人孝廉（十二月十五日）》："爰纂辑《扬州图经》一书，委循襄理其事。内有《氏族》一门，仿《唐书·宰相世系表》之例，凡八属之旧姓望族，录其谱以存之。此事分属于循。"

二为《职官》。《丁卯手札·答阮芸台先生（四月廿七日）》："《图经》一事，前所分之十门，已口授李本善及舍弟等，办法渐有头绪。其《职官》一门，非他人所能，汉、六朝、唐俱已有稿，《三国志》、《晋书》虽有采者，全要重看，尚未就也。宋、辽、金、元之职官，托在东编起。盖彼半年精力，于此四史已有贯串，即以委之，必有可观，在东亦欣然。昨有字来，言其大略，果然精妙。"

显然，焦循参编《扬州图经》，负责编纂的仅《氏族》和《职官》两类，且因为工作量极大，《职官》中的宋、辽、金、元部分，还由臧庸编纂。也就是说，这部署名为《扬州府图经》的书，虽为焦循手迹，内容却并不是《扬州府图经》。

实际上，《术艺传》和《笃行传》等文是焦循撰写嘉庆《扬州府志》的底稿。根据如下：

其一，《术艺传》和《笃行传》由焦循撰写。《里堂札记·己巳手札·答阮中丞（四月初五日）》："《府志》之役，循先分办《山川》一门，继又以《忠节》、《孝友》、《笃行》、《隐逸》、《仙释》、《方伎》六门见委，此六门殊不易易。""方伎"专指医术，而"术艺"则内涵宽泛。对此，焦循在《邗记》卷六中有过明晰的阐释：

> 史之有方伎，所以列老、释、医、卜、天文、风角之流。《魏书》别为《释老志》，而江式之"六书"，范宁儿之围棋，与徐褒、张渊并传，遂不名《方伎》，而目为《术艺》。唐人修《晋书》，本其名，而实非魏收之旨也。《元史》既分《释老传》，而《方伎传》孙威、阿老瓦丁以下别出《工艺》之目，以其非《方伎》之名得而统之也。今既以书画、围棋之类与医、卜同传，是用《魏书》之例，宜称《术艺》也。

正因为如此，嘉庆《扬州府志》后来改"方伎"而为"术艺"。

其二，《术艺传》和《笃行传》与嘉庆《扬州府志》卷五十二《笃行》、五十四《术艺》之内容大体相同。无论从人物的筛选上看，还是从所述的内容看，二者的关系都一目了然。如《术艺》，均以吴普为第一人，只是资料出处稿本比《府志》略详，

"魏朴"之"魏"，嘉庆《扬州府志》作"卫"，这说明刊刻时又有修改；再如对清中叶扬州名医也是焦循师友之李炳的记述，稿本与《府志》几乎一样："李炳，字振声，号西垣，仪征人。幼习医，苦不能得其奥，因习《易》十年……"这些是同为焦循所撰且稿本为《府志》底本的有力证明。此外，《里堂道听录》卷三十九之《笃行》、卷四十之"术艺"亦可为之佐证。

结论是：收有焦循《术艺传》、《笃行传》等文的嘉庆《扬州府志》部分手稿，被误题为《扬州府图经》。

与此相关联的，还有一个问题需要说明：焦循参撰嘉庆《扬州府志》，有没有负责《职官》一类？

焦廷琥在《先府府君事略》中说："己巳，府君佐归安姚秋农先生、通州白小山先生修葺《扬州府志》，府君分得《山川》、《忠义》、《孝友》、《笃行》、《隐逸》、《术艺》、《释老》、《职官》诸门。"

从焦廷琥的叙述中，明显是说焦循"分得"《职官》一门。事实并非如此。从前面的论述可知，焦循"先分办《山川》一门"，继而又"分得"六门。在"分得"六门之外，焦循确实对《职官》用力很深，这在《红薇翠竹词·六州歌头·序》中说得很清楚："《府志》之役，余分得《忠义》、《孝友》、《笃行》、《隐逸》、《老释》、《术艺》六传。又《秩官志》，自汉迄明，用力最深，赋以记其事。"《秩官志》即《职官》，但也仅"用力最深"而已，却并未"分得"。究其"用力最深"的原因，就在于之前编纂《扬州府图经》时就负责《职官》一类。

后来，焦循把编纂《扬州府图经·职官》的相关资料，全部交给了姚文田，以为嘉庆《扬州府志》参考：《己巳手札·答姚秋农先生（三月初八日）》："循向所纂《职官宦迹》一类，共十七本呈览。此系《图经》体例，甚厌其烦冗，不成片段，曾与阮公言之。今得大手笔删削裁，归于体要为妙。"

因为《扬州府图经》已打下较好的基础，所以，编纂嘉庆

《扬州府志》时，焦循的进展尤其快。《里堂札记·己巳手札·答阮中丞（六月初十日）》："府志所派办《忠义》、《隐逸》、《方伎》、《释老》四传，俱已录好，缴入局中，见在收拾。《孝友》、《笃行》两传，约七月可完矣。"

（2）《扬州府图经》（刻本）

刻本，为《事志》一至八卷，今藏国家图书馆。题"江藩、赵怀玉、焦循等纂"。

如前所述，焦循参与《扬州府图经》的撰写工作，但只承担《氏族》、《职官》两类，《事志》与焦循无涉。在焦循的著述中也未曾提及。江苏古籍出版社 1998 年版《扬州图经》据此本而成，以为"阮元修"，"焦循、江藩纂"，不知其所据。

或许，是因为缘于五卷本《扬州府图经》中汪喜孙之"题记"（见下文第三点）；或许，是《事志》卷二中有焦循之按语："焦循按：《梁书》无义理传。此所载义理事，《梁书》属之通理，录之以备考。长芦，即仪征之长芦也。"可是，焦循这一按语，在《邗记》卷三中早已有之，且考订详细：

> 《梁书·高祖三王传》载："南康嗣王会理弟义理，太清中，侯景内寇，义理聚宾客数百，轻装赴南兖州，随兄会理入援，恒亲当矢石，为士卒先。及城陷，又随会理还广陵，因入齐为质，乞师。行二日，会侯景遣董绍先据广陵，遂追会理，因为所获。绍先防之甚严，不得与兄弟相见，乃伪请先还京，得入辞母，谓其姊曰：'事既如此，岂可合家受毙？兄若至，为言之，善为计自勉，勿顾以为念。家国阽危，虽死非恨，前途亦思立效，但未知天命何如耳！'至京师，以魏降人元贞立节忠正，可以托孤，乃以玉柄扇赠之。贞怪其故，不受。义理曰：'后当见忆，幸勿推辞。'会祖皓起兵，义理奔长芦，收军得千余人。其左右有应贼者，因间劫会理，其众遂骇散，为景所害，时年二十一。元贞始悟其言，往收葬焉。"此事《南

史·梁武帝诸子传》属诸通理之弟义理，《梁书》无义理，而
通理字季英，封建安县侯。《南史》则义理字季英，封安乐县
侯。以"字季英"准之，当为义理。"俊"又与"英"义相
关合，通不宜字英，且通理为会理之弟，义理为通理之弟，会
理居伯，通理居仲，义理居季，于次为宜矣。忠义之士，苦其
湮没而不显也，为表出之。

所以，以简单几句"按语"就认为焦循参与撰写的《扬州府
图经》之《事志》，是站不住脚的。

（3）《扬州府图经》（五卷本）

抄本，为《事志》一至五卷，今藏国家图书馆，题"阮元、
江藩等纂辑"。与刻本八卷中前五卷内容相同。

卷首有汪喜孙题记："嘉庆丙寅，阮抚部元、伊太守秉绶礼致
江先生藩、赵怀玉司马、焦君循、袁君廷寿①、臧君庸及喜孙同纂
是书。甘泉汪喜孙题记。"

汪喜孙"题记"的意义在于：一是记述了《扬州府图经》的
编纂时间，"嘉庆丙寅"，即嘉庆十一年（1806），与焦循、赵怀玉
等人所记相符。焦循《扬州足征录·序》："岁丙寅，宁化伊公守
扬州，时抚部阮公在籍，相约纂辑《扬州图经》、《扬州文粹》两
书。"赵怀玉《亦有生斋集》卷四《焦里堂诗序》："丙寅春，与君
同葺《扬州图经》，晨夕过从。"二是列举了编纂者名字，即阮元、
伊秉绶、江藩、赵怀玉、焦循、袁廷寿、臧庸和汪喜孙八人。伊秉
绶为发起者自不必说。作为组织者和参与者，阮元与《扬州府图经》
及嘉庆《扬州府志》的关系也十分密切。在《揅经室二集》卷八
《扬州府志事志氏族表图说三门记》中，阮元有如下记述：

扬州太守伊公（秉绶）以修《图经》之事访于余。余为

---

① "寿"，当作"梼"。下同。

立《事志》一门。凡经史书籍中有关扬州府事者，编年载之。始于《左传》"吴城邗，沟通江淮"，迄于顺治十六年贾质死瓜洲之难。纂修诸君，依余撰之，成六卷，三千余事，粲然毕备矣。太守以忧去官，此六卷稿与各门稿本，皆存余家。余除服入都，巡盐御史阿公（克当阿）续修《府志》，延余门生姚文田等撰之。余以此门授文田曰："勿可改也。"故此门至今刊成独详备。特名《事志》，曰事略也。

遗憾的是，阮元未列出"纂修诸君"的名字。焦循列出了，但不全。《扬州足征录·自序》："纂《图经》时，所有膏火、纸笔之费，皆伊公自捐俸以给。同事者，尚有赵司马怀玉、文①学庸、袁太学廷梼，今府志中多有三君所辑录。"相比较之下，汪喜孙所列人名更加具体。

就焦循而言，因五卷本为《事志》，同样未参加编纂。

（4）《扬州府图经》（十一卷本）

抄本，存十一卷，即《艺文》三卷，《祠祀》二卷，《古迹》二卷，《事志》五至八卷，今藏国家图书馆，题"阮元、江藩等纂辑"。

焦循曾在《里堂札记·丁卯手札·答阮芸台先生（四月廿七日）》中说："《图经》一事，前所分之十门。"但没有记述"十门"的具体名称。该本记述了四类：《艺文》、《祠祀》、《古迹》、《事志》。《事志》已见于前，加上焦循所及的《氏族》和《职官》，阮元所说的《图说》，则《扬州府图经》之"十门"已能知七门。其余三门，则有待考订。

综上所述，《扬州府图经》（残稿）是焦循参纂嘉庆《扬州府志》的底稿，《扬州府图经》刻本、五卷本和十一卷本所述内容，焦循并未参与编纂。

---

① "文"前，刊本脱"臧"字，抄本不脱。

三 子部

1.《李翁医记》

二卷。现存三种版本：稿本，存于《雕菰续集》之中，今藏上海图书馆；同治八年（1869）刻本；光绪二年（1876）《焦氏遗书》本。此外，《理堂日记》嘉庆元年（1796）七月初十日，对"李翁"医案有过记述。

李炳，字振声，号西垣，仪征人。医术精湛，著《金匮要略注》二十二卷，《治疫琐言》一卷，《西垣诊籍》二卷。焦循家人一得重病，必延请李炳诊治，《李翁医记》所记甚详。李炳对焦循一家，可谓恩重如山。因此，当李炳故世之后，焦循全家悲伤不已。《雕菰集》卷二十二《名医李君墓志铭》："嘉庆十年秋七月，名医李君卒。卒之日，予家人儿女咸哀泣，湖中农人有泣于路者，皆君所活也。"焦循对李炳也推许有加，《雕菰续集·与汪损之书》："翁未病时，已撰《李翁医记》一篇，仿太史公所纪《仓公传》也。"

除著述中多有记述之外，焦循曾撰成《李翁医记》并刊刻问世。可惜的是，焦循生前所刊之本至今未见。

2.《里堂家训》

二卷。主要版本有：稿本，上海图书馆藏有两种；《传砚斋丛书》刻本；抄本，今藏扬州市图书馆。

包含着焦循的教学方法和教育思想。首先，焦循认为"子弟必使之有业，士农工商四者皆可为"①。其次，主张"因材施教"，如卷上所言，"人宜用其所长，不可用其所短"，因为，"人性质不同，各有所近，一概施之，鲜能皆堂"②。再次，在不同阶段应采用不同的教育方法，如卷上所说："幼时，先使之识字，即愚，一

---

① 《里堂家训》卷上。
② 《里堂家训》卷下。

日识四字，不难也。自六岁至十二岁，可识字矣。至此，便为之解说字义，分析平仄，徐徐使习时文，习诗，使习书法。此三者少有可观，庶可入学，入学庶可训蒙为食，此根本也。根本立则必使之知经学、史学及典章制度、六书九数、天文地理，以渐而博洽贯通。若资质过人，则习时文时便可博览，然究以时文为主。"在手段上，则要求严加训导，卷上："教子弟读书，不可不专，不可不严。"最后，焦循强调，学习的目的，亦即教育的宗旨就是成为博洽贯通的"通人"，卷上："乾隆丁未，叶霜林以其子托余教之，谓余曰：'不愿儿作状元，愿儿作通人，幸勿授以时文、诗赋也。'余曰：'不然。未有不为通人而状元者。'"

《里堂家训》的写作时间应当很早。《扬州画舫录》卷十三中曾有记述："《焦氏教子弟书》二卷。"从名称看，《焦氏教子弟书》二卷可能就是后来的《里堂家训》，这说明，至少在乾隆六十年（1795）以前，《里堂家训》已然成稿。1795 年时，焦循三十三岁，焦廷琥十三岁。可能后来又经加工，定为今名。《注易日记》卷末就如是记："《里堂家训》，二卷。"

3.《吴氏本草》

不分卷。有两个版本：稿本，今藏上海图书馆；照相本，今藏上海中医药大学图书馆，1966 年据上海图书馆所藏刊本《图经节要补增本草歌括》附"吴氏本草"照相放大而成。卷首有焦循《序》。

《序》中说"凡得一百七十种"，实则录有一百七十二种："石药共二十二种"如朴硝石、石胆、空青等；"草药共九十八种"，如菖蒲、菊华、人参等；"木药共二十一种"，如枸杞、茯苓、谷树皮等；"禽兽药共三种"，如龙骨、牛黄、雁肪等；"鱼虫药共十五种"，如石蜜、海蛤、石龙子等；"米谷药共六种"，如胡麻、麻蓝、麻勃等；"果药共三种"，覆盆子、李核、樱桃；"菜药共四种"，如瓜子、蓼实、淮木等。

在《吴氏本草·序》中，焦循说明了辑录该书的时间："乾隆壬子夏阅《太平御览》，录其所引《吴氏本草》若干条。""乾隆壬子"，为1792年。次年，便大功告成。该《序》末尾有："岁在昭阳赤奋若，焦循记。"《尔雅·释天》："癸曰昭阳"，"丑曰赤奋若"。则"昭阳赤奋若"为癸丑，焦循一生只历一次癸丑年，这就是乾隆五十八年即1793年。

专事辑录《本草》一书者，主要有孙星衍和孙冯翼的辑本、顾观光辑本、黄奭的汉学堂本、姜国伊的三卷本和王仁俊的一卷本。其中，孙星衍、孙冯翼同辑录的时间略早，大概成于嘉庆四年即1799年，另外四种均晚于此。而焦循的辑本在1793年就已完成了。因此，就算是整理《神农本草经》时连带辑录了吴普之说，焦循所辑的《吴氏本草》在清代仍然是最早的一种。

《吴氏本草》是焦循辑佚学的重要成果，也是焦循的医学成就之一。

4.《焦理堂天文历法算稿》

不分卷。稿本，现藏国家图书馆。

计有十七篇：《用椭圆面积为平行》，《求椭圆大小径之中率》，《椭圆角度与面积相求》，《交食总论》，《朔望有平实之殊》，《朔望用时》，《求日月距地与地半径之比例》，《日月视径》，《测太阴径》，《求日月实径与地径之比例》，《地影半径》，《两朔相距之数曰朔策》，《日食用数》，《太阳食限》，《日食之限时刻》，《黄平象限白平象限之同异》，《日食三差》。

该书题为"江都焦循学"，在《两朔相距之数曰朔策》中，也有"循按：月在日冲故也"等语句。可此稿焦循从未提过。因无序，亦无跋，难知撰于何时。

焦循熟知天文、历算，在著述中多有所及，《里堂道听录》卷二十二、二十三、二十四诸卷中就辑录了大量的学术成果。如卷二十四上《地球动太阳静》："嘉庆壬戌，阮大中丞属元和李锐为之校补。是年秋，循至浙，又为校订，补入三图，中丞付之梓。今录其所说太阳静、地球动者。""嘉庆壬戌"，为嘉庆七年即1802年。

是时，焦循用力于天文历算。而初编《里堂道听录》，也恰好就在这一时期。《里堂道听录·序》："余交游素少，然每有以著作教我者，无论经史子集以至小说词曲，必详读至再至三，心有所契，则手录之，历二三十年，盈二尺许矣。……壬戌、癸亥间，尝编之，名《道听录》。"或许，《焦理堂天文历法算稿》亦成于此时。

5.《加减乘除释》

八卷。嘉庆四年《里堂学算记》刻本；光绪二年《焦氏遗书》本。卷首有阮元《序》。卷上首为焦循《序》。

在书中，焦循提出"理本自然"的数学观点，对加减、二项式乘方、数的乘除和分数等运算进行了系统的总结，在我国数学史上首次概括和分析了数量运算的基本规则。

是书草创于乾隆五十九年（甲寅）即1794年，成稿于嘉庆二年（丁巳）即1797年。《雕菰集》卷十六《加减乘除释·序》："草创于乾隆甲寅之秋，明年，为齐、鲁游，遂中辍。嘉庆二年丁巳，授徒村中，无酬应之烦，取旧稿细为增损，得八卷。窃比于溉亭之于《说文》，庶几与刘氏相表里焉。倘有缺误，愿识者补而正之，幸甚！时十二月大寒日。"这就是说，《加减乘除释》撰成于嘉庆二年十二月初四日。

从《里堂札记·癸丑手札·答王鸥汀》一信中可知，在1793年，焦循已有撰写《加减乘除释》的打算："近来拟为二书，一曰《开方释例》，一曰《加减乘除释》。""癸丑"，为乾隆五十八年。

6.《天元一释》

二卷。主要版本有五：稿本，现藏国家图书馆；刻本二：一为嘉庆四年《里堂学算记》刻本，一为光绪二年《焦氏遗书》本；石印本二：一为光绪二十二年测海山房《中西算学丛刻初编》本，一为光绪二十三年《中西新学大全》本。卷首有谈泰《序》，次为李锐《序》，卷上之始为焦循《序》。

其主旨，见诸《天元一释·自序》："循习是术，因以教授子弟，或谓仁卿之书，端绪丛繁，鲜能知要，因会通其理，举而明之，而所论相消相减，间与尚之之说差者。盖尚之主辨天元借根之殊，故指其大概之所近，循主述盈朒和较之理，故析其微芒之所分，阅者勿疑有异义也。嘉庆四年冬十二月除夕。"

7. 《释弧》

三卷。嘉庆四年《里堂学算记》刻本，光绪二年《焦氏遗书》本。卷首为钱大昕作于乾隆六十年（1795）之《序》，次为汪莱作于嘉庆三年（1798）之《叙》。

卷上之始为焦循《序》："乾隆乙卯秋八月，取二书①参之，为《释弧》三篇。《上篇》释正弧弦切之用，《中篇》释内外垂弧之义，《下篇》释次形及矢较之术，今三年矣。或以立表之理不明，则裁弧为弦之法不备，宜补之。嘉庆戊午秋九月，省试被落后，温习旧业，因取昔年所论六觚八线未成之帙，删益为此书上卷，而删合原上、中二卷以为中卷。""乾隆乙卯"即 1795 年，"嘉庆戊午"为 1798 年。知钱大昕《序》为《释弧》初稿而作，而汪莱《序》则为二稿而写。

初稿始撰于"乾隆乙卯秋八月"，写成于九月。《里堂札记·乙卯手札·寄凌仲子（十二月初五日）》："八月十七日江宁别后，弟亦旋出水关，是日阻风江口，至二十二日方得开船，喜与汪孝婴之船为邻，与之谈弧三角之术。归即取梅、戴二家之书核之，凡十七昼夜，乃尽通其奥，撰为《释弧》三卷。细析为图，颇便初学。""二十二日"离开江宁，回到扬州后，又经"十七昼夜"而成此书，则《释弧》初稿之撰成自在九月。

8. 《释轮》

二卷。嘉庆四年《里堂学算记》刻本，光绪二年《焦氏遗书》本。

卷首有焦循《序》："循既述《释弧》三篇，所以明步天之用也。然弧线之生缘于诸轮，轮径相交乃成三角之角，轮之弗明，法

---

① 指梅文鼎《三角举要》、《环中黍尺》及戴震《句股割圆记》两人之书。

无从附也，拟为《释轮》二篇。《上篇》言诸轮之异同，《下篇》言弧角之变化，以明立法之意。由于实测若高卑迟疾之故，则未敢以臆度焉。嘉庆元年春二月记，时寓宁波校士馆中。”“嘉庆元年”为 1796 年。

但《释轮》的写作，早在前一年年底就已开始了。《里堂札记·乙卯手札·寄凌仲子（十二月初五日）》：“又为《释轮》一书，将诸轮三角之状，一一画之为图，庶令初学者一目了然。”

9.《释椭》

一卷。嘉庆四年《里堂学算记》刻本，光绪二年《焦氏遗书》本。卷首为江藩作于嘉庆三年（1798）之《序》；次为李锐手札、王引之手札、沈钦手札、杨大壮手札各一通。《释椭》卷前为焦循《序》。

《释椭》成于 1796 年九月。《理堂日记》：嘉庆元年（1796）九月初三，“录《释椭》毕”。

其主旨，焦廷琥《先府君事略》中表述说：“康熙甲子律书用诸轮法，雍正癸卯律书用椭圆法，盖实测随时而差，则立法亦随时而改，撰《释椭》一卷。”

10.《开方通释》

一卷。稿本，现藏中国科学院图书馆；又有《木犀轩丛书》刻本。卷首有汪莱作于嘉庆六年九月初一之《叙》。次为焦循《自序》，其中述及撰写的时间、内涵和目的：“嘉庆庚申冬十一月，与元和李尚之同客武林节署，共论及此。尚之端志求古，于是法尤深好而独信，相约广为传播，俾古学大著于海内。时江宁谈阶平教谕亦客督学刘侍郎幕中，时过余寓舍，互相证订，甚获友朋讲习之益。窃谓乘除之法，负贩皆知，至开正负带从诸乘方，儒者竭精敝神，或有未能了了者。使知道古此法，则自一乘以至百乘千乘，庶几一以贯通，人人可以布策而求也。列为十二式，设问以明之，欲便于初学，故不厌详尔。”《雕菰集》卷十六《开方通释自序》末署有作《序》的具体时间：“辛酉正月人日。”“辛酉”，为嘉庆六年即 1801 年。

早在乾隆五十八年（1793），焦循就开始撰写此书。《里堂札记·癸丑手札·答王鸥汀》："近来拟为二书，一曰《开方释例》，一曰《加减乘除释》，凡算数之法，无出乎加减乘除四者，于此四者，讲明而条贯之，则《九章》之理一而已矣。书之体例已设，才成《开方通释》中《平方》、《立方》、《纵方》、《乘方》四卷，俟脱稿，当寄上。""癸丑"为1793年。

而《开方通释》的撰成，则在嘉庆六年七月。《里堂札记·辛酉手札·寄李尚之（七月二十九日）》："弟半岁来俱用心于秦、李之学，所著《开方通释》已脱稿，苦远隔，遂未有核其是非者。今录《论连枝》一篇呈上，望为勘之。"

11.《大衍求一释》

二卷。稿本，现藏北京大学图书馆。封面有李盛铎题记："《大衍求一释》二卷，焦里堂先生著。丁亥夏重装，盛铎记。"

正文之外，卷末附《求一古法》。为抄录《文渊阁书目》之《算法全能集》中"求一"之法。焦循在按语中认为："所谓定身除者，即俗所云一归减除也。此与大衍求一名同为算异。《崇文总目》、《通志》所载，盖指此。"

《大衍求一释》成于1814年春。《注易日记》卷一：嘉庆十九年（1814）闰二月初八，"草《大衍求一释》"，"十二日甲戌，大风雨寒。连日皆改写《大衍求一释》"。卷二：三月初四，"删改《大衍求一释》"。但在卷三末则记述说："《大衍求一释》未刻，今附录《易通释》末。"

翻阅《易通释》卷末《天地之数五十有五大衍之数五十其用四十有九》一条，内容确与《大衍求一释》基本一致。只是次序有所不同。今稿本卷上"以定母互乘为衍数"、"以定母连乘为衍母"、"求奇数"，"其用四十有九"诸文，《易通释》则列于卷二"衍数二"之前。或因李氏"重装"之故而致错页。

12.《开方释例》

一卷。稿本，现藏上海图书馆。

内容共有十二式。

焦循很早就撰成此书，《里堂札记·癸丑手札·答王鸥汀》：
"近来拟为二书，一曰《开方释例》，一曰《加减乘除释》。""癸
丑"，为乾隆五十八年。由此可知，在 1793 年，焦循已有撰写
《开方释例》的打算。

13.《乘方释例》

五卷。稿本，现藏国家图书馆。

内容主要包括两部分。正文五卷：《释乘方形第一》，《释乘方
初商第二（即梅氏少广拾遗初商表）》，《释乘方廉隅第三》，《释
乘方条目第四》，《释乘方简法第五》；卷末附有：《平方图》，《立
方图》，《平方立方论》，《三乘方图》，《乘方论》，《纵方图》，《纵
方论》。

成书之时间，在书中有两种记载：卷五末："乾隆壬子年十二
月二十二日，《乘方释例》五卷成。"是说，乾隆五十七年即 1792
年成书。可是卷首又有："此本乾隆甲寅成之，嘉庆壬戌六月又阅
一过。""乾隆甲寅"，为乾隆五十九年即 1794 年。或许，1792 年
成正文五卷，至 1794 年，全书告成。

14.《八五偶谭》

一卷。稿本，现藏复旦大学图书馆。封面题："里堂先生《八
五偶谭》。丙子秋八月得于金陵书肆，乃扬州之三余堂也。"

卷首《叙》说明了写作的原因、内容和时间："余既病卧北湖
之滨，日以注《易》为事。汪君掌庭自城中遣仆致书于余，问形
法家十二长生，或主向上消纳，或主坐山消纳，争讼不能决，欲得
余一言为信。余即书一纸，与使者持去。坐间适有治八五之术者，
请问其义。余口说而彼笔之，遂得一卷，略加次第而系之以图，名
之以《偶谭》。所以质之通儒能好学深思者，非术士所能知，亦不
愿与迂泥者议也。时嘉庆壬申十一月十日。""嘉庆壬申"，为嘉庆
十七年（1812）。

卷末附汪仲伊书信一通及藏者之跋：

书信:"郭璞《葬书》有'外藏八风,内阅五行'之语。八五之术,发即由此。以葬地家惟此书最古也。然十三长生乃水法非山法,又似理气而非峦头耳。氾胜之本一卷缴上。《读画斋丛书》二种如不用,或请得便检出,当面领也。此叩恭甫大兄同年大人安!弟伊顿首。"

跋:"八五之说,询之恭甫,恭甫询之汪君仲伊。顷得恭甫书,以仲伊手答寄示。因黏附于此,以俟考也。"

汪宗沂(1837~1906),字仲伊,号韬庐,安徽歙县人。曾师从刘文淇为学。光绪六年(1880)进士,授山西知县。后入曾国藩、李鸿章幕。著有《礼乐一贯录》、《周易学统》、《诗经读本》和《伤寒论病论合编》等。

刘寿曾(1838~1882),字恭甫,刘文淇之孙,曾入曾国藩幕校书。

15.《相宅新编》

二卷。主要版本有三:同治间抄本,南京图书馆典藏;嘉庆八年(1803)刻本,现藏上海图书馆;同治间刻本,现藏湖南省图书馆。

卷首有吴慈鹤作于嘉庆八年之《叙》,以为"是书上下二卷,皆发明八位游行、太乙九宫之旨,有图,有表,有说,精微兼赅,观之了然,吉凶在掌,岂非相宅家之金条玉律乎"!

次为焦循写于嘉庆四年之《叙》,其中写道:"原本传写讹错,文多重复,稍次叙之,析为二卷。书不著撰者姓氏而语必称师,则师承于古昔可知。旧名《相宅秘旨》,以其术宜显诸人人,不当隐秘,易其名曰《新编》。"

16.《九阳录》

不分卷。抄本,现藏上海图书馆。

卷末有梅植之所写《跋》:"《九阳录》一书,焦里堂先生所著,未经付梓。里堂邃于经史,著作等身,即星象、小象学,亦能博通天人,不落恒径。去冬适见此卷,爱慕不释,爰请人抄录全帙，永宝勿失。梅植之记。"

该书确为摘录他书而成。如《离宅说》抄自《离宅图说》篇首及《离宫星卦相变祸福开具于后》,《坤宅说》则抄自《坤宅图说》概述与《坤宫星卦相变祸福开具于后》等。

17.《焦里堂先生手迹》

一卷，稿本，今藏复旦大学图书馆。

内容共 19 页，书 19 事，散乱无序，如子山局、纳甲、廿四山、三合、四维、距弧等，为堪舆之说。

18.《忆书》

六卷。版本主要有三种：

稿本，现藏上海图书馆，卷末有《跋》："《忆书》,已编入《丛书》中，有数条微伤忠厚，谨为节去。'徐牛'一条，亦易数字。九京可作，必许我也。之谦识。""《丛书》"指赵之谦辑《仰视千七百二十九鹤斋丛书》。

抄本，现藏国家图书馆，卷末亦有《跋》："此为少轩六弟手钞，弟名盛铉，戊子优贡，朝考以教职用写是书，时在癸未、甲申间也。辛酉六月检书，因记。茮微。""癸未、甲申"，为 1883、1884 年。李盛铎，字椒微，又字茮微，号木斋、师庵居士。"辛酉"，为 1921 年。

刻本，光绪十三年赵之谦辑《仰视千七百二十九鹤斋丛书》本，删除稿中"微伤忠厚"者十条。卷末同样有《跋》："里堂先生未刻稿《忆书》六卷，又手札三册（编年始癸丑，迄己卯）。光绪九年，儿子寿佺见之扬州市肆，来告余，因命购归。朱君养儒，闻余之求是书也，买以见赠。十年三月，始寄南城。方有继妻之丧，寻念非一。《忆书》适来，枨触中宵，展卷凄绝，爰为刻之，比诸营斋缘而作佛事。闰端阳日之谦记。"

《忆书》定稿应当很晚。因为，《注易日记》卷三末尾，焦循虽列有《忆书》之名，却未分卷，则嘉庆二十一年（1816）三月尚未定稿。而且，卷六第十五条记有"丁丑"年事："丁丑七月，延匠人十二名，造成二棺，因吟一诗云：'生憎蝇蚋怕狐狸，赢葬王孙亦太奇。无分疆场依马革，何人江水学鸥夷。瓜犀蔗节徒增慨，白发青山自有诗。莫道司空能作达，吾生如寄总如斯。'""丁丑"，为嘉庆二十二年即 1817 年。

那么，《忆书》定稿，至少应在 1817 年七月之后。

19. 《易余籥录》

二十卷。刻本二：嘉庆二十四年刻本，现藏国家图书馆；《木犀轩丛书》本。

卷首有焦循之《序》："今之学僮以粉版书字，即古之钥，俗亦谓之水牌，贾人用以书识零星以当簿帐者也。余壬戌自浙归，遂不复出游，专心于《易》。读《易》之暇，淫及他书，始则授徒，近则课孙，偶有所见，书而记之，久久成帙。今《易学三书》已完，付诸梓，其随笔记录，编次之，亦得二十卷，因题之曰《易余籥录》。'易余'者，明为余力所及，不足以当贤者之盼也。嘉庆己卯正月二十九日，江都焦循自记。"

知是书为"随笔"即读书札记，但并非"嘉庆己卯正月"即嘉庆二十四年（1819）一月定稿。

焦循在《注易日记》卷三末记曰："《易余籥录》十八卷，又辑增二卷。"自注说："旧名《易余偶语》，今改。"的确，《注易日记》中有不少编订和增辑《易余偶语》的记述：如卷二，嘉庆十九年（1814）六月初七日，"编《易余偶语》十二卷"。卷三，嘉庆二十一年二月十六日，"录《易余偶语》三条，为卷十六之首"；二十六日，"增辑《易余偶语》十七卷完"；三月十七日，"增辑《易余偶语》"等。

至嘉庆二十四年八月，焦循仍在编订此书。《撰孟子正义日课记》：嘉庆二十四年八月初八日，"阅《春秋繁露》，暇则编录《易余籥录》。"这次编录，可能是《易余籥录》之定稿。

20. 《里堂道听录》

五十卷。稿本，四十卷，又《目录》一卷，现藏国家图书馆，

2002 年广陵书社据稿本而成刻本。

编订此书之过程、内容，见诸卷首之《序》中：

> 余生质极钝，然每得一书，无论其著名与否，必详阅首尾，心有所契，则手录之。余交游素少，然每有以著作教我者，无论经史子集，以至小说词曲，必详读至再至三，心有所契，则手录之。历二三十年，盈二尺许矣。今岁，所著《易学三书》稿粗就，而阳气虚应，不耐冥思，性又不乐闲，旷求为其易而不甚用思者，夏秋以来乃取此而编次之，为四十卷。令儿子编写《目录》，据耳目所及，非有所轩轾去取于其间。其论说有异同，兼录之，广见闻，通神明也。忠臣、孝子、义士、贞妇，心之所慕，恨不能遍。断狱、捕盗，亦录之者，余素有志以州县官效职而用为师法也。朝廷典礼，宰辅经纶，则非分所宜言，故不及。其男女赠答、夸淫斗丽，余所深恶，特绝之。间亦及于鬼神，则以信而有征，足可为世戒，无稽者弗及也。先是，壬戌、癸亥间，尝编之，名《道听录》，今仍其名，苟不即死，更有进当续乎此耳。嘉庆甲戌秋七月，江都焦循书于半九书塾之红薇翠竹亭。

是书经"二三十年"之积淀，"壬戌、癸亥"间即 1802 年、1803 年间初编，"甲戌秋七月"即 1814 年秋为二稿，成四十卷。所收内容，"无论经史子集，以至小说词曲，必详读至再至三，心有所契，则手录之"，除辑录治学心得之外，对忠臣、孝子、义士、贞妇则悉加罗致，断狱、捕盗之事则为官员师法。其范围，则以摘录"本朝文献可征可传者"为核心。《里堂札记·癸酉手札·复程易田（九月三十日）》："九月之末，接读尊大作《倨句生于半圆周图说》。先生虽不专事算学，而妙悟入神，自非算博士所能知也。台作盘折诸篇，自为千古定论，循已录入《里堂道听录》中。"焦循自注说："近年辑有此书，凡本朝文献可征可传者，据闻见所及录之，已有五十卷。"

这里有个问题，《里堂道听录·自序》中说 1814 年七月成"四十卷"，可《癸酉手札·复程易田》中"已有五十卷"之说，"癸酉"为 1813 年。怎么 1813 年"已有五十卷"，而 1814 年倒成了"四十卷"呢？

从《注易日记》中，约略知其端倪。卷二之嘉庆十九年（1814）六月十八日，焦循如是记："连日整理《道听录》。"至七月初九日，"编次《道听录》四十卷"。卷三之嘉庆二十一年（1816）四月十七日，则有"编订《道听录》为五十卷"之文。

显然，《里堂道听录》五十卷编订成稿，时至嘉庆二十一年四月。《癸酉手札·复程易田》之"已有五十卷"或者只是提纲而已。

四　集部

1.《雕菰集》

二十四卷。稿本两种：国家图书馆存卷一至卷六共六卷；上海图书馆《里堂文稿》存卷十九至二十四共六卷；刻本两种：道光四年（1824）岭南节署刻本，存国家图书馆等处；道光二十二年（1842）《文选楼丛书》本。

卷首有徐熊飞《序》，次为阮亨《序》，次为辑录《定香亭笔谈》、《群雅集》、《瀛舟笔谈》、《汉学师承记》、《扬州画舫录》和《淮海英灵续集》中有关焦循之事而成的《雕菰集纪略》，次为阮元所写《通儒扬州焦君传》。

内容包括《赋》一卷、《诗》四卷，《文》十九卷。总计文三百二十六篇，诗四百二十首。收录焦循大多数著作之自叙、诗文，是总结和探讨焦循学术之重要著述。

撰写过程及成稿时间，见于焦循所订《目录》末之跋文当中：

　　　　自乾隆戊戌、己亥，习为诗古文辞，迄今垂四十年。所积颇盈笥簏，屡加选订而未能定。去秋，左臂筋掣，右腕几不可笔，心甚怏怏。十月，丸乌头日服一钱，掣处渐柔活，遂可执笔，因先取诗文草稿理之，录为二十四卷。既成编，为《目录》一卷如右。嘉庆二十二年，岁次丁丑，二月九日，江都焦循手订于半九书塾之雕菰楼。

关于《雕菰集》的书名，或作《雕菰楼集》，如《雷塘庵主弟子记》卷二："焦里堂先生《雕菰楼集》"；或作《雕菰楼文集》，如《论语正义》卷十一："其说杂见《礼记补疏》、《群经宫室图》、《雕菰楼文集》中。"即使同一人之文，亦称述不一。如阮亨所写《雕菰集序》称为《雕菰楼集》，而在所著《淮海英灵续集》中又称为《雕菰集》。而在自己的著述中，焦循始终题作《雕菰集》，《里堂札记·庚午手札·寄阮中丞》一信，就言及该书的名称："因名近来所作诗词古文为《雕菰集》"；《注易日记》末尾所附书名中，亦作《雕菰集》；《里堂文稿》所收是书部分稿本中，题为《雕菰集》；《易话》卷上《说权》："此录其一，余载《雕菰集》中"；《红薇翠竹词·忆旧游》："余尝撰《亡友汪晋蕃别传》，存《雕菰集》中。"即使是该书之初刻本岭南节署刻本，书名亦作《雕菰集》。因此，该书名称应该以《雕菰集》为是。

2.《雕菰续集》

不分卷。稿本，收于《里堂文稿》之中，现藏上海图书馆。计划收文三十篇：《上阮大中丞弟一书》；《上阮大中丞弟二书》；《上阮大中丞弟三书》；《与秦敦夫太史书》；《答李学师书》；《与段赤亭论编辑金石书》；《答李冠三书一》；《答李冠三书二》；《答汪孟慈书》；《与汪损之书》；《与弟季蕃书》；《解惑一篇答里中父老》；《诗录序》；《愧酪集序》；《欲香集序》；《李翁医记》；《雷塘话雨记》；《卓尔堪樊莹传》；《陈曙峰先生传》；《魏篁中传》；《汪阆洲家传》；《黄敬文家传》；《仪征汪氏母传》；《代阮抚军撰杭州

孔子庙碑》;《代阮抚军撰陈元龙庙碑》;《代作河南分守河北彰卫
怀兵备道王公墓志铭》;《书于忠肃谏易储事》;《书马大相石猴》;
《书秦剥皮》;《仲弟协六事略》。其中,《解惑一篇答里中父老》、
《雷塘话雨记》、《代阮抚军撰杭州孔子庙碑》和《书于忠肃谏易储
事》四篇在《里堂文稿》中未见。然《雷塘话雨记》收于《雕菰
集》,《代阮抚军撰杭州孔子庙碑》录于《瀛舟笔谈》之中。①

订为《续集》的时间,为嘉庆二十二年(1817)二月,见诸
《叙》中:

> 自乾隆戊戌、己亥习为诗古文辞,迄今垂四十年,所积颇
> 盈筒簏,屡加选订而未能定。去秋,左臂筋掣,右腕几不可
> 笔,心甚怏怏。十月,丸乌头日服一钱,掣处渐柔活,遂可执
> 笔。因先取诗文草稿理之,录为二十四卷。既成编,为《目
> 录》一卷如右。其未录者,复择若干篇为存目,录于后,用
> 以备参考也。此外,皆不足存。嘉庆二十二年,岁次丁丑,二
> 月九日,江都焦循手订于半九书塾之雕菰楼。

从时间和内容不难推知,该《叙》其实就是《雕菰集》之
《目录》末跋文,只不过把"其未录者,复择若干篇为存目,录于
后,用以备参考也。此外,皆不足存"诸语删除而已。

是书的名称,焦循有两种称呼:一是《注易日记》卷三末曾
有"《集》外文一卷"的记述,并自注说"卅篇";二是在稿本所
订三十篇名称之后还说:"右三十篇,存之,待将来更有所作,次
为《续集》。是日循又记。"尽管之后焦循确"有所作",然不曾加
以编订。故仍以三十篇为核心,选用《续集》以名之。

---

① 拙作《焦循著述新证》中曾对《雕菰续集》加以介绍。陈鸿森先生曾致书说:
"《续集》中有《代阮抚军撰杭州孔子庙碑》一篇,吾兄谓其文《里堂文稿》
未见收录,故阙之。按此文见阮亨《瀛舟笔谈》卷四。"陈先生所言极是。特
此致谢!

3.《里堂文稿》

不分卷。稿本，今藏上海图书馆。无目录，亦无序跋。

内容包括二百七十一篇诗、文，次序杂乱，且纸质不一，存在重复和残缺情形。《芳畚社记》和《孟子多近今字辨》重复三次，而《顾超宗传》和《李惇传》则残缺不全。

书中所收诗文，除《雕菰续集》之外，尚有佚诗十六篇：

《使君》，《寄郑堂》，《粲粲》，《寄雨》，《冬至夜月》，《宝城》，《斋中读书》，《二月梅》，《晤心仲》，《二月十二日》，《送宋定之归秦邮》，《又吟》，《除夕语族兄秀亭》，《己酉除夕》，《辛亥元日》，《病中读祭中郎诗》。

佚文六十六篇：

《与王柳村书》，《与王柳村论文书》，《与史望之论经学书》，《与张竹轩论诗书》，《与范东叔论易书》，《与徐心仲书》，《与梁山舟先生书》，《书三水小牍后》，《书五代史杂传后》，《书旧俗》，《书吕东莱读诗记后》，《书岱南阁文集后》，《书肯园翁轶事》，《介葛卢通牛音辨》，《勾股测圆解》，《卜先生传》，《卜翁家传》，《半九书塾约》，《古坟碑》，《生员论上》，《生员论下》，《田间诗学跋》，《传论》，《江子屏周易述补叙》，《江澄江先生轶事记》，《拟守道论（胡希吕学使试题）》，《时文集序》，《村壁刻石记》，《杨氏易传跋》，《求古求是辨》，《汪容甫传》，《沈母吴孺人寿序》，《芳畚社记》，《补历代史表叙》，《孟子多近今字辨》，《抱经堂校刻白虎通叙》，《抱经堂校刻独断叙》，《林氏尚书全解弟三十四卷跋》，《相宅新编叙》，《修倪万二庄社庙碑》，《复汪孟慈书》，《测量全义跋》，《绝地天通说》，《原数》，《圆周求积辨》，《烟户册论》，《顾抱冲小读书以图记》，《敬圣人论》，《痘神问》，《答王伯申书》，《答王伯申书（附答书）》，《答王钦莱论勾股重测书》，《答江子屏论春秋历法书》，《答江郑堂书》，《答李学师书》，《答沈凫村书》，《蒋山诗人集序》，《慈孝图后叙》，《楼铭》，《禁开洋粜米说》，《筹策铭》，《虞东学诗跋》，《裔烈娥传后叙》，《辑吴氏本草序》，《颜氏家训注叙》，《藕赞》。

这些佚诗、佚文，是焦循为学的重要组成部分，有着很高的学术价值。

4.《焦里堂先生佚文》

一卷。光绪十九年（1893）《鄦斋丛书》本。

收有佚文九篇：《三闻并序》，《上英尚书书》，《寄王伯申书》，《代阮抚军撰毛西河全集序》，《仪礼石经校勘记序》，《请究毁名人墓状》，《白香山生日序》，《书笠泽丛书后》，《书杜子美诗集后》。

《三闻并序》，《里堂文稿》作"《三戒闻并序》"。

5.《里堂札记》

有两种版本，稿本和抄本。

稿本，一卷，题为"焦里堂先生遗书二"，今藏上海图书馆。始自"癸丑"即乾隆五十八年（1793），终于"甲子"即嘉庆九年（1804）。多所涂改，如《丁巳手杞·答林琢之》"相赠"后加"峻拒而去"四字，《乙卯手杞·寄凌仲子》删去两行小注，"庚申手札"中"庚申"改为"戊午"等。其价值主要有二：一正抄本之误，如《丙辰手札·答钱竹汀先生》，抄本"李君商之"之"商"，误，稿本作"尚"；《丁巳手札·答杨竹庐都尉》，抄本"勉疆读书"之"疆"，误，稿本作"强"。二补抄本所漏写信之时间，如《壬戌手札》之《寄汤价人师》、《与吴山尊太史》、《寄阮芸台先生》、《与李尚之》、《与黄春谷》、《答林庚泉》六信，抄本均无写作时间，而稿本依次全部有记：三月二十七日、四月十六日、四月二十日、八月初二日、七月二十四日、八月。遗憾的是，仅只一册，为残本。

抄本，不分卷，现藏北京大学图书馆。始自癸丑即1793年，终于己卯即嘉庆二十四年（1819）。共收书信215通，又附加二通，共217通。为焦循中晚年之书信汇集，对总结其交游、学术历程及特点，有着重大的文献意义。

从《忆书》卷末赵之谦《跋》中可知，焦循原有"手札三册"，并注释说："编年始癸丑，迄己卯。"显然，这里的"手札"正指《里堂札记》。或许，上海图书馆所藏即为三册中之第一册。

6.《理堂诗集》

八卷。稿本，卷首为徐熊飞撰写的《序》文手稿，[①]现藏国家图书馆；抄本，所收诗及次序与国家图书馆稿本相同，知其依据稿本而成，现藏上海图书馆。

有两个特点：

第一，所收二百六十首诗，大体标明写作的时间。卷一：庚子（1780）至己酉（1789），四十四首；卷二：庚戌（1790）至甲寅（1794），三十四首；卷三：乙卯（1795），三十首；卷四：丙辰（1796），二十八首；卷五：丁巳（1797）至庚申（1800），二十五首；卷六：辛酉（1801）至壬戌（1802），三十六首；卷七：壬戌（1802），三十七首；卷八：癸亥（1803）至乙丑（1805），二十八首。

第二，虽有二百四十七首见诸《雕菰集》，但另外十三首为《雕菰集》所无：《薛荔》，《陆丞相刻印歌》，《卖糕妇》，《舆夫行》，《有讥阮学士矫廉者作此以答即以寄学士》，《题黄春谷春山伐木图》，《己亥秋省试随先君寓于金陵今相隔二十年偶过旧寓之门水亭篱落如故门中之人无识者感慨既外积而为诗》，《曾宾谷转运于题襟馆种梅以待宾客赋此呈之》，《苦瓜叹》，《哀魏三》，《哭族兄恒如》，《赠王实斋》，《司马迁铜印歌》。

《理堂诗集》所收诗止于1805年，则编订该书之时间或在次年即1806年前后。

7.《易余集》

不分卷。抄本，今藏南京图书馆。

收录焦循晚年所作诗112首，起自嘉庆十三年（1808），终于

---

① 该《序》又刊于《雕菰集》卷首。

嘉庆二十年（1815），大多标示所作之时间。如《村居漫兴》、《三月晦日效宋人咏牡丹》、《决明》就分别标明"己巳"、"庚午"、"戊辰"等。

与《理堂诗集》一样，其间大多诗作收于《雕菰集》之中，未收者八首：《蜩之甲》，《拟古谚五首》中四首，《金灯剪秋罗》，《对红叶作》，《老佃客谭》。

从截止时间推测，《易余集》或成于1816年左右。

8.《理堂词集》

二卷，与《里堂诗集》一同汇装成册，故亦有稿本、抄本两种版本，分别藏于国家图书馆和上海图书馆。

是书共收词五十首，上卷三十一首，下卷十九首。其中，有三十七首见诸《仲轩词》，另有十三首为《仲轩词》和《红薇翠竹词》所未收：《沁园春》，《长亭怨慢》，《鬲溪梅令》，《盐角儿》，《秋夜雨》，《琴调相思引》，《点绛唇》，《疏影》，《满江红》，《八归》，《菩萨曼》，《扬州慢》，《天香》。

此外，还因酬唱而保存许珩之词："兰泪垂垂，梧风瑟瑟，愁城浊酒难破。境蚀云中，香收天外，兀兀赚人间坐。梯空其术，挤深掩，轩窗则那。应是无卿惯也，良宵更教偷惰。豪情近来若干，霄珠玑、九天飞唾。请供吴刚玉斧，劈开云涴。重拟更阑小课，拍水调、平分旧词座。莫忆江南，伤心老贺。"此为目前所见许珩唯一的一首词，弥足珍贵。

由于《理堂词集》和《理堂诗集》合编，故成书之时间当与之相类。

9.《仲轩词》

有三种版本：抄本二，一为汇录《仲轩词》一卷，焦廷琥《因柳阁词抄》二卷，现藏上海图书馆；二是收录《红薇翠竹词》一卷，《仲轩词》一卷及《红薇翠竹词笺注自记》，为刘淮年所抄。刊本一，即光绪十一年（1885）《传砚斋丛书》本，末有吴丙湘校记："仪征汪鋆藏本，丙湘借钞。乙酉五月十一日复校毕记。"

计收词 44 首。

《注易日记》卷三之嘉庆二十一（1816）三月末附有此书："《仲轩词》二卷"，虽与现存一卷在卷数上不同，但说明至晚于1816 年三月已成此书。该书也应成于嘉庆十四年（1809）之后，因为这年方成雕菰楼，也才有仲轩之名，书以仲轩为名，自应在之后。

10.《红薇翠竹词》

一卷。有两种版本：抄本，收录《红薇翠竹词》一卷，《仲轩词》一卷及《红薇翠竹词笺注自记》，为刘湘年所抄；刊本，即光绪十一年（1885）《传砚斋丛书》本。

计收词 72 首。

与《仲轩词》一样，《红薇翠竹词》应在 1809 年之后 1816 年之前成书。

11.《雕菰楼词话》

一卷。1934 年《词话丛编》铅印本。

篇幅不大，然精说多见。如"秦少游《品令》：'掉又瞕，天然个品格。'此正秦邮土音，用'个'字作语助，今秦邮人皆然也。《三百篇》如'其虚其邪，狂童之狂也且'，古人自操土音，北宋如秦、柳，尚有此种。南宋姜白石、张玉田一派，此调不复有矣"。

不过，该书部分内容见诸《雕菰集》卷十《词说一》、《词说二》以及《里堂书跋·词律》之中。

12.《扬州足征录》

二十七卷。有四种版本：稿本，存十九卷，现藏国家图书馆；扬州陈氏云蓝阁抄本，现藏国家图书馆；刻本二：一为《榕园丛书》据同治间刻本重修，二为光绪间墨香书屋刻本。

《自叙》："今年乙亥伊公入都补官，道过扬州，五月二十一日会于雷塘之阮公楼，语及《图经》，因询《文粹》。归检旧箧稿之存于余处者具在，为次第之，自七月至于九月，粗有端绪，而伊公则以肺病卒于扬州邸寓。丧归，余拜送河干，既为乐府古诗，鼓琴而歌，以写①公之德政，遂为此书《目录》一卷，名之曰《扬州足征录》。……共得文三百一篇，序目为'三百一篇'，正文实为'三百篇'。"从中可知，《扬州足征录》草于"乙亥"即嘉庆二十年（1815）五月，而成于"丧归"为"乐府古诗，鼓琴而歌"之时。据《注易日记》卷三载，是年十一月初一日，"作《伊太守挽歌》成，以琴鼓之。"则《扬州足征录·目录》成于是年十一月。

然而，相较之下，《注易日记》叙述《扬州足征录》初编和成稿的时间与《自叙》略有不同。卷三：嘉庆二十年四月初一，"五、六日来订《扬州足征录》为二十七卷，尚俟增损，然去取编次，颇具苦心。"就是说，嘉庆二十年四月初已然成编；二十一年二月初七、初十还记述说"补《扬州足征录》"，那么，至嘉庆二十一年（1816）二月尚未定稿。

就是在三月份仍在补充。《里堂札记·丙子手札·与李冠三（三月初一日）》："尊作《揎骼所记》，事既可传，文亦古雅，当手写入《扬州足征录》。"《揎骼所记》，录入《扬州足征录》卷二十四末尾。

13.《剧说》

六卷。主要有四种版本：稿本，现藏国家图书馆；1917年武进董氏《诵芬室丛刊二编》刻本；1925年《重订曲苑》石印本；1932年六艺书局铅印本。

撰写之缘起及成稿的时间，记于卷一之首：

"乾隆壬子冬月，于书肆破书中得一帙，杂录前人论曲、论剧之语，引辑详博，而无次序。嘉庆乙丑，养病家居，经史苦不能读，因取前帙，参以旧闻，凡论宫调、音律者不录，名之以《剧说》云。谷雨日记。"嘉庆乙丑之谷雨日，即嘉庆十年（1805）三月二十一日。

---

① "写"，当作"寓"。《焦氏遗书·先府君事略》正作"寓"。

14. 《花部农谭》

一卷。稿本,现藏国家图书馆;宣统三年（1911）徐乃昌辑《怀豳杂俎》刻本。

是书写于嘉庆二十三年六月。《撰孟子正义日课记》:嘉庆二十三年（1818）六月十九日,"足疾,坐内室不能起者,前后共十二日,痛楚无聊,扶坐牛皮床,日草《花部农谭》数行,虽谐谑短书,然有悟处,因删而录之,为一卷。"

焦循在嘉庆二十四年六月所写《花部农谭·叙》中,叙述了芟存此书的情形:"西蜀魏三儿倡为淫哇鄙谑之词,市井中如樊八、郝天秀之辈,转相效法,染及乡隅。近年渐反于旧。余特喜之,每携老妇幼孙,乘驾小舟,沿湖观阅。天既炎暑,田事余闲,群坐柳阴豆棚之下,佁谭故事,多不出花部所演,余因略为解说,莫不鼓掌解颐。有村夫子者笔之于册,用以示余。余曰:'此农谭耳,不足以辱大雅之目。'为芟之,存数则云尔。"

15. 《易余曲录》

一卷。1940年《新曲苑》本。

是书由任讷先生辑录焦循论曲之说而成。以每则眉批为条目,全书共录十八条,全部出自《易余籥录》一书之中。《上去入不分阴阳》、《驳徐大椿四声皆有阴阳者》、《驳严粲上读如去及清浊说》、《八十四调全声何以至北曲祇用六宫十一调》见《易余籥录》卷五,《金元文学应取其曲》见于卷十五,《张小山曲之校正》、《金元曲剧体裁通于唐人求科第之温卷》、《八股入口气原本于曲剧》、《孤装爨弄应分为二》、《细酸》、《折子数与楔子》、《脚色》、《砌末》、《诸剧异名与作家》、《西厢记不标脚色》、《兀剌赤》、《董关西厢之较》、《元剧中之张鼎》见于卷十七。

16. 《集旧文抄》

不分卷。抄本,现藏扬州市图书馆。封面题"有关世教之书"一语。卷首有两题记:"此卷杂抄各家手稿,皆未刻之本。其于今世之务及论古论《易》,悉确而有凭,非寻常无识之谈。惟所附裔烈娥诗、杨龙友画跋，亦当时可记之逸事，幸勿以不类斥之。光绪十年砚山汪鋆识"；"廿九年癸卯，孙彭寿展读一过"。卷末有费丹旭跋："杨龙友山水，吴幼民、李行远七律三章，杨龙友七古一章，董香光总跋。道光廿八年戊申十二月之吉，环堵生费丹旭为瓜卢外史题。"

全书仅一册，内容有六部分：《治河》，《形势》，《哀裔烈娥》，《范荃读史小记》，《张文敏公书易说》，《杨龙友墨笔山水卷》。

其中，《治河》与《形势》抄自孙兰《舆地隅说》。故卷首之《序》对此专加记述：

> 孙柳庭，名兰，北湖人也。尝从西洋汤若望习推步之术，得其秘奥而归。著有《舆地隅说》，其版久不存，子孙宗族无复有知者。乾隆己酉秋试，于江宁市上得之，藏诸家塾二十年矣。今长夏无赖，本其刻芟而录之为三卷。去其间冗之文，存其精警，以便观阅。又著《柳庭人纪》一书，向在秀亭处见写本，秀亭馆庙头朱氏，失去，甚可惜也。嘉庆丁卯冬十月十六日，里堂老人灯下记。

据《序》所言时间，《集旧文抄》抄录之时间，或在嘉庆丁卯即 1807 年。

17.《诗品》

一卷。嘉庆四年刻本；《焦氏遗书》本，附于《先府君事略》之后。

分为两部分。第一部分为司空图《诗品》二十四条：《雄浑》，《冲淡》，《纤秾》，《沉着》，《高古》，《典雅》，《洗炼》，《劲健》，《绮丽》，《自然》，《含蓄》，《豪放》，《精神》，《缜密》，《疏野》，《清奇》，《委曲》，《实境》，《悲慨》，《形容》，《超诣》，《飘逸》，《旷达》，《流动》；第二部分为焦循论诗文二篇：《与王驾评诗书》,《与李生论诗书》。

卷首有《叙》:

　　余幼年十二三岁时,好为小诗,先君以《诗品》示之,曰:"作诗必知诗之品。读《诗品》,又必知作《诗品》者之品。司空氏立身清洁,不受伪梁之污,旧史诬之,王黄州辨明于阙文十七条。修《新唐书》者,乃依其说,比美元德秀、阳城而传于卓行。李唐诗人,罕有其匹者也。"循受而录之,藏诸箧中二十余年。往岁,仁和胡学院督学扬州,以"隔溪渔舟"命题,去秋乡试,诗题又命以"晓策六鳌",于是友朋就余索观,而门人子弟辈复请写录而习诵之,甚苦其烦。闻旧时坊间有专刻本,问之不可得,爰授之梓人,以供习诵者取之便耳。嗟乎! 诗道之弊也,用以充逢迎,供谄媚,或子女侏儒之间,导淫教乱。其人虽死,其害尚遗。一二同学之士,愤而恨之,欲尽焚其书。余曰:"是不必校,如治三阴之邪,宜温中益阳,其疾自已,无容抵当承气之峻也。《诗品》者,非参苓姜桂之辈与?"凡一卷,为篇二十四,附论诗文二篇于后。嘉庆四年三月望日。

综上可知,焦循存世之著述计有六十七种,其中经部二十二种,史部八种,子部二十种,集部十七种。另有三种不能不提:

1.《浙江图考》

三卷,收于阮元《揅经室二集》之中,并在卷前《自序》中说:"元七八年来,博稽古籍,亲履今地,引证诸说,图以明之,用告学者,请勿复疑。嘉庆七年撰于杭州使院。"

该书的作者一直以来没有疑问。因为焦循在《禹贡郑注释·序》中说:"嘉庆壬戌夏五月,自都中归,阮抚部以书来招往浙,问以古'三江'之说,时抚部撰《浙江考》,宗班固《地理志》,而以郑康成之说为非。循曰:郑氏未尝非也,郑氏'三江'之注合于班氏,今人所辑之郑《注》,贩自《初学记》者,非郑

《注》也，固详为言之。抚部以为然。"其中所说的《浙江考》应当就是《浙江图考》。

但在焦循著述中，有另一种说法：《注易日记》卷末总结自己著述时，就有"《浙江图考》"，并自注说"代阮宫保撰"；《里堂札记·甲子手札·与洪宾华》："阮中丞所刻诸书，惟《浙江图考》专出弟一人之手，其书较他刻少为明洁，特送上一部。""洪宾华"即洪莹，与焦循交游见第二章所述。阮宫保即阮元。

焦循反复强调《浙江图考》出于己手，应当不是空穴来风。可阮元对待著述，亦严肃有加。究竟如何，令人难辨。附录于此，有待考证。

2.《佳春堂诗选》

不分卷。稿本。从全国图书馆文献缩微中心目录可知，该书确实存世，且藏于甘肃省图书馆。然设法再三查找，均未及一见，颇为遗憾！

3.《里堂随笔》

一卷。稿本，今藏北京大学图书馆。因告知残缺、霉斑严重，该书不予出借，故亦未得查检，无法知其大略。

第二节 未成、亡佚及伪托之书

焦循抄录、编纂和校跋之书，如抄录《礼记》、《中论》和《石湖集》，编纂《石湖遗书》、《敔匜考古录》和《东海杂刻》，校跋《申鉴》、《诗经小学》和《通艺通》等等，在拙作《焦循著述新证》中已有概述。这里，仅就焦循著述中提及而未成之书、著成而仅存其目、传世却属伪托之书三点加以叙述。

一 未成之书

未成之书，共有十一种。

对于早年未成之书，焦循在《诗录序》中有过详细的叙述：

庚戌冬十月，患呕血病，每夜呕二升许，医者谓不易瘥可，家人凶惧，内子夜侍疾，谓余曰："贾者岁权子母病危，必以所积蓄及所赊欠告其妻若子，子无蓄钱而好著书，奈何不自检集而听其放废？"次日扶病起，搜箧中所存，得《群经宫室图》五十篇，《毛诗草木鸟兽虫鱼释》三十卷，《三礼物名释》三卷；其未成者，有《礼记索隐》，《易象释》，《九经地里释》；其少作不足存者，《太极图辨疑》、《逸诗考》、《西京文评》、《丧义》等卷，各整饬之。

"庚戌"，为乾隆五十五年即1790年，焦循时年27岁。《诗录序》所说《群经宫室图》五十篇，在当年即刊刻。《毛诗草木鸟兽虫鱼释》三十卷稿本，今存上海图书馆。《三礼物名释》则未见其书，或已亡佚。"未成"及"少作不足存者"计有七种：

1.《礼记索隐》

1790年，《礼记索隐》尚未成书。过了五年，已撰至数十卷，初刻于1795年的《扬州画舫录》中，已赫然记有"《礼记索隐》数十卷"。后来，焦循在《礼记补疏·序》中还说："余乡读《礼记》，尝为《索隐》一书，西乡徐心仲将草稿持去，已而徐物故，莫知所在。十数年来，专力于《易》，未之计也。甲戌夏，寻得零星若干条，次为五卷，今复删为三卷。"这表明，《礼记索隐》一书其实已经成书，只是因徐复借阅而佚失，但是，零星之见存于《礼记补疏》当中。

2.《易象释》

台湾文海出版社1970年影印《雕菰楼经学丛书》中，收有焦循撰写《易通释》的部分底稿。其中，自1017页开始，收有《易通释》八卷，然书名存在着变化：卷四原作《易象释》，后圈去"象"字；卷六、卷七直接作《易释》，卷八则为《易通释》。这说明，《易象释》确实没有完成，却是《易通释》初稿的重要组成部分。

另外，不能不提及《易释》卷一之首的《叙》，因为叙述了焦

循治《易》特别是撰写《易通释》之原由及其简要历程："循承祖
父之学，幼年好《易》。已而得李氏《集解》，乃窥汉、魏以来说
《易》之法。乾隆己酉，郑柿里舍人每以《易》以滞义见问，日数
往来，循率依荀慈明、虞仲翔等之说答之，门人记其所言，不下数
百条，久亦忘之矣。嘉庆九年甲子，授徒家塾，有以旧稿问难者，
因细审其义，颇多疑惑。"经进一步探寻，以为"荀氏升降之说至
精且贯，由《乾》、《坤》而推诸六十四卦，可得旁通之旨"，因
"虞氏不明旁通之故"而"良足以误学者"，故"因以鄙见所疑求
其所裕，务合乎圣人之道"。焦循之初衷，即在于此。

此前，从《易通释·自叙》可知，焦循"幼年好《易》"，至
"乙巳丁忧，辍举子业，乃遍求说《易》之书阅之"，到了"嘉庆
九年，授徒家塾，念先子之教，越几三十年，无以报命，不肖自弃
之罪，曷以逃免"，故再次把重心放在研读《周易》上。在这一过
程中，"乙巳"为1785年，"甲子"为1804年，二十年间，除了
"遍求说《易》之书阅之"，其他资料中对治《易》之事涉及甚
少。《易象释·序》正好弥补了这一不足。"乾隆己酉"即1789年
始，解答门人学《易》之惑，前后"不下数百条"。而"嘉庆九
年"再次主攻易学，除了"念先子之教"，其实还有另一诱因：
"有以旧稿问难者"。《易象释》的价值因此可见一斑。

3.《九经地里释》

在焦循著述中，成书者有《毛诗地里释》稿本，今藏上海图
书馆。此外，《同治续纂扬州府志·艺文篇》中还曾说焦循著有
"《论语地里考》四卷"，然今未见其书。于《九经地里释》相关
者，仅此两种。

4.《太极图辨疑》

焦循对《太极图》产生兴趣，既有家学的渊源，又有姚雨田
的影响。《雕菰续集·与秦敦夫太史书》："先君好五子书，因命学
周、程之学。时甘泉姚雨田先生授徒于崇圣祠，阅说《太极》、
《通书》，仆是年居安定书院，每逢讲日，往听之，稍得其门径。"

《易余籥录》对此叙述颇为详细。除卷十二第一条简释周敦颐《太极图说》"无极而太极"中"无极"二字外，第二十一条则有与之相关的论述：

> 乾隆庚子、辛丑间，甘泉姚先生聚徒讲书于县学之崇圣祠，偶举宋儒张子厚之言云："天地之始先未有人，人固有化而生者，盖天地之气生之也。"时坐上之客诘之曰："何近世之人不见有化生者？"姚无以答。余时在坐，因曰："张子之言是也。《易》曰：'天地絪缊，万物化醇。'必'絪缊'乃能化，故蛇蝎蚤虱之属，必生于人迹不到之处、人目不见之地。人迹所到之处，人目所见之地，其气已为人所动，不能絪缊矣。且物所生之地，或壁隙，或树穴，或尘垢狼藉之处，盖著则气易散，藏则气易聚。洪荒之世，山水木石相混，其为地也，大抵多丛杂攒坳而少宽平广阔，其气易聚，故人物由气化而生。后世人物既繁，作息飞走既有以动其气，山水之界亦判，宽平广阔，又无以藏其气，故但有形化而不见有气化。物有气化，人遂不见有气化也。"四坐俱以为然。姚先生亦深许之，其徒徐复，明旦乃问学于余。

言其相关，是因为《先府君事略》的说明："府君既入学，读书家塾，先王父授以《太极》、《西铭》、《正蒙》及周濂溪《全书》。辛丑、壬寅，专力于此。""辛丑、壬寅"，为1781、1782年，焦循时19、20岁，正在安定书院肄业。

因此，焦循意欲撰写《太极图辨疑》，就是十分正常的事了。遗憾的是，没有成书。从《易话》下之《说太极》一篇，尚可窥其端倪。

5.《逸诗考》

从前述《毛诗草木鸟兽虫鱼释》一书中，知焦循幼年、青年时对《诗经》用力良深。有写作《逸诗考》打算，自在情理之中。

6.《西京文评》

顾名思义，当为评说西汉文章之作。焦循著述中，屡屡称述贾谊、董仲舒之文。后来所写之《易话》下中，就有《贾董说易》、《韩氏易》、《淮南说易》诸篇。

7.《丧义》

不知其所述。

上述七种之外，焦循著作中，还曾提及五种：

8.《易杂记》

《注易日记》卷二："（嘉庆十九年七月）十五日癸卯，小雨。编写《易杂记》。闻有水信。"

9.《唐词韵考》

《里堂书跋·词律》："余尝取唐词，尽摘其韵考之，以劳劳未暇成就。"

10.《柴胡证论》

《里堂札记·丁卯手札·示季蕃》："近撰《柴胡证论》一卷，但斟酌尚未定。"

11.《续邯郸梦》

在《剧说》卷三中有所述及：

> 自有《西厢》，续者不一而足矣。然关汉卿之续，乃补其未完之书，如《琵琶》、《拜月》，续者皆然。若《寻亲记》，又有《续寻亲记》，必言张员外之发配，亦到金山，而为其子误杀；《一捧雪》，又有《后一捧雪》，必言莫成、雪艳之登仙，莫昊之婚于戚少保；《牡丹亭》，又有《后牡丹亭》，必说癞头鼋之为官清正，柳梦梅以理学与考亭同贬：凡此者，果不可以已乎？乃余则欲为《续邯郸梦》，以写宋天保事。

12.《仲轩杂录》

一卷，稿本，第一页题有"仲轩杂录。江都焦循记"。现藏北京大学图书馆。

内容录《汉书》、《后汉书》、《晋书》诸书之文。如第一条节录《后汉书·张衡传》，第二条至第四条节录《晋书》中《郭璞传》、《葛洪传》、《干宝传》之文，第五条节录《魏书·管辂传》等等。对《蓴乡赘笔》、《池北偶谈》之文也有摘录。

书中多有空白之页。如前三页为空白，中间也时有空页，最多的竟有十六页空白，故为未成之书。

因无序无跋，更无按语，字迹亦非出自焦循之手，难以判断该书之真伪。据其特点，暂置未成之书中，有待进一点考订。

二　亡佚之书

在焦循众多著述中，有不少已然亡佚。所知者，就有21种：

1.《三礼物名释》

《诗录序》："《三礼物名释》三卷。"

2.《论语地里考》

《同治续纂扬州府志·艺文篇》："《论语地里考》四卷。"

3.《论语问答记》

《雕菰集》卷十四《复蒋征仲书》："仆向亦尝用力于是经，为《论语问答记》二卷。所说'过位'及'立不中门'二条，已举其大略入《群经宫室图》中。"

4.《扬州笃行录》

焦循在《红薇翠竹词·六州歌头》注中说：

笃行之名，本于太史公。醇笃如万石君固载，谲佞如周文，以其一端可录即录之，而称为"笃行君子"。"笃行"二字，原非如神明哲，必不可假借者。余用此义，凡有一事可称长者，悉录之。同事者或以为滥，芟去十分之六七。余作书与姚先生，而姚先生不能违同事者之口，竟芟去。然芟者固不必芟也。余存稿本，以为《扬州笃行录》。

国家图书馆所藏《扬州府图经》（残稿）中有《笃行传》，或与《扬州笃行录》相类。

5. 《北湖焦氏家乘》

《注易日记》卷末："《北湖焦氏家乘》八卷。"

6. 《里堂说医》

《注易日记》卷末："《里堂说医》一卷。"并有注："散篇未成帙。"《先府君事略》中有"《雕菰楼医说》"，为同一书耶？

《丁卯手札·示季蕃》："余作《耳聋不专属少阳辨》，越十余日，翻《张氏医通》，于《伤寒缵论》中见有辨耳聋一条，先得我心。"《耳聋不专属少阳辨》，或为《里堂说医》中之内容。

7. 《种痘书》

《注易日记》卷末："《种痘书》，一卷。"

8. 《沙疹吾验篇》

《注易日记》卷末："《沙疹吾验篇》一卷。"

9. 《孙子算经注》

阮元《定香亭笔谈》："所著有《群经宫室图》、《里堂学算记》、《毛诗传笺异同释》、《草木鸟兽虫鱼释》、《毛诗释地》、《乘方释例》、《孙子算经注》。"

10. 《大衍求一术》

德化李木斋旧藏稿本，见《四部总录·算法编》之中。

11. 《地球图说补》

《清史稿·艺文志》："《地球图说补》。"

12. 《游山左诗抄》

《雕菰集》卷十四《答罗养斋书》："循往年家居，每岁诗不过数首，去年游齐鲁，半年得诗五十首，今游吴越，半年得六七十首。"

13. 《游浙江诗抄》

焦廷琥《先府君事略》："（乙卯）五月归扬州，有《游山左诗钞》一卷。……丙辰之春，渡钱塘，由山阴、四明至甬东……

十二月归，有《游浙江诗钞》一卷。"

尽管《游山左诗钞》、《游浙江诗钞》两书已佚，然《里堂诗集》卷四收有"乙卯"年诗作三十首，卷五汇集"丙辰"之诗二十八首，其中存有《游山左诗钞》和《游浙江诗钞》的部分内容。

14.《诗录》

庚戌年即 1790 年，焦循吐血不止，病稍愈，即整理以往诗作：

> 案头集散纸作堆，风吹满几榻间，命廷琥拾置之案前，则向所为诗稿，病中无事，抄作一帙，其稿之不全及涂抹难辨之处，既不能记，亦无为补茸，概从削去，得百六十余篇，判古体为一卷，近体为一卷，次其先后，自己亥至今岁庚戌，凡十二年中，友朋聚散，丧荒迭经，睹一诗，不禁泣涕沾衿，怆然自失。若己亥以前之作，则不可得矣。时腊月十日循自序。

该书已佚，仅存作于 1790 年十二月十日《诗录序》一篇。

15.《选唐赋》

《注易日记》卷末："《选唐赋》一卷"，用以"课徒"。

16.《唐人五绝选》

《注易日记》卷末："《唐人五绝选》一卷。"

17.《雕菰楼诗话》

《注易日记》卷末："《诗话》一卷。"阮元《通儒扬州焦君传》、《同治续纂扬州府志·艺文志》作"《雕菰楼诗话》"。

18.《雕菰楼词》

《光绪江都县续志》卷二十三："《雕菰楼词》三卷。"

19.《愧丑集》

《雕菰续集·愧丑集自叙》："癸亥之夏六月，检旧笥，见所为数百首者，鼠啮之余，尚有三分之一，盖以浅近不足存而置之耳。然偶一检之，而旧事如在目前，因录若干首，叙而存诸塾中，使后人知质性虽愚而皆能读书，且知教子弟之要不可求诸远也。""癸亥"，为嘉庆八年 1803 年。

20.《欲香集》

《雕菰续集·欲香集序》：

> 余以属文之法教弟子二十年矣，唯弟季蕃、儿子廷琥为自始萌以至于长大，皆自教之，未尝使之病。其余来学者，或本无病，或受病有深浅，邪正之不一，各如其病，而益其不足，裁其太过，甚至尽伐其壅肿拳曲，以待新肄之发，或依其深幽奥晦而达诸天阳之光。于是格有奇正，词有淡艳，意有浮沈，笔有严肆，不专一律，纷见错出。二十年来，随时改订，久亦忘之。近于廷琥所抄得数十篇，叙录为《欲香集》，次诸《愧丑集》之后。余丁未至己酉馆于寿氏之鹤立堂，庚戌授徒于深港卞氏，以呕血归。明年，馆于牛，又明年馆于郑，凡三年。乙卯，始为四方之游。丁巳，复归，而馆于里中汤氏。戊午至庚申，馆于吴。辛酉在浙，为阮中丞课其弟与族子。今年家居，课儿里中，亦有从学者，因订此集而记之。癸亥六月焦循记。

知是书与《愧丑集》一样，编成于 1803 年。

21.《曲考》

《曲考》之成书，应当很早。因为在李斗《扬州画舫录》卷五《新城北录下》罗列"国朝传奇"抄本时，就已有所引用：《芙蓉楼》，"焦里堂以《芙蓉楼》为双溪鹰山作"；《十错记》，"《曲考》云：'即《满床药》，龚司寇门客作。'"之后又记述说："共一千一十三种，焦里堂《曲考》载此目。"《扬州画舫录》刻于乾隆六十年即 1795 年，则《曲考》此前已经成书。

焦循物故后，《曲考》流传于世，颇受关注。姚燮《今乐考证》中，引用《曲考》者达六十多次，且时有校订《曲考》之文，如在《著录五·金元院本》之《破窑》、《刘寄奴》、《杀狗》、《卧冰》、《牧羊》五种后注解说："上五种焦氏《曲考》、支氏《曲目》并列明人无名氏，误，今从徐文长《南词叙录》编正。"

到了明末清初，《曲考》失传。《王国维遗书》十六《曲录余谈》对《曲考》的亡佚有过记载："焦理堂（循）《曲考》一书，见于《扬州画舫录》。闻其手稿为日本辻君武雄所得。遗书索观后，知焦氏后人自邵伯携书至扬州，中途舟覆，死三人，而稿亦失。理堂先生于此事用力颇深，一旦湮没，深可扼腕。"

三　伪托之书

1. 《仲轩易义解诂》

在《续修四库全书总目提要》中，尚秉和从五方面指出该书为伪托之书：一是焦廷琥《先府君事略》记述其父"著作甚详"，却"独未闻有《易义解诂》之说"；二是全书只有《乾》、《坤》、《屯》、《蒙》四卦而其余"皆阙"，且"标题之字迹墨色又不与正文同"；三是"循于汉儒纳甲、卦气、五行、十二辟之术以及宋儒先后天之说，皆所不信，而此书于纳甲、卦气、五行、十二辟之术既屡屡称述，而于先后天之说尤笃信不惑"；四是焦循著述"征引古今，皆极渊博"，而此书"在汉魏惟一虞仲翔，在宋明惟程子、邵子、朱子及来矣鲜氏四人"，况对"乾"、"大"、"筮"诸字之释"既尔孤陋，而复穿凿"；五是书中内容"与循《六经补疏》之文毫不相似"。因此，"可知此书乃乡曲俗士所为，久而残阙，佚其名氏，作伪者乃嫁名于循以图射利明矣，不足重也"①。

尚先生之说十分精当。兹再补充五点：

（1）"江都焦循定稿"

这一题署，与焦循其余著述不合。焦循著述题识中，从未使用过"定稿"一词。除《群经宫室图》题为"扬州焦循"、《毛诗地里释》为"江都焦循"而外，其余如《易学三书》、《六经补疏》、

---

① 《续修四库全书总目提要·经部》，中华书局，1993，第86页。后又收入尚秉和《易学群书平议》，北京师范大学出版社，1988，第103~105页。

《学算五书》、《禹贡郑注释》、《论语通释》、《九阳录》等均题为
"江都焦循学"，《易广记》、《乘方释例》、《八五偶谭》为"江都
焦循撰"，《陆氏草木鸟兽虫鱼疏疏》为"江都焦循考订"，《孟子
正义》署为"江都县乡贡士焦循撰集"，大量序跋末常用"书"、
"手订"、"议"、"序"、"记"等等，未见以"定稿"题署者。

（2）"仲轩"

《半九书塾记》记有修建仲轩和得名的时间：

> 嘉庆己巳，纂修郡志，得修脯金五百，以少半买地五亩，
> 在雕菰洮中，其形盘曲若嬴，以为生圹。其大半于书塾之乙方，
> 起小楼方丈许……曰"雕菰楼"。……旧有屋作舫状，雕菰楼在
> 其东北，石刻仲长统小像并《乐志论》，嵌于壁，曰仲轩。

"嘉庆己巳"，为1809年。既然是年方成仲轩，则以"仲轩"为
书名者，理当在1809年之后。即使在"己巳"这年，焦循47岁，
《易通释》已经两度改订，次年又"拟为《章句》"[①]，且成"《图
略》五卷"[②]，可以说，焦循易学体系此时基本建立，怎么会一改其
治《易》旨趣，突然间大谈"纳甲、卦气、五行、十二辟之术"呢？

（3）不合惯例

焦循诠释《十三经》，或名之为"补疏"，如《六经补疏》；
或名之"释"，如《毛诗地理释》；或名之"正义"，如《孟子正
义》，没有使用"解诂"者。此前，焦循早就阅过王聘珍《大戴礼
记解诂》，也获赠王引之《周秦名字解诂》，自然深知"解诂"之
要，可《仲轩易义解诂》对《易》中字词之"解诂"很少。况
且，焦循发明经义，早已形成"循按"之模式，是书则无，亦与
焦循著述惯例不合。

---

① 《里堂札记·庚午手札·寄汪孝婴》。
② 《里堂札记·庚午手札·答汪孝婴》。

（4）避讳

在书写上，《仲轩易义解诂》有一个显著的特征：避"玄"字之讳而全部写作"玄"。是为缺笔避讳，为避讳之一法。

然而，遍阅焦循著述，只要遇到"玄"字，从来都是改作"元"。《易学三书》中"玄黄"均作"元黄"，《易章句》"天玄地黄"作"天元地黄"，《易图略》中《太玄》全作"《太元》"，《周易补疏》卷上所引《思玄赋》作"《思元赋》"。即如人名，也一律写作"元"，《易通释》卷九《乱》中桓玄亦作"桓元"，《禹贡郑注释》、《陆氏草木鸟兽虫鱼疏疏》郑玄作"郑元"。就是早年所撰之《毛诗草木鸟兽虫鱼释》，"玄"均作"元"。卷一《麟》："元之闻也"、"北方元武"、"元枵之兽"，卷三《骐牝》中十三个"玄"字都写作"元"，等等。经过焦循之手抄录、整理而成的著述，也同样如此，如《雕菰楼经学丛书》卷首所录英和《序》，《太玄》就写作"《太元》"；焦循整理钟怀之《敔匡考古录》，其卷二《五祀》之"玄冥"书作"元冥"。

由此也可以说明，《仲轩易义解诂》未经焦循之手，更非焦循著述。

（5）解释不同

就以焦循较早草成的《易释》而言，其诠释与《仲轩易义解诂》大相径庭。举一例以明之，如卷一《龙战于野》：

> 循按：坤辟于亥，乾处西北，坎处正北，亥则乾、坎之交也。以坤亥之半与西北之乾相入，是阴阳相薄而天地杂也。坎为血，其血元黄，正坎与乾、坤交错之象。

《仲轩易义解诂》卷中：

> "战"，阴阳相战也，言坤本纯阴无阳，其先阳少于阴，尚可含藏，今坤六阴中已为乾六阳支满，满则阳必逸出，而阴

亦不能再留，故曰"野"。野者，将不在坤中之谓也。盖以坤为地，犹有国者之必有地土。坤之阴体为匡廓，犹有地土之必有城池；坤内之阳为生气，犹有城池之必有生民也。"战于野"，则既不在地土城池之内，而复不为地土城池之民矣。谓"帝出乎震"，非庸民可比也。"其血"，坤血也，谓震为地中阳气。其所以言血者，以坤为阴体，可比诸妇人，妇人生子以血为主，喻震为坤所生之子。震在坤中，犹子在胎中，全赖母血以为滋养。而当十月养足，子将出胎时，必有血为之前导，引亦"近取诸身"，使人"易知"之意也。"玄"者，伏羲坤居正北为水、为黑，文王震居正东为木、为青，而震必生于十一月冬至之子。今当十月亥，震在坤中犹未出，则黑中有青之为玄也。黄为土色，喻坤中阳气至此，而戊、己二土已全备也。《象》辞谓"其道穷"者，穷尽也，谓坤至十月六阴之爻位已遍，则坤阴之道当尽于此也。

不要说主旨的不同，就是"坎与乾、坤交错之象"与"震在坤中犹未出"的差异，"坎为血"与"坤血也"间的相悖，都表明不是同一人之说。

至于《易释》卷二《夬履》中的"十二辟卦为乾、坤之消息，其余五十二卦，皆十二辟之所生"，与《易义解诂》上卷的"六十二卦皆由乾、坤二卦所变，乾六爻必为三十六阳，坤六爻必为三十六阴"，差别就更明显了。

2.《毛诗要义》①

稿本，与《字形声辨》合为一册，今藏上海图书馆，以之为焦循著述。实为误记。

《毛诗要义》卷末刘承干在所写《跋》中说："果堂征君纂

---

① 《毛诗要义》、《古文尚书辨》、《古铜镜录》、《里堂书品》和《砖塔铭题跋》五种属托伪之书，在拙著《焦循著述新证》卷五中已有考订，在此简以叙述。

《毛诗要义》，仿鹤山《九经要义》而作焉。"

"果堂征君"，即沈彤。沈彤（1688～1752），字冠云，一字贯云，号果堂，江苏吴江人。

或因"果堂"之"果"与"里堂"之"里"形似，而误把"果堂"之著误作"里堂"之书。

该书虽为伪托之书，却因为是《毛诗要义》稿本，十分珍贵。

3.《古铜镜录》

不分卷，封面左中偏上题《古铜镜录》，下署"焦循遗稿"，现藏于扬州市图书馆。共辑录了一百一十四面铜镜。

以之为伪托之书，根据如下：

第一，书名不同。该书封面题名"古铜镜录"，而首页第一行所写书名却与封面名称不同，为"古铜镜铭文集录"，存在着不小的差异。

第二，作者之题。封面题署"焦循遗稿"，首页首行外却题为"江都焦循辑"。能以是书为焦循著者，仅此二者。与书名一样，显为他人所加，令人生疑。

第三，按语格式。从早年的《群经宫室图》至晚年的《孟子正义》，焦循常用的按语方式有三种："循"、"按"、"循按"。如用"按"，则于卷首必书焦循之名，《群经宫室图》、《释轮》、《孟子正义》无一不是如此。而《古铜镜录》于卷首不书其名，于正文注中却仅书以"按"字，与其风格不合。

第四，未记来源。《古铜镜录》对铜镜的来龙去脉多未涉及，既有违金石学常识，又与焦循的治学风格不符。

第五，铭文假借。以假借说《易》，成为焦循易学的一个重要特色。《古铜镜录》中，也时有所见，如"汉尚方竟"之"'羊'即祥字"、"汉千秋万岁竟"之"去不祥"等。《易通释》卷十专为《祥详羊翔》一条，且有"古祥字通作羊"之释，若《古铜镜录》为焦循所辑，"按"语又为焦循所识，这般有力的证据，为什么不见引于著述之中呢？

此外，此前尚未有如此大量辑录铜镜铭文之书，焦循无从辑录。以焦循家境，也无法收藏这么多铜镜。认为《古铜镜录》是"焦循遗稿"，颇有些此地无银三百两的味道。

只要细心比对，作伪的尾巴自然显露无遗。原来，《古铜镜录》抄自冯云鹏、冯云鹓所著且刊于道光元年的《金石索》一书之中，只是作了简单处理而已。如隐去"鹏按"、删除来源之文等等。

4.《里堂书品》

《里堂书品》，抄本。卷首目录题为"里堂焦氏书品"，下署"廷琥手录"，现藏国家图书馆。《目录》收文共 449 篇，内容仅存 167 篇。

该书为伪托之书。除此前未见登录、书名与内容不符、字迹与焦廷琥书法不合而外，还有两点足证不是焦循所作：

一方面，学术旨趣与焦循思想相距甚远。

其一，焦循易学的宗旨是"迁善改过"，而《书品》则不然，在《易类总叙》中说："《易》之旨'切于民用'。"其二，对王弼易学，焦循在《周易王氏注·自序》以为"尚未远于马、郑诸儒，特貌为高简，故疏者辄视为空疏耳"，并以为"后世讥刺者莫探其精液"，故而著成《周易王氏注》以发明其"精液"，而《书品·王弼言易概斥动变之偏》以为："自王弼扫涤旧文，并谓互体、卦变皆无足取，于是弃象不论。夫纳甲、五行，本非易义，所重弃之，可也。若互卦及动爻之变，其说见于《系词》，其法著于《左传》，历代诸儒相承有自，概从排斥，未免偏涉玄虚。"其三，焦循认为《论语》为"全《易》注脚"[1]，而"《孟子》阐发最详最刨"[2]，表明焦循已把《论语》和《孟子》纳入自己所建构易学体系当中，而《书品·训诂名物义理言各有当》则说："《论语》、《孟子》，词旨显明，惟阐其义理而止。所谓言各有当也。"强调的

---

① 焦循：《论语补疏·叙》。
② 焦循：《论语补疏·叙》。

却是"言各有当",看不出对《周易》和《论语》、《孟子》之间关联的分析。其四，《书品·论尔雅》以为"自为一书，不附经义"，"特说经之家多资以证古义，故从其所重，列之经部矣"。焦循十分重视《尔雅》的学术价值：《易通释》卷七《尸》："《尔雅·释诂》，多可考见《周易》经文、传文自相训诂之处"；《雕菰集》卷十二《学童读尔雅答》："《尔雅》虽训诂之指归，而执《尔雅》之文，即能通《五经》之义，贯群圣之言，此非通儒硕学未易言"。其五，焦循把《经义述闻》当做清代学术的代表作之一，在《读书三十二赞》中大加称赞："字异声同，义通形假。或转或因，比例互著。"而《书品·经义述闻跋》却说："人之学患不通，王氏之学患过乎通也。"与焦循的一贯态度判若两人。其六，焦廷琥《先府君事略》："府君生平最爱柳柳州文，二十年习之不倦，谓唐宋以来一人而已，昌黎文未能及也。"《书品·论韩文》一篇中，却说"柳少圆惬"，完全与焦循所说"唐宋以来一人而已"的认识相悖。

另一方面，多记焦循身后之事。

举五则即可：第一，《菊坡精舍记》："余每于听业之暇，絜侣闲集，既成嘉谈，或发遐想。抚此讲地，触乎古思。"菊坡精舍在广州，焦循所游之地，除会试前往京城，后受阮元之聘往山东、浙江而外，从来就没有到过广东。况且，菊坡精舍是由广东巡抚蒋益澧在同治六年即 1867 年创建的，而此时焦循逝去几近半个世纪了。《先府君事略》："（府君）卒于嘉庆庚辰七月二十七日辰时。""嘉庆庚辰"，为嘉庆二十五年即 1820 年。第二，《读汉书地理志》："国朝诸儒多为此志，全谢山、钱献之、洪颐煊、吴卓信、汪远孙皆著有成书，专为考证。"其中，吴卓信著《汉书地理志补注》一百三卷，稿本，经李兆洛细心保存，直到道光二十八年（1848）方为包慎言刊刻问世。汪远孙《汉书地理志校本》的最早刊本为振绮堂本，刊刻于"道光戊申年"，亦即道光二十八年。这时候，焦循物故已然二十八年。第三，《经义述闻跋》："高邮王氏读诸经……成《经义述闻》二十八卷。"《经义述闻》二十八卷本，刊

于 1829 年，焦循何从知晓？第四，《菊坡精舍记》："爰即阮文达
公所篆'学问思辨'行额，牓之轩后隙地，广可盈丈，长或再
倍。""文达"是阮元的谥号。《雷塘庵主弟子记》卷八：（十月）
"十三日，公薨。……（十一月）二十六日，内阁奏已故大学士阮
元请加谥号，旨赏文达。"这一年，为道光二十九年即 1849 年。就
是说，称阮元为"阮文达"最早也应在 1849 年 11 月 26 日以后。
是时，焦循下世已近三十年！第五，《重修净慧寺千佛塔碑记》：
"大学士总督瑞公，封疆之屏翰，朝廷之钧衡也。"这里记的是两
广总督瑞麟重修净慧寺千佛塔一事。可是，瑞麟修缮千佛塔是在同
治十三年即 1874 年！

5.《砖塔铭题跋》

总有五幅拓片，四周为"题跋"，计有八则。现藏于南京图书
馆，题为焦循之作。

从题跋中可知，该册为伪造之作。试以第一页第二跋为例考而
辨之。该跋文中有："日昨集南万柳堂观荷花，适张叔未解元、吴
谷人太史在座，芸台出所藏金石，并几相赏，琳琅满目，习习风
生。"末尾题有时间："嘉庆丙辰荷花生日后一日，理堂又题。"

该《跋》至少有四处露出作伪的痕迹：

一是地名与事不合。"南万柳堂"为阮元晚年常游之所，但很
晚才修建。《雷塘庵主弟子记》卷八："道光十九年己亥……正
月……二十日，寿辰，南万柳堂成。"道光十九年为 1839 年。而
《砖塔铭题跋》中"观荷花"于"南万柳堂"却在"嘉庆丙辰"
即 1796 年，竟比南万柳堂的建成提早了 43 年！完完全全"用后代
的事实"[①] 成文！

二是雅集子虚乌有。从《跋》中可知，汪中（容甫）、焦循、
阮元（芸台）、吴锡麒（谷人）一同观赏金石奇品的盛会在 1796
年，但是，汪中卒年，孙星衍《汪中传》、刘台拱《汪君传》、江

---

① 梁启超：《古书真伪及其年代·总论》，中华书局，1955。

藩《国朝汉学师承记·汪中》等文一并书为"乾隆五十九年"即1794年。1796年，汪中已然逝去两载，何以与友雅集？这一年的焦循也不在扬州，《雕菰集》卷二十四《哀程一亭文》："嘉庆元年，岁丙辰，循客于越。"据《理堂日记》记述，直到七月初九，焦循方才护送焦廷琥从浙江回到扬州。此时，阮元也在浙江，《雷塘庵主弟子记》卷一："嘉庆元年丙辰……七月十九日，出试嘉兴。"吴锡麒则在京城任职，《有正味斋诗集》卷二十《六月二十三日澄怀园观荷诗题词》："澄怀园，本索相国别墅，后入于宫。……后稍葺，为内廷翰林公寓。余以丙辰二月，被命入直尚书房，遂来园居。"如此，这年六月二十四日，汪中、焦循、阮元、吴锡麒等人或阴阳两隔，或天南地北，根本不可能聚会。

三是称谓与人不符。主要体现在"张叔未解元"之称上。"叔未"，为张廷济之字。阮亨《瀛舟笔谈》卷十："嘉兴张叔未解元廷济，颇好金石之癖。"张廷济成为解元，是在嘉庆三年之戊午科，《清史稿》卷四百八十六《张廷济》："张廷济，字叔未，嘉兴人，嘉庆三年，举乡试第一人。"而《砖墙铭题跋》中"张叔未解元"之称却在嘉庆元年，这又提前了两年！

四是署名悖于时俗。自署"理堂又题"即是。作为书名，题以"理堂"、"里堂"不足为怪，如《理堂日记》、《里堂学算记》，甚至号以"里堂老人"自称亦合乎情理。可在题跋中，自称时焦循从来都是直书其名，如"黄珏桥人焦循"、"江都乡贡士焦循"等等。一般而言，自己直署其名或号则已，少有以"字"相署者。道理很简单，称人之"字"以示尊，焉有自称己"字"之理？实际上，称其人以字，是对他人的尊敬。用尊称他人之法来称呼自己，在用语、礼法上都是不合时俗也不合情理的。

至于其他跋文中如"孔元"诸用语、诗文的粗俗、书写的马虎、可疑的印章等等，都一并证明，《砖塔铭题跋》属有意为之的伪书。

6.《五斗室诗钞》

不分卷，抄本，一册，仅22页，题为"北湖焦循里堂甫著"，现藏国家图书馆。

从以下四个方面可以看出，此册亦为伪托之书：

（1）"五斗室"

焦循之室名，有仲轩、因柳阁和倚洞渊九容数注易室等，在其著述中多有所及。如《礼记补疏》之《叙》，"书于半九书塾之仲轩"；《禹贡郑注释》之《叙》，则写于"半九书塾之因柳阁"；《易图略》之《叙》，"书于半九书塾之倚洞渊九容数注易室"。从未有五斗室之说。焦循以读书楼、亭名、室名命定之书，有《雕菰集》、《红薇翠竹词》和《仲轩词》等，也没有以"五斗室"为名之书。

（2）"焦循里堂"

如前所述，焦循自称，或者单称"循"，如《北湖小志·叙》"循生也晚"；或直书"焦循"，《易章句》、《周易补疏》、《尚书补疏》、《毛诗补疏》、《论语补疏》、《吴氏本草》、《雕菰集》、《里堂札记》、《扬州足征录》等无一不是如此；或自称"雕菰楼主人"，如《花部农谭》，题为"雕菰楼主人记"；或称"里堂老人"，如《集旧文抄·叙》之"里堂老人灯下记"等。在其著述中，焦循从来没有自称"焦循里堂"的记述。

而且，名字合写，常见的形式，应当是"焦里堂循"，少有写作"焦循里堂"的。更何况，这样称呼，往往是他人对焦循的尊称，不宜用以自称。

（3）"甫著"

焦循之书，多题为"江都焦循学"，如《易话》、《周易补疏》和《禹贡郑注释》等等。据著述性质不同，偶尔也有变化。如《陆氏草木鸟兽虫鱼疏疏》题为"江都焦循考订"，《孟子正义》则题为"江都县乡贡士焦循撰集"等。但是，没有题之为"著"者。

虽曾称引过"甫著"一词，如《里堂书跋·弟经》"题虞城范志懋太乙甫著"，可在自己的著作中，焦循不曾有过这样的用法。

（4）历法不符

《五斗室诗钞》中，有一首名为《重九吾乡以登横山为胜概篮舆画舫仕女纷纷集今冬逢闰风物尚早而游览特盛作诗示同学诸子》，其中，"今冬逢闰"四字表明，至少该诗不可能出自焦循之手。因为，农历冬季有闰月者罕见，清代无闰十一月、十二月，只有闰十月。因此，"今冬逢闰"只能说明，是诗作于闰十月。在焦循一生中，确曾经历过一次闰十月，即乾隆四十年（1775）闰十月，可当时的焦循年仅十二岁，不曾远游"横山"，更不可能写作此诗。

倒是从"今冬逢闰"四字里，能推知该诗写作的时间：同治九年即1870年。原因很简单，焦循故去后之1870年，有闰十月，也是有清一代的第二个闰十月。然而，此时，距焦循逝去已整整五十年了！

清代仅有两次闰十月，却都因《五斗室诗钞》一书而与焦循有关联，也算稀奇之事了。

7.《选学镜原》

八卷。抄本，八册，题"江都焦循学"，现藏北京大学图书馆。

《选学镜原》一书，曾在拙著《焦循著述新证》中作过介绍，以为这样一部重要的著作，"焦循在《注易日记》所列书目中却没有提到！就是焦廷琥的《先府君事略》中也只字未及！这着实让人疑惑不解。这是否意味着《选学镜原》可能不是焦循之书呢？一时还不能得出这个结论。"[①] 为此，再对此书细加翻检，就有了进一步的认识，可以得出结论：该书为伪托之书。

（1）字体不一

除第二册卷末《息郇之邑乡》等九条与他文墨迹不同、笔迹不同而外，卷六首为"选学镜原"，继为"江都焦循学"，为一人字体。可后面又写着"选学卷六"，为另一人字体。同一部书，以不同笔迹书着不同的书名，这是极不正常的事。

---

① 拙作《焦循著述新证》卷四。

（2）"仲校"

在卷三首页中往往有"仲校"朱文印章，卷五亦时有"仲校"朱印，这应当意味着校者名"仲"。查阅焦循著述，校刊者或为其子焦廷琥，如《易图略》为"男廷琥校字"；或为其孙，如《周易补疏》为"孙授易、授诗校字"；或侄孙，如《易话》为"侄孙授礼、授以、授官校字"，《易广记》为"侄孙授龄校字"等等，没有"仲校"者。因此，"仲校"与校对焦循之书者不符。

（3）"近人段玉裁"

《选学镜原》卷二《两都赋》："近人段玉裁谓豫州之雒从隹，雍州之洛从水，本是两字。"

焦循与段玉裁之间的学术交往，第二章已有概说。单就资历、学识而言，焦循都要晚一辈，因为段玉裁生于1735年，长焦循28岁，早已成为学界泰斗。可是段玉裁故于1815年，仅比焦循早逝四年。所以，在焦循的记述中，最多把段玉裁称之为"近时"学者。如《雕菰集》卷十二《国史儒林文苑传议》："近时金坛段玉裁有《六书音韵表》。"

诚然，在时间上，"近时"指的是最近，所隔不长，而"近人"则指近代，所隔较长，故"近时"与"近人"是两个不同的概念。这正是焦循不称段玉裁为"近人"的原因。《选学镜原》却恰恰相反。

（4）观点与焦循不合

《选学镜原》卷五《鲍明远还都道中作》："李注：'都谓扬州也。'姜氏皋曰：'《宋书》，扬州魏、晋治寿春。晋平吴，治建业。'《太平寰宇记》：元帝渡江，扬州尝治建业，不移景帝建康中。亦论六朝扬州恒治建业，后始为广陵郡之名。"

这里只是罗列了诸多说法，未有定论。可在《雕菰集》卷十一《广陵考七》中，焦循明确指出："终三国时，广陵皆废。论其所属，则吴得而有之，魏不得而有之也。"

（5）征引用焦循身后之书

举两例以概其余：一是卷中多引张云璈之说。如卷二《是故横被六合》："张氏云璈《选学胶言》。"张云璈（1747～1828），字仲雅，浙江钱塘人，乾隆三十五年（1770）举人。1776 年，因其兄任职扬州而全家移居扬州，从而研究《文选》。1807～1819年，先后出任湖南安福、湘潭知县。之后整理选学初稿，至道光三年（1823）而成《选学胶言》初稿，这在《选学胶言·自序》记述得十分清楚。也就是说，《选学胶言》稿成之时，焦循已作古两年了。二是引用《文选旁证》之说。如卷二《键鞢》、卷四《况笛生乎大汉》、卷五《曹子建七哀诗》、卷六《修绳墨而不颇》、卷七《羽檄烛日》和卷八《正位度宗》中的"《文选旁证》曰"等等。尽管《文选旁证》的作者问题聚讼已久，然成书时间很清楚。《退庵自订年谱》："戊戌，六十四岁。……校梓《文选旁证》四十六卷，阮云台师、朱兰坡同年各为之序。""戊戌"为道光十八年即1838 年。这时，焦循故去已十八年。

事实上，《选学镜原》多抄自《文选旁证》而成。如卷二《是故横被六合》等抄自《文选旁证》卷一，《元戎竟野》等抄自卷二，《校鸣葭》等抄自卷三，《乃新崇德》等抄自卷四，《带二江之双流》等抄自卷六。其他各卷亦多有所抄，如卷三《嘉祥徽显而豫作》抄自卷八，就不一一列举了。

综上可证，《选学镜原》确为托名焦循之伪作。

但伪托是花了一番心思的，具有很大的欺骗性。表现为四个方面：一是摘引《文选旁证》之说而又抄袭其文，已如上述；二是抄录时略加改动，如卷二的《两都赋》抄自《文选旁证》卷一《有陋洛邑之议》，不仅换了条目名称，还有意在"汉人同音互用"之后略去"以于窜乱，如《鲁颂》'有骃有洛'借作'骆'，《庄子》'刻之洛之'借作'络'"诸文字；三是题为"江都焦循学"，是托名焦循著述的所有伪书中，最为规范的署名；四是首页下钤有"半九书塾"阴文朱印一方，第一册末亦有"恨不十年读书"印钤，这都是焦循的印章。正因如此，《选学镜原》一书也更具迷惑性。只有细心剥去伪装，方能识其真容。

8.《里堂札录》

六卷，抄本，题为"北湖焦循"所撰，现藏上海图书馆，以之为善本。

数年前匆匆一读，曾对此书有过初步的认识："《里堂札录》是否属于焦循之著，从笔迹和内容上都无法得出有力的判断，从印章上也难以确定。"① 待到悉数抄录后，再行考辨，可以肯定：《里堂札录》为伪书。

（1）所记时间不确

卷四："《朱子语类大全》一百四十卷，近日秀才多以《四书语类》概之。予少所诵习，敬列其目。"《四书语类》，全名为《朱子四书语类》，是书清初流行版本有二：一是周在延辑录之康熙十七年（1678）大业堂刻本；二是张履祥、吕留良辑录之康熙四十年（1701）刻本，因吕留良案发，雍正间已属禁毁之书。无论是周在延辑本，还是张履祥、吕留良辑本，焦循能否一览暂且不论，仅就所记时间"近日"而言，就显得十分不妥。焦循生于乾隆二十八年即 1763 年，就算年届中年就纂录《札录》一书，距康熙四十年也已过 90 年时间，怎能说是"近日"呢？

（2）记述"郡人"有异

最典型者莫过于卷四中对王方歧的记述："王蒙斋先生，江都人，名方岐，字武征，明慈溪诸生。入我朝，病足不能应试。诗文丽则，书法遒劲，尤精于声韵之学，晚年更探研经义，贯串融洽，著述殆可等身，而吾郡人鲜知之者。"王方歧之号有蒙斋、蒙谷两个，但焦循则只记为蒙谷：《北湖小志》卷三《王螺山传第四》："方岐，字武征，号蒙谷。"上海图书馆所藏的《焦里堂手抄诗文集》中，所收王方歧之诗亦名之《蒙谷诗》。以为"吾郡人鲜知之者"则更为不类。且不说焦循祖母是王方歧祖父王纳谏的玄孙女，就江都王氏来说，因王纳谏为明吏部员外郎，王家早已成为显贵之家，

---

① 见《焦循著述新证》，第 146 页。

而王方歧更是扬州名流，这一点，只要看看《王螺山传第四》中的相关材料就足够了："（方歧）与李宗孔、汪懋麟、吴绮订'闲闲社'。三君既贵，乃与郑听庵、汪枕涛、彭退庵、季松崖、汤茗仙、宗响山、徐崟山、宗懒瞩、梁素庵为'竹西十逸'。徐元美记其事，范荃作传而赞之。"这样的名流，焦循会说出"吾郡人鲜知之者"吗？

（3）记载方物不同

对"草布"的记述就与焦循不同。卷二："草布唯扬州有之。其法以春日取三棱草莳水畦中，夏日拔置砂缸，石灰浸透，使糜烂，取出，挂竹竿上，又以竹作夹子，勒尽滓汁，止用草中之丝，妇女辟绩而成，色如鹅黄，故名曰草布。"而《北湖小志·书物异第三》："广陵草葛者，草子所织也。有家、野二种，家者茎高五六尺，枝叶皆以三为率。湖农三月种之，既长，撅起，顿于一处，而后分栽于亩。秋刈而束之，以灰沤坑中，沤熟，以刀刮去秽，又剖之。其表为草皮，用之系物绞索。其内暴干，析之成丝，谓之草纱。四、五月，纺绩成布，谓之草布。硫黄熏之作白色，以制夏衣，胜于麻葛。惟洗久则黑，或经湿则易朽耳。野者遍生湖澳间，仅可绞绳，不中绩布。"两相比较，区别有四：一则焦循明言"草子"有家、野二种而《里堂札录》无；二则焦循记之为"秋刈"而《里堂札录》却为"夏日拔"；三则焦循为"灰沤坑中"而《里堂札录》为"置砂缸"；四则焦循"作白色"而《里堂札录》为"色如鹅黄"。这种区别，显然不能仅用详略加以对待。合理的解释，是《里堂札录》并非焦循所撰。

（4）书评观点相悖

《札录》卷五："钝翁《说铃》，意境幽邃，措时隽永。但规抚《世说》，痕迹未化。"汪琬《说铃》一书，焦循极其熟悉，《里堂书跋》屡有所及。如卷一《筠廊偶笔》："余观两晋，《说铃》力摹《世说》，专摘清淡隽事。"同卷《说铃》："钝翁著作，此为最简。百诗以为'标榜之书'，非也。钝翁文笔，自过百诗远甚。"《札录》之"规抚《世说》"，与焦循"力摹《世说》"含义接近，但"痕迹未化"有些贬低之意。可在焦循看来，该书不仅以"清淡隽事"见长，而且是汪琬文笔"最简"之书。溢美之词，尽见其中。一褒一贬之间，观点相悖不言而喻。

（5）交游之人与事实不符

卷二对谢遵王有记述："亡友谢前羲副车遵王好聚书，书积一室，四面围绕，中设长榻，坐卧其中，题室曰'蟫巢'。"谢遵王，字前羲，江都人，为康熙五十二年（1713）副榜，其生卒年虽不可考，然《清诗别裁集》卷二十三《枕上》诗中注中说："前羲没于早岁，此即病中作也。"知谢遵王早卒，至少在沈德潜《清诗别裁集》初刻之乾隆二十四年（1759）之前已然作古。而焦循生于乾隆二十八年，绝然不会称谢遵王为"亡友"。

（6）记有焦循身后之事

卷五中说："北宋官拓《多宝佛塔感应碑》，旧为休宁金桧门总宪德瑛双桂堂所藏。道光三年癸未，总宪之孙又辛孝廉携售于余，重加装裱，精采焕然。后有王良常跋，题识详明，亦甚可观"；"道光四年，复得宋米海岳藏砚于当湖钱梦庐家"。这里记述了"道光三年"、"四年"即1823、1824年之事。可是，焦循早在三四年前的1820年已然故去。阮元《揅经室二集》卷四《通儒扬州焦君传》："岁庚辰夏，足疾甚，且病疟，以七月二十七日卒。"焦廷琥《先府君事略》："府君生于乾隆癸未年二月初三日辰时，卒于嘉庆庚辰年七月二十七日辰时，历年五十八岁。""嘉庆庚辰年"，为嘉庆二十五年即1820年。如此，焦循怎能在逝后三四年还从他人手中收购《多宝佛塔感应碑》和号为海岳山人的米芾之名砚呢？

此外，六卷之数与《注易日记》所说"四卷"有异，笔迹、署名、术语、著作乃至生平事迹等亦与焦循不合，确为伪托之书。

第四章　学术宗旨

焦循的学术成就，无疑以易学为最。并且，焦循一生的整个学术活动也围绕着易学这一核心。因此，总结焦循的学术宗旨，应首先从易学入手。

第一节　易学宗旨

一　"迁善改过"的易学宗旨

焦循易学的宗旨，是探讨并论证《周易》的本质这一问题。那么，《易经》、《易传》的本质是什么呢？焦循以为：是"迁善改过"。对此，焦循不厌其烦给予论述：

《易通释》卷一《元》："《易》者，圣人教人改过之书也"；卷二《吉凶》："《易》之为书也，圣人教人迁善改过"；卷十八《否否臧凶利出否小人否》："本泰也，不能变通，遂至于否；本否也，一能变通，遂及于泰，圣人示人改过救敝之苦心，莫切于此"。

《易图略》卷三《时行图第三》："《易》之一书，圣人教人改过之书也"；卷六《原筮第八》："《易》者，圣人教人改过之书也"，"孔子所以'韦编三绝'，以明其书非卜筮之书，而寡过之书也"。

《易章句》卷七："伏羲设卦观象，教人改过"；卷八："《易》以穷则变为教，穷则衰，明《易》为改过之书也"； "圣人作《易》，教人改过也"。

《易话》卷上："《易》道之教人改过，切实可凭。"

《雕菰集》卷十三《与朱椒堂兵部书》："《易》之道，大抵教人改过，即以寡天下之过。"

这些论述，都旨在说明：《周易》的宗旨是"教人改过"。但是，焦循并没有就此止步，而是深入进行论述。在焦循看来，《易经》"教人改过"的本质，是人类进化的产物，是历史发展的必然。

首先，焦循认为，人之所以能够成为人，动物之所以仍为动物，根本的区别就在于人能够被"教"。《易通释》卷五《教》："性不外男女饮食，人有此性，禽兽亦有此性。人之性可因教而明，故善；禽兽之性，虽教之不明，故不善"；《易话》卷上《性善解》："鸟兽既不能自知，人又不能使之知，此鸟兽之性所以不善"。意思是说，人能"因教而明"，而动物却"不能使之知"，于是，人类得到了进化，动物却始终依旧。在这里，焦循对"教"如此重视，其真实意图并不只是肯定教育或者是后天教育的意义，更多的则是为了强调教育者的重大作用而做理论的铺垫。他认为，正因为人可被"教"而别于禽兽，所以，教人者方才显得尤其重要。而教人者又是谁呢？焦循以为：是圣人。《易图略》卷六《原卦第一》："民知母不知父，与禽兽同，伏羲作八卦而民悟"；《易通释》卷十三《老夫得其女妻老妇得其士夫夫征不复妇孕不育女承筐无实士刲羊无血》："伏羲作八卦，所以定人道，制嫁娶，使人各有偶"；《易章句》卷七："伏羲本天地以定夫妇、父子、君臣，因定乾坤二卦，三纲自是始定，为万古不易之道也"；《易图略》卷七："伏羲作八卦，重为六十四卦"；"神农黄帝，继伏羲以治天下"；《易话》卷上《学易丛言》："神农教以稼穑，示以药品；黄帝指明经脉，详以运气"。可见，经伏羲、神农、黄帝这些圣人之教，不仅确立了"人道"，而且还使"民之命以延而免凶短折"①。至此，焦循尽力诠释人类可"教"的思维逻辑便昭然若揭：由于人可被教，故而有别于禽兽；正因人能受教，所以圣人教之；教民的第一位圣人就是伏羲，他以八卦、六十四卦教民，因之天下大治；后来，神农、黄帝"踵此而充扩之"②。其中，《易经》的八卦、六十四卦符号，便是伏羲教民的直接产物。这才是焦循论述的核心所在。

其次，《易经》的卦辞和爻辞，同样也是圣人继伏羲以教民、治天下的结晶。《易话》卷上《学易丛言》："伏羲画八卦，重为六十四，其旁通行动之法，当时必口授指示；久而不传，文王、周公以辞明之，即明其当日口授指示者也"；《易章句》卷八："伏羲之教，历神农、黄帝、尧、舜述而宗之；殷末邪说暴行有作，《易》道不明，文王系《辞》以明伏羲之教，故兴于时"。由此可知，《易经》的写作，一是不致使"伏羲之教"失传；二是为了澄清邪说以阐明《易》道，并在顺应时代发展需要的同时，于阐明中更强化了《易经》"教人改过"的社会职能，借此来表述"衰世之意"，而"《易》以穷则变为教，穷则衰，明《易》为改过之书也"③。正因如此，焦循才细加解说，要言不烦：《易章句》卷六："文王之《彖辞》，即伏羲六十四卦之注，而非为学究之所为注也；周公之《爻辞》，即文王《彖辞》之笺"；《彖辞》，是"文王为知进而不知退者戒也"，"周公述文王之意，分系其辞于爻，而名之曰《象》"。这当中，"为知进而不知退者戒"一句，便是对"教民改过"的具体阐述，并且贯穿在《易经》之中，"故每一卦，必推其有过无过"④，而"三百八十四爻，言凶者仅五十七，言吉者一百四十四。盖人性皆善，失可变而为得，始虽凶，一经悔吝，凶

①《易话》卷上《学易丛言》。
②《易图略》卷六《原卦第一》。
③《易章句》卷八。
④《易通释》卷一《元》。

仍化而为吉，《易》之为书也，圣人教人迁善改过，故吉多于凶，悔吝，亦吉也"①。由此可知，焦循对六十四卦吉凶的总结和分析，既是对他"人性可引"理论的有力佐证，又是对"迁善改过"观点的最好说明，而《易经》的宗旨自然也就不言而喻了。

再次，《易传》解《经》，"神奇之至"②。《易图略》卷七《原翼第七》："孔子之《十翼》，即《彖辞》、《爻辞》之义疏"，却与"经生之所为义疏"有着本质的区别，后人的解说只是"就一章一句枝枝节节以为之"，而《易传》则是"参伍错综，触类引申"，"文在于此而意通乎彼，如人身之络，与《经》联贯，互相纠结"③。既然《传》与《经》"互相纠结"，而"圣人之道，一以贯之"④，且"孔子作《传》，全本于《经》"⑤。因此，《经》、《传》在宗旨上一脉相承。体现在焦循的著述中，就是极力赞美《易传》解《经》的神妙，这在《易章句》、《易通释》中表现得尤为明显，各举三例，以为概括：

《易章句》：

《彖下传章句弟四》："《传》之赞《经》，每申述其所以然之故"；

《象下传章句第六》："《传》之赞《经》，神妙无方，而按之实一以贯之也"；

《说卦传章句弟十》："《传》之赞《经》，随在发明"。

《易通释》：

卷七《定宁成安息》："《传》之赞《经》，最简最妙者也"；

卷八《孤寡》："《传》用三'寡'字赞两'孤'字，造于微

---

① 《易通释》卷二《吉凶》。
② 《易通释》卷十九《归妹帝乙归妹女归归而逓与人同者物必归焉天造草昧日中见沫》。
③ 《易图略》卷七《原翼第七》。
④ 《论语补疏》卷上。
⑤ 《易通释》卷十七《结绳》。

者也";

卷十《华勇》:"盖孔子赞《易》之微言,久不明矣"。

从"神妙无方"、"最简最妙"、"造于微者"等诸多赞语中,足以说明《易传》深得《经》旨这一点。至于说在文王、周公"阐明"之后孔子又赞以《易传》的原因,焦循以为是"犹恐其未明"① 所致,因为"自春秋时《易》学不明","孔子赞《易》乃明之"②。这也是历史发展的必然。

很明显,在《周易》作者的认识上,焦循依旧坚信《汉书·艺文志》"人更三圣,世历三古"之说,但是,在《周易》的宗旨上,他冲破了"仅以供人之筮"③ 学说的樊篱,使之根植于"教人改过"的哲学思想之中,因而就有了《易话》卷上里这样的观点:"学《易》者必先知伏羲未作八卦之前是何世界,伏羲作八卦,重为六十四卦何以能治天下,神农、尧、舜、文王、周公、孔子何奉此卦为万古修己治人之道"。

按理说,焦循对《周易》宗旨的论述到这里足可告一段落了,可事实并非如此。在他精心构建的易学体系中,除了《易经》和《易传》以外,还包括另两部重要的典籍——《论语》和《孟子》。焦循以为,二者恰如其分地体现着《周易》的宗旨,理由有四:

其一,《易传》为孔子所作,《论语》为孔子之述,两书出于一人,学说互成表里。

其二,《易话》卷上《学易丛言》:"《论语》二十篇,乃全《易》注脚。而'可以无大过'一语,足可括《易》之全。"如其中的"不恒其德,或承之羞",就引自《易经·恒·九三》爻辞,"举此两言,以蔽全《易》"之旨。

---

① 《易图略》卷六《原翼第七》。
② 《论语补疏》卷上。
③ 《易图略》卷六《原筮第八》。

其三，《论语补疏·叙》："盖《易》隐言，《论语》显言之"；《易章句》卷七："伏羲以象示人，未以辞明之；文王系《辞》，即以变通之法告人"。"象示"和"变通之法"都隐含其中。

其四，《论语补疏·叙》：《论语》一书，"其文简奥，惟《孟子》阐发最详最凿"。

这样一来，《论语》和《孟子》自然而然便成了焦循易学的有机组成部分，而且，在形式上，与《易传》相同，都是对《易经》所作的注解；在内容上，是对《易经》更为透彻和明晰的"阐发"；在性质上，又与《易经》一样，是对"伏羲之教"①的继承和光大，只不过"《易》隐言"而《论语》、《孟子》"显言"而已。由此推开去，就不难理解焦循在决心"壹意于《易》"②之后，为什么竟在临终之前还夜以继日地苦苦书写着《孟子正义》。的确，《孟子正义》是焦循学术生涯的最后一部著作，1820年元月始定草稿，随即便着手录写清稿，七月十四日录成十二卷，七月二十七日就离开了人世，可以说耗尽心血，终成此书。因此，《孟子正义》是焦循易学体系最终得以完成的象征，同样也是焦循"教人改过"易学宗旨的圆满归宿。

何况，焦循还认为，张绶佩《羲里睡余易编》的部分内容"先得我心"③，并在《易广记》卷三中作了摘录："虞夏商周之书，在《周易》前，要其渊源，自八卦来；《诗》三百篇，罔非《易》象特出之'风雅'而已；孔子作《春秋》，全用《易》例；二论，皆发明《易》蕴；《中庸》，专明性命之书，神乎《易》用，以善藏之；《孟子》七篇，原于《易》者十九。"焦循所论，与之相类。

以上所述，是对焦循易学宗旨的总体概括。从中，不难勾勒出

---

① 《易章句》卷八。
② 《易通释·叙》。
③ 《易通释》卷十三《箕子之明夷其子和之得妾以其子》。

焦循论证这一宗旨的过程和线索来：自探讨人性开始，次及伏羲的卦画之教，经神农黄帝的"充扩"，再到卦爻辞的"阐明"、《论语》的"显言"，直至"阐发最详最凿"的《孟子正义》结束。层次清晰，论述紧凑，逻辑绵密，环环相扣。此外，从人兽无异至人能"口授"，自后人"系辞"到孔、孟详论，也合乎从动物到人类到有语言再到有文字的发展历程，当然也合乎由低级到高级、由简单到复杂的认识论规律。这对于生活在乾、嘉时期的焦循而言，难能可贵，值得肯定。

二　以"变通"为核心，以"改过"为方法

既然焦循以为《易》之宗旨是"教人改过"，那么，究竟什么是"改过"？怎样去"改过"呢？

《易章句》卷八："改过者，改言动之过也。知者仁者观于《易》之辞，而言动之过可改；百姓之愚以卜筮济之，亦寡言动之过焉。圣人之《易》，为君子小人言动而作也。"

《易通释》卷十九《大过小过过旬有过则改赦过宥罪天地以顺动故日月不过》："过之义亦有二：其一为过失之过……其一为过度之过。"

《易话》卷上《学易丛言》："余学《易》，稍知圣人之教，一曰改过，一曰絜矩，两者而已"，"絜矩则能通，改过则能变，惟能絜矩乃知己过，惟知改过乃能絜矩。"

《易图略》卷三："孔子曰：'假我数年，五十以学《易》，可以无大过矣'，此圣人括《易》之全而言之；又举《恒·九三》：'不恒其德，或承之羞'，断之云，不占而已矣，占者，变也；恒，教也；羞者，过也；能变通则可久，可久则无大过，不可久则至大过，所以不可久而至于大过，由于不能变通；变通者，改过之谓也。"

《易图略》卷六："己有过宜更，人有过宜感。以我感乎乎人，使人亦无过，所谓寂然不动，感而遂通。"

这就是说，"改过"即改正言行中的"过失"和"过度"之错，其方法是：或自己改正；或感化他人改过。而"改过则能变"，意味着只要"改"，就能"变通"。换句话说，只要能"变通"，就能改过。故此，也就有了"变通者，改过之谓也"的论述。毋庸置疑，"变通"是"改过"的代名词。如若遍览焦循的有关论著，就会发现，焦循赋予了"变通"许许多多的内涵，主要如下：一是"时行"，以为"能变通，即为时行"①；二是"行权"，"权也者，变而通之之谓也"②，"行权者，变而通之也"③；三是"知"，"知者，谓其能变通也"④；四是"神化"，"通其变而能久，神化之效也"⑤。而"时行"、"权"、"知"和"神化"一同属于哲学的范畴。一定意义上，"改过"是《易》的宗旨，而"变通"则是这一宗旨的概括。

既然"改过"是焦循易学的宗旨，而"变通"又与"改过"等义，《易章句》卷七："《易》为改过之书也"，《易通释》卷二十《易有大极与时偕极失时极不知极六爻之动三极之道也》："《易》者，变而通之也。"表现在卦爻辞中，则又以"触类引申"见长之"假借"为特征，《易通释》卷十《宫躬》："《周易》之辞，多以同声为假借，为后儒训诂之祖"，其中的"以同声为假借"，正蕴涵着字变而义通的"变通"内涵。所以，在焦循的易学当中，"变通"二字就有着举足轻重的地位。它既是焦循易学的基本核心，更成为焦循衡量以往一切易学典籍和易学家的一个重要标尺。于是，合不合乎"变通"之道，就成为焦循评价此前易学的一个通用原则。

先秦：《尚书补疏》卷下《敢恭生生》："孔子正取此'生生'

---

① 《易图略》卷领先《论纳甲第六》。
② 《易话》卷上《说权》。
③ 《易通释》卷五《权》。
④ 《易通释》卷五《仁义礼信知》。
⑤ 《易话》卷上《通变神化论》。

二字为'易'字训释，'易'者，改变之义，可与此经互明"；
《天迪格保》："格之训至……《易》'至哉坤元'，至即谓能变
通"；《易话》卷下："《易》至春秋，淆乱于术士之口，谬悠荒诞
不足以解圣经"，"术士虽谬悠，而比例之法，变通之用，不尽悖
也"，如《左传·宣公十二年》"知庄子说师之临"等。

汉魏：焦循认为，《周易》中"多以同声为假借，为后儒训诂
之祖"，而"假借"则是"变通"思想在语言文字中的运用和体
现。《易通释》卷七《尸》："《尔雅·释诂》，多可考见《周易》
经文、传文自相训诂之处"；《易图略》卷七："汉魏之时，孔门说
《易》之遗，尚有影响"，只是"散见于孟喜、京房、郑康成、荀
爽、虞翻之说，不绝如缕"[1]，如《易通释》卷十七《苋陆》："仲
翔似知经文假借取义之例"、"弼固读瓮为雍，尚合乎同声假借之
义耳"等等；除此之外，像孟喜的卦气说，京房的纳甲说，郑玄
的爻辰说，荀虞的卦变说等等，都不合《易》旨。因此，焦循在
《易图略》卷八中以为："纳甲卦气，皆《易》之非道"，"余于爻
辰，无取焉尔"。汉魏易学这种既存"圣人之蕴"又"各持己见"
而"苗莠杂糅"[2]的局面，直接导致了易学异端的出现，如以老庄
解《易》等。

宋元明至清前期：焦循在《易广记·叙》中有这样的记述：
对于以往易学，"其说有独得者，则笔之于策，可以广闻见益神
智，因名之曰《易广记》"。因而在《易广记》中有很多对宋明易
学"广闻见益神智"的评述，如，卷二："黄中深思苦虑，以攻康
节南宋说经诸家，实为杰出，惜其未能融贯全经耳"；卷二：《易
内仪》"辞采古艳，惜不能贯通全经而精之耳"；对于查慎行"读
《易》不敢轻改一字，每阅朱子《本义》，于卦爻象辞，往往有某

---

① 《易通释·叙》。
② 《易通释·叙》。

字当衍，某字当作某字，鄙意窃不谓然"①之说，焦循指出，"此必明乎六书假借通用，乃能定之"②；《经义考》引《讲年堂讲易·自序》云："今凡言《易》之家，或言经而不贯，或取义而不专，或爻偶合而全卦则歧，或一卦偶通而全经则窒，未敢信以为然……羲画、文辞、周爻、孔《传》，本一意贯通，取象立言皆有着落"，焦循为此而慨叹说："真不我欺也"③；卷三中又载录说："吾里中徐坦庵先生名石麒字又陵，以词学名，而论学之书颇多精卓。尝论《易》云：《周易》六十四卦，可一言以蔽之，曰见善则迁，有过则改，非迁善无以趋吉，非改过无从避凶"。

所有这些，都足以说明焦循在用"变通"之旨总结《易经》、《易传》的同时，还用这一宗旨去认识和纵论整个易学史。因此，焦循认为易学的宗旨属"改过"或"变通"，是建立在大量分析和论证基础之上的可靠结论。

三 "变而通之"的道德哲学

既然焦循易学的宗旨是"迁善改过"，那么，其哲学属性又是什么呢？

牟宗三、何泽恒、陈居渊、赖贵三认为是道德哲学。牟宗三在其《周易的自然哲学与道德函义》一书中，专就焦循的易学作了富有创造性的探讨，进而写成《清焦循的道德哲学之易学》一章，以为："焦循是从《周易》方面发挥道德哲学解析价值世界"④；何泽恒以为，"其所以坚主《易》为羲、文、周、孔四圣之书，主经传义相贯通，实皆重在明《易》为天道人伦之学，而非卜筮之书而已"⑤；赖贵三所著《焦循雕菰楼易学研究》中也有近似之论，

① 《易广记》卷三。
② 《论语补疏》卷上。
③ 《易广记》卷三。
④ 牟宗三：《周易的自然科学与道德函义》，台湾文津出版社，1988，第265页。
⑤ 何泽恒：《焦循研究》，台湾大安出版社，1990，第86页。

"要之，里堂治《易》，虽有卓越之诠释学与严密之方法论，唯其最终之归趣，不仅为求通《周易》之辞而设，尤为建立其道德哲学之理想而设"①。陈居渊在《焦循儒学思想与易学研究》中以为："焦循易学的道德学说，虽有重建天人之学的愿望，但是仍以'各正性命，保合太和'为其指归，追求的是儒家的'仁道'，憧憬的是'天下为公'的大同世界。"②

侯外庐以为焦循哲学为形式主义的均衡论，"他由数学形成的'易'学，由'易'学形成的哲学体系，却是一种否定'质'的移行、仅从'数'量关系上看事物演变的形式主义的均衡论"③。因而在"世界观上形成了'通乎天下（商业世界）之志'的说法，在治学方法上也引申为通贯的论点，从而批判当时汉学的考据"④。影响所及，"后来改良主义者谭嗣同的商业资本主义思想曾引用了焦循的数理思想"⑤。

阎韬以为属象数易学，以为："焦循是《周易》研究中的象数派，这派的特点是企图依据《周易》的卦象和数字推导出社会制度和伦理道德的有关法则，同时把《周易》中的文字全部解释为卦爻的运动变化。"⑥

王茂、蒋国保等人以之为时行哲学，在其著述《清代哲学》中就独列一章，名之为《焦循的"时行"哲学》，并指出，"'时'或'时行'的观念，在焦循哲学中占有重要位置。它是一种观点，约略相近于今语'历史观点'；它又是一种分析问题的方法，就是

---

① 赖贵三：《焦循雕菰楼易学》，台湾里仁书局，1994，第419页。
② 陈居渊：《焦循儒学思想与易学研究》，齐鲁书社，2000，第274页。
③ 侯外庐：《中国思想通史》第十四章《焦循的思想》，人民出版社，1956，第548页。
④ 侯外庐：《中国思想通史》第十四章《焦循的思想》，人民出版社，1956，第560、561页。
⑤ 侯外庐：《中国思想通史》第十四章《焦循的思想》，第560页。
⑥ 阎韬：《中国古代著名哲学家评传续编四·焦循》，齐鲁书社，1982，第39页。

把问题放在一定历史条件下加以分析和评价"①。

这四种观点中，均衡论过于注重焦循论证的方法而忽略了学术宗旨；象数易学说难圆其说，焦循本人对汉代象数说与宋代象数说都嗤之以鼻，已如前述；时行哲学说以偏赅全，因为"时行"只是焦循易学的三大方法之一，而且仅为"变通"诸多内涵的一个方面，这在上文中也已作了阐述。道德哲学说则切中要害，理由有四：一是焦循明确提出了"《易》之为书，本明道德事功"②的立论；二是对吴修龄"《易》道无所不包，离却文王处忧患，孔子无大过，便非儒者之《易》"的论辩，焦循予以了"深乎《易》矣"③的肯定；三是把根基于《易》道的理学也归之为道德教化的范畴之中，"紫阳之学，所以教天下之君子；阳明之学，所以教天下之小人"④；四是认为后世的封建伦理道德学说完全渊源于《易》，如"伏羲本天地以定夫妇父子、君臣，因定乾坤二卦，三纲自是始定"⑤等等。这些，都足以反映出焦循易学宗旨最终归于道德哲学的显著特征。

然而，万不可因此而忽略焦循的"变通"思想。理由也很充足：首先，在"迁善改过"的宗旨中，要达到"善"的境界，就必先"迁"和"改"，也就是"变通"。换言之，"变通"是向"善"的前提。其次，焦循所谓《易经》明为"衰世之意"，且以为"穷则衰"，恰与《易传》"穷则变"相应和，这便证明《易经》本身就是时代变化发展的必然产物。最后，"伏羲设卦观象，全在旁通变化"，"《彖辞》、《象辞》，所以明卦之变通"⑥，为《易经》"笺疏"的《易传》与《论语》等更是如此，一同贯穿着

---

① 王茂、蒋国保等：《清代哲学》，安徽人民出版社，1992，第710页。
② 《易图略》卷五。
③ 《易广记》卷三。
④ 《雕菰集》卷八《良知论》。
⑤ 《易章句》卷七。
⑥ 《易图略》卷五。

"变通"之旨。

总之，在焦循的易学宗旨中，"变而通之"是其道德哲学的前提和基础。举一例足可明其究竟。如焦循易学中的"修己"学说，显然属于道德哲学的内涵，但如何去"修"呢？焦循认为，"凡失道而能改者为修"[①]，就是说，首先要"改"，要"变"。

从本质上看，焦循的道德哲学，除了大大扩展和延伸了儒学发展的历史之外，更多的只是重复和强调儒学原有的思想和内容，缺少明末清初以来率直而大胆的批判精神，相对于戴震等人揭露和驳斥理学的思想而言，甚至还是一种不小的倒退。可是，在这种貌似守旧的思想中，却蕴涵着丰富多彩的"变通"学说，由此而使焦循的易学充满了生气与活力。探索焦循易学宗旨的过程，正是明晰和掌握其"变通"脉搏的过程。

此外，焦循的"变通"思想出现于清代由盛转衰的变化时期，自然也就与同时代学者的思想一样，如刘逢禄对"公羊学"中"变易"与"变文"的出色论述等，都深深地打上了历史的烙印。从中，不光能看到他们变易进化的哲学思想，更是他们"忧患"和"经世"思想的体现。

诚然，"迁善改过"是焦循易学的宗旨，也是其全部经学之精髓。《易学三书》、《论语通释》和《孟子正义》都贯串和凝集着焦循的易学宗旨自不待言，《诗》、《书》、《礼》亦然。因为，"赞《易》与说《诗》、《书》、《礼》同是雅言，非有异也"[②]。《六经补疏》对此有着明晰的阐述。《周易》"本明道德事功"，而《诗经》正以"温柔敦厚"设教，《毛诗补疏·叙》所说："夫圣人以一言蔽三百曰'思无邪'，圣人以《诗》设教，其去邪归正奚待言！"《尚书》就非常强调"德"，《尚书补疏》卷上《亦行有九德》："《乐记》云：'礼乐皆得，谓之有德。'礼主敬，乐主和，

---

① 《易章句》卷六。
② 《论语补疏》卷上。

皆得，亦相兼而不执一矣。'德'字始见《尧典》，而其义莫明于此。盖一阴一阳之谓道，道得于身为德，道兼阴阳，则德参礼乐。……变易其行者有九德。九而字，即变化移易之义。"《三礼》更为"明明德"而作，《礼记补疏·叙》："《周官》、《仪礼》，一代之书也；《礼记》，万世之书也。必先明乎《礼记》，而后可学《周官》、《仪礼》。《记》之言曰：'礼以时为大。'此一言也，以蔽千万世制礼之法可矣。《周官》、《仪礼》固作于圣人，乃亦惟周之时用之。……黄帝、尧、舜氏作，通其变，使民不倦，神而化之，使民宜之，通其变而又神而化，所为民可使由之，不可使知之，杀之而不怨，利之而不庸，民日迁善而不知所以为之者，治之极也。礼之经也，'明明德'矣，又必新民知止，而归其要于'絜矩'。"而《春秋》为"诛乱贼"即诛无德者而著，《春秋左传补疏·叙》："孔子因邪说暴行而惧，因惧而作《春秋》，《春秋》成而'乱臣贼子惧'。《春秋》者，所以诛乱贼也。"

这都表明，焦循经学之旨具有"一以贯之"的特征，这就是以"迁善改过"为核心的道德哲学。

在数学、史学和文学著述中，同样表现着这一特点。

第二节　数学、史学与文学旨趣

一　"以天算之苦心全付诸《易》"

焦循的数学著作主要有：《加减乘除释》八卷，《天元一释》二卷，《释弧》三卷，《释轮》一卷，《释椭》一卷，《开方通释》一卷，《乘方释例》五卷，《大衍求一释》一卷，还有《大衍求一术》、《孙子算经注》等。可以说，在易学之外，焦循用力最深的就是数学。究其原因，主要有如下三点：

其一，清初以来学术风气的熏染。明末，徐光启师从意大利传教士利马窦学习数学，在译出《几何原本》前六卷的同时，撰成

《测量异同》和《勾股义》诸数学著作，为数学发展奠定了坚实的基础。清初，梅文鼎考订数学典籍，深入研究数学问题，完成包括《筹算》七卷、《笔算》五卷、《度算释例》二卷、《平三角法举要》五卷、《弧三角举要》五卷、《环中黍尺》五卷、《堑堵测量》二卷、《方圆幂积》二卷、《几何补编》五卷等二十六种数学著作，不仅成为"国朝算学第一"，而且开启了清代重视数学研究之学术风气。扬州学人深受影响，陈厚耀、李惇就工而通之。《雕菰集》卷二十一《李孝臣先生传》："国朝康熙、雍正间，泰州陈厚耀泗源，天文历算，夺席宣城。"汪中在《述学·外篇·大清故候选知县李君之铭》中，以为李惇"晚好历算，得梅氏书，尽通其术"。在这种学风的影响下，焦循关注并深入钻研数学自为情理中事。

其二，自幼学习算学。教焦循算学的老师就是王居重。因王居重姑姑为焦循祖母，北湖焦氏又深得王家好《易》之学。王家败落后，居重就住在焦循家，前后过五十年之久，并成为焦循算学启蒙之师。《雕菰集》卷二十二《表叔王容若墓志铭》："循十岁前，日夕相依"，"循之习九九，实始于君"。

其三，师友顾超宗的影响。顾超宗对于焦循，亦师亦友，在学术上影响很大，这在第一章、第二章中均已有述。焦循能进一步用力于数学，就与顾超宗的鼓励和帮助密切相关。对此，焦廷琥在《先府君事略》中说："丁未，府君馆于寿氏之鹤立斋。顾超宗先生以《梅氏丛书》赠府君，曰：'君善苦思，可卒业于是也。'是年为用力算学之始。""丁未"，即乾隆五十二年（1787）。

就是说，焦循对数学产生兴趣乃至专力探索，既与当时的学风、幼时的学习和友朋的劝导有关，更为"善苦思"之性使然。

但是，焦循研究数学，还有一个更为重要的原因，这就是易学研究的需要。

一方面，《周易》中包含着大量的"数"，如《易经》中的"九"、"六"，如爻位之初、二、四、五、上，如"三岁不兴"、"七日来复"等等，研究《周易》就必须面对和解释这些"数"。

何况，《易传》以为八卦的形成正以"数"为基础，即《系辞上》所谓"《易》有大极，是生两仪，两仪生四象，四象生八卦"。至于"大衍之数五十，其用四十有九"诸文，与"数"之关系就尤为紧密。正因如此，《易传·说卦传》就概括说："昔者圣人之作《易》也，幽赞于神明而生蓍，参天两地而倚数。"尽管"数"与数学并非同一个概念，但在易学研究中，对"数"的认知无疑为进一步关注数学提供了有利的切入点。

另一方面，少年时期的焦循，父亲开始引导他注意《周易》中字句重复的问题。对此，焦循记忆深刻，且记述于《易通释·叙》之中。从此，焦循一直苦苦思索并试图解决这一问题。从焦循的学术历程中不难看出，研究数学就是为解决这一命题而寻找突破口。

在《易通释·叙》中，焦循表述了这一心路历程："乙巳丁忧，辍举子业，乃遍求说《易》之书阅之，于所疑皆无所发明。"因为父亲在"乙巳"即1785年故逝，在生前提出的易学命题焦循却了无头绪，为此，宁愿"辍举子业"而"遍求说《易》之书阅之"。就在此时，顾凤毛以《梅氏丛书》相赠。由于易学书籍"于所疑皆无所发明"，所以，焦循便全身心投入到数学研究当中，目的就是要获得释疑的线索。

然而，数学毕竟不是易学，有其自具特色的内涵和规律，焦循深入其中，为之而着迷，乐此不疲，多所崭获：

1792年，著成《乘方释例》；

1793年，开始撰写《开方释例》；

1795年，稿成《释弧》；

1796年，撰成《释轮》和《释椭》两书；

1797年，《加减乘除释》成稿；

1799年，写好《天元一释》；

1801年，完成《开方通释》这部1793年就已开笔撰写的书稿。

　　只用了十年时间，就撰成八部颇具影响的数学著作，这不能不说是中国数学发展史上的一个奇迹！凭借这些成果，焦循一跃而成清代杰出的数学家。

　　遗憾的是，焦循的数学研究不久便停了下来。为什么呢？除了乡试中举、忙于会试而无暇顾及之外，未能在父亲易学命题上取得实质性进展才是主要缘由。这点在《易通释·叙》中有着深刻的表露："嘉庆九年甲子，授徒家塾，念先子之教，越几三十年，无以报命，不肖自弃之罪，曷以逃免？""嘉庆九年"，为1804年。

　　也就在这一年，焦循开始撰写《易释》一书，并在卷一的《序》中指出："《易》中之旨，每于经文中互见之。孔子既作《彖传》、《象传》，复为《系辞传》、《说卦传》、《序传》、《杂传》以明之，或提其纲，或举其要，如方以类聚，物以群分。而《象传》、《象传》中凡言类、言群、言分皆发明此也。比乐师忧，凡《传》中言喜、言庆，皆乐之类也；言惕、言坎，皆忧之类也。"从中明显可以看出，焦循确实已经从《易传》开始对《易》中"辞之同处"按"类"来解释了。后来，焦循所撰写的易学代表作《易通释》正以《易释》为底稿不断加工修改而成的。

　　当焦循专力于《易》之后，学术研究的重点自然就不在数学领域。不过，数学研究的收获之一是为焦循的易学研究提供了方法的依据。如《易图略》卷五所说：

　　　乾隆丁未，余始习九九之术。既明《九章》，又得秦道古、李仁卿之书，得闻《洞渊》、《九容》奥义，读《测圆海镜》卷首《识别》一册，而其所谓"正负寄左、如积相消"者，精微全在于此。极奇零隐曲之数，一比例之，无弗显豁可见。因悟圣人作《易》，所倚之数，正与此同。夫九数之要，不外"齐同"、"比例"，以此之盈，补彼之朒，数之齐同如是，《易》之齐同亦如是。以此推之得此数，以彼推之亦得此数，数之比例如是，《易》之比例亦如是。

看来，焦循确实从数学研究中找寻到了《周易》研究的突破口。不仅如此，还以此为据，成功解决了"辞之同处"这一命题，建立了自己的易学体系。换言之，焦循对数学的探讨是围绕着易学研究来进行的。焦循对此毫不隐讳，《里堂札记·辛未手札·答汪孝婴》（六月初五日）：

> 弟诸想皆空，闭门学《易》。别后数年，穷思冥索，方悟得孔子"倚数"二字。盖《易》学全是算学，其"参伍错综"，非明少广、方程、盈不足、句股、弧矢之理，不能得其头绪。弟以天算之苦心全付诸《易》。

之后，焦循为解释"大衍之数"而再次关注数学，进而于1814年著成《大衍求一释》一书。这在第三章中有过叙述。

二　重视"风教"的史学主旨

焦循的史学成就，主要表现在整理史料、设立"以文传事"之法、考修方志和提出系统的修志理论四个方面：

1. 整理史料

对于过往的乡邦文献和当代史料，焦循都非常重视。

在《里堂札记·戊午手札·答沈凫村》一信中，焦循就曾说过："里中前辈湮灭不彰，亦后学之过也。"所以，对乡邦文献包括先祖及其好友的著述，焦循都细心加以整理，整理《裔烈娥本末》，辑成《吴氏本草》，摘录《集旧文抄》，抄写《何有轩集》，删订《石湖遗书》，汇编《醒斋先生词》等均属此类。因此，阮元在《揅经室二集》卷四《通儒扬州焦君传》中便特意指出："力彰家乡先哲，勤求故友遗书，孜孜不倦。"

对当代史料的重视，既有《理堂日记》对嘉庆元年浙江童生考试情况的系统记录，又有《神风荡寇记》这样专门的著述。就以《神风荡寇记》而言，焦循在卷首就记述："阮侍郎抚浙之明年夏六月，御贼松门，有神风荡寇及禽伦贵利事。循始闻，传述互异，未获其详也。冬至浙，寓居抚院署中，阅诸文移手札，又询诸从至海上者，乃得其本末。"撰写此文的主要依据，就是"文移手札"，即衙署间的往来文书和官员的书札。换句话说，《神风荡寇记》就是焦循重视当代史料并以之为基础撰成的史学著述。

2. 设立"以文传事"之法

《扬州足征录》一书即是。焦循在卷首的《序》文中说："《足征录》者，存扬州之事，事有关乎扬者，不必扬人之文也。"该书是焦循在编纂《扬州图经》时"所采文章可备征实者，亦得十五册，约二千余篇"① 基础上精选而成的。

除保存大量珍贵文献资料如卷十三杨大壮的《订西法诸书序》等之外，还创设了"以文传事"的史学方法，即通过汇编300篇文档以述扬州史事。其特色有三：一在"征实"，所收文章均为原文抄录；二在精选，自明末至清中叶以来的要人要著几乎都有涉及，颇具代表性；三在荟萃名家名篇，如收朱彝尊、毛奇龄、王士禛、钱大昕、王鸣盛等著名学者之文等。

这种方法，刘师培给予了高度的评价。《左盦外集》卷十一《编辑乡土志序例·文学志》："若编辑文志，则以征献为主。……近代以来，有以文传人者，如丁氏《山阳文征》，夏氏《海陵文征》是也；有以文传事者，如焦氏《扬州足征录》是也。吾谓以文传事尤重于以文传人。"

3. 考修方志

既考订关涉扬州之史料，又撰写和与修《扬州府志》。

《广陵考》十四篇，就是对扬州史事的简要考订。就春秋"沟通江淮"、战国时楚怀王"城广陵"为广陵得名之始、秦朝之"陵人"并非广陵、杜佑误以汉代"东阳为即盱眙，以射阳为即山阳"、《水经注》误以兖州之山阳郡作射阳故城等问题加以考辨，

---

① 焦循：《雕菰集》卷十三《上郡守伊公书》。

引据宏富，立论翔实，向为人所称道，《广陵考六》即为嘉庆《扬州府志》所采用。

焦循个人所撰写的史书，主要有《北湖小志》和《邗记》两部。前者为甘泉北湖地志，虽仅六卷，然"足觇史才"①；后者则"记载靡遗，足补史乘之缺"②。此外，还参与纂修《扬州图经》和《扬州府志》。《图经》未成，但因负责《氏族》、《职官》两类，对相关资料多所搜辑；与修《府志》，则先后成《山川》、《忠义》、《孝友》、《笃行》、《隐逸》、《老释》、《术艺》七部分。这两种，特别是《府志》一书，"外籍若姚文田、朱方增、洪梧，郡人若焦循、江藩，并在秉笔之列，英贤集萃"，"纂修人才极一时之盛"，"洵为独出之作"。③

4. 系统的修志理论

在《雕菰集》的所收《国史儒林文苑传议》、《上郡守伊公书》和《复姚秋农先生》诸文中，焦循提出了纂修方志的系统理论。主要有三点：

第一，《国史儒林文苑传议》中，焦循提出编写学术传记的七个原则：对于"每多誉辞"的家传和碑铭等档案材料，引用时务必"核之本书"，以求"征实"；对其著述细加搜求，纂成"长编"，以便周览和深研；对于其他文献资料，则应"兼收备录"，"不容偏废"；划归人物于儒林和文苑应当"权其轻重，如量而授"，尊重本人的学术特点而适当归类；行文力求"详载"原文，"非博引无以信后"；评价历史人物的标准，应遵循"学不可诬，疵不必讳"的法则；"附见"就是"一传而众人附之"，故能"以类相从"而"庶乎公允"。

第二，在《上郡守伊公书》一文中，总结出"纂录"文献与

---

① 阮元：《揅经室二集》卷二《扬州北湖小志序》。
② 刘师培：《左盦外集·邗故拾遗》。
③ 《续修四库全书提要》稿本第 10 册，齐鲁书社，1997 年影印本，第 40 页。

撰写方志的十个关系：文献汇编要原汁原味，而志书则为著录；志书引用行状、行述等档案文献，不可能对"先府君"等文字原样称引；"标以出处"偏重文章，忽视了"偏为至确"的传闻的价值；引用原始文献常常"仅取一语"，却标为原文，显得不伦不类；汇总史传文档而观方明来龙去脉，只作摘引则难知首尾；方志若全部"纂录"而成，就失去了志书应有的润色特点；"纂录"必然兼收并采，终致"纸不胜书"之失；"纂录"若节录则"本末不明"，若堆砌则"繁复无次"；兼收求全的结果，还增大了抄写、刊刻、印刷及购买的难度；方志如全由"纂录"而成，就不会有纪传书表的分类体系，终因"矜博尚奢"而成"有肉无骨"之书。

第三，收于《雕菰集》卷十三的《复姚秋农先生》一信，凝集着焦循提出的处理正文与注文的七种方法：若人物资料只有一条，无异文，也无考证，录为正文即可；若有数条资料，以"详要可取"者入正文，余入注文；多条资料"互为详要，亦无异同"，则各取其要者入正文；若史集无记，广博辑录方知人物史实，当入正文；史集中附见之人，当"参之各书，以成传体"，如源自诗文，当作注解；辑录史集外诸文为正文之时，有异说者应当注之；有些人物资料，在小说中虽有记述，但不足以为史料而入于正文，注之即可。

焦循的理论，对嘉庆《扬州府志》及其他志书的编纂，颇具针对性的指导意义。

而贯穿于焦循史学的，则是注重道德化育的"风教"之旨。

在辑录乡邦文献中，焦循特别关注忠孝节烈之事。因为，节妇烈妇事关一地之"风教"。在《雕菰集》卷十七《募修五烈祠序》中就有这样的论述："窃谓忠孝节烈之事，一邑风教所关，前人创之，后人不可不从而振之。"故在《雕菰集》中，不仅写有《贞妇辨》诸文，还募修"五烈祠"并为之写《序》。但更多时候，焦循对节烈的重视，则体现在他的史学著述当中，如辑录《裔烈娥本末》，撰写《北湖小志》卷四《孝子传第十六》，《扬州足征录》

卷九《汪孝子传》、《俞孝子传》，卷十九《书陈孝子传后》，《萧孝子祠记》，《雕菰集》卷二十二《郑孝墓志铭》等。只要与之相关，焦循都细加叙述。正如《里堂道听录·序》中所说："忠臣孝子，义士贞妇，心之所慕，恨不能篇遍。"

在与修方志中，也明显具有这一特点。从负责《扬州图经》的《氏族》、《职官》两类，到纂修《扬州府志》的《山川》、《忠义》、《孝友》、《笃行》、《隐逸》、《老释》、《术艺》七传，就体现着焦循重视"忠臣孝子，义士贞妇"的学术倾向。正因为如此，焦循在《红薇翠竹词·六州歌头·序》中就说："旧志于孝子之割股者多删弃，而割肝之萧孝子则不削。余谓割肝割股，正是孝之实迹，非他虚誉可比，乃悉登之不敢遗。"

所摘录的《集旧文抄》一书，封面就题作"有关世教之文"。如节录孙兰《舆地隅说》中"治河"为主之文，以期有补于治理扬州水患；《哀裔烈娥》更是对贞妇裔烈娥的颂扬和淫乱之风的鞭挞。

三　"能动荡人之血气"之文学

焦循长于作诗，工于为文，收入《雕菰集》者就有文 326 篇、诗 420 首，还有见诸《里堂文稿》、《里堂诗集》、《易余集》等书中的佚文近百篇和佚诗数十首。同时，焦循擅长填词，著有《仲轩词》、《红薇翠竹词》、《里堂词集》，并成《雕菰楼词话》一书。还热衷戏曲研究，尤其钟爱花部即风行乡间的"乱弹"，著有《剧说》、《花部农谭》和《曲考》。可以说，为文、作诗、填词和论曲，伴随焦循学术之始终，均取得不凡的成就。

焦循的学术追求，毫无疑问以经学为核心。那么，终其一生，为什么对文、诗、词、曲如此关注呢？

1."道明、情达、事述"之文

于文，焦循多所论述。或论"文章强弱"，如《雕菰集》卷八《文章强弱辨》："文之强弱，不在形而在骨，不在骨而在气，不在气而在神。得乎形者知形，得乎神者知神。"或论"文章之道"，如卷十二《属文称谓答》："文章之道有二，说经论古之文，就古论古，不可羼入时俗；行状、墓志之文，主于述当时之事，即为将来之典要，不必过于拘古也。"而在《雕菰续集·与王柳村论文书》中阐述尤为具体：

> 循以为文章之道，不必以朝代为限，并不必以人为限。天地间赖有文者，所以明道也，达情也，述事也，所以令道明、情达、事述者，则存乎气，气之在人有敛发，犹在天之有冬夏，自其气而敛之，其文为婉曲，为含蓄，为严峭，为老炼，为简洁；敛之又敛则为淡，为朴，为幽；自其气而发之，则为雄毅，为奇崛，为浩瀚，为整齐，为华丽；发之又发，则为放，为博，为详。尽其权，皆吾之气主之。气有为情所使令者，则愤者之文纵，忧者之文晦，惧者之文饰，哀者之文乱，乐者之文浮；有为学之偏所囿者，专于史者达而放，专于经者醇而拙，专于子者切而杂，专于集者如其集之所近以为近，以其学之所专，合于情之所使令，故各有性之所近。于是有嗜秦、汉者，有嗜唐、宋者，彼此互持，遂莫能定。

显然，焦循重视文，在于文能使"道明、情达、事述"，从而在本质上与其易学宗旨相一致。

从焦循偏爱柳宗元之文亦可证明这点。焦循自幼喜读柳宗元之文，且评价极高。《里堂道听录》卷二十七《田山薑论柳柳州》："余生平最爱柳柳州文章，二十年习之不倦，觉唐、宋以来一人而已，昌黎文未能及也。"但是，体悟柳文旨趣经历了漫长的过程。《雕菰续集·与弟季蕃书》：

> 余幼年好柳州，实于《全集》仅诵其半耳。盖仍以己之见体之，合己者以为工，不合己者娴于入目而屏诸诵读之外。

近来博观唐、宋数十家文，觉皆不若柳善，后诵柳州文，由半及全，强己以就之，向所不乐观者，亦字字句句咀其味而探其深，不独向之不欲观者改而为极欲观，即向之乐观而已诵习者亦别有所会，觉昔之所欲观，大殊于今日之所欲观。乃知舍己从人，取人为善，诚圣人之大，学者固难之而不可畏难也。

焦循喜读其文，是因为柳文包蕴着"舍己从人，取人为善"的精髓。在手批《柳宗元文》里表现得更为清晰：既有"古雅简厚"的评述，更有"视俗而为教"、"有益世教之文"①的诸多赞语。如前所述，"世教"即教人"迁善改过"是焦循学术的主旨。

2. "正风俗，和教化"之诗

对于作诗，焦循偏爱有加，然对诗的认识经历了由浅而深的过程。表现在数量上，则是年少时多产，晚年时诗少。《里堂文稿·与张竹轩论诗书》："乙巳前，动辄吟咏，月数十篇，同辈论诗，必反复辨论其是非。戊申而后，岁不过四五篇。"究其原因，是因为"诚以道甚难"②所致。

这个"道"，就是"正风俗，和教化"。对此，焦循所论尤多：

《雕菰集》卷十三《与欧阳制美论诗书》："夫诗无难知也，古人春诵夏弦，秋冬学礼读书，试思书何以云读？诗何以必弦诵？可见不能弦诵者，即非诗也。何以能弦诵？我以情发之，而又不尽发之，第长言永叹，手舞足蹈，若有不能已于言，又有言之而不能尽者，非弦而诵之，不足以通其志而达其情也。……诗本于情，止于礼义，被于笙弦，能动荡人之血气。"

《里堂文稿·蒋山诗集序》："谓诗所以道性情，非所以供酬应也。上之孝弟之气，发为文章，其言蔼然，足以动人；次之诵读讨

---

① 赖贵三：《海峡两岸焦循文献考察与学术研究》，文津出版社，2008，第571、577页。

② 《里堂文稿·与张竹轩论诗书》。

论之功，有以正其趋而笃其识。"

《里堂文稿·与张竹轩论诗书》："《诗》之为教，温柔敦厚，所以正风俗，和教化，足以鼓荡人之血气，以振其驰怠，而磨其廉角。"

焦循这样说，也是这样做的。的确，从焦循之《荒年杂诗》、《番薯吟》、《老佃客谭》诸诗中，能深深感受到关注民生疾苦的现实特性和善良情怀，读之味之，诚"能动荡人之血气"。

3. "转豁其枢机"之词

焦循对词的重视，表现在两个方面：

其一，词作较多。汇集成册者，就有《仲轩词》、《红薇翠竹词》和《里堂词集》。这些作品，与清代词家相比并不算多，但在经学家当中，焦循能写这么多词，确属难能可贵。

其二，理论总结。著有《雕菰楼词话》，部分内容载于《雕菰集》卷十之中，如《词说一》："学者多谓词不可学，以其妨诗古文，尤非说经所宜。余谓非也。人禀阴阳之气以生者也，性情中必有柔委之气寓之，有时感发，每不可遏，有词曲一途分泄之，则使清劲之气长流存于诗古文。且经学须深思冥会，或至抑塞沈困，机不可转，诗词足以移其情，而转豁其枢机，则有益于经学不浅。"

在焦循看来，与诗一样，词有"转豁其枢机"、"有益于经学"之功。

4. "于世教实多所裨益"之曲

作为"末学"的戏剧，向为治经者漠视。焦循却不然，不仅为之作了大量的研究，而且撰成极富影响的《剧说》、《花部农谭》和《曲考》三部巨著。可惜《曲考》已佚。

《剧说》的撰写，始自嘉庆十年（乙丑）即1805年。《剧说·记》："嘉庆乙丑，养病家居，经史不能读，因取前帙，参以旧闻，凡论宫调、音律者不录，名之以《剧说》。"《花部农谭》，定稿于嘉庆己卯年即1818年。1805年，焦循已专于治《易》，《易广记》卷一："自四十岁至四十七岁，此八年专于学《易》。"而

《花部农谭》一书，则成于临终前两年，彼时正忙于《孟子正义》一书。在探讨《周易》和疏证《孟子》之暇，焦循仍不忘研究戏曲，足见对此的重视程度。那么，焦循为什么会如此看重戏曲？

能找到很多原因，或者顺应当时扬州戏曲大盛的潮流，如在"重宁寺构大戏台"、"两淮盐务例畜花、雅两部以备大戏"，还在乾隆丁酉年（1777）"于扬州设局改曲剧"①，且"湖村二、八月，赛神、演剧，铙鼓喧阗"②，焦循因之而评点并加梳理；或者深受文人好曲写曲论曲之风的影响，如安定书院山长蒋士铨著《雪中人》、《桂林霜》、《四弦秋》③，李斗著《岁星记》和《奇酸记》④，李周南作《井鲤记》、《菊孙记》传奇等；或者是考证学风气使然，因为焦循论曲之作在方法上无一不显示着考证的印记，如《剧说》中核实剧名、考证作者、溯源名称、辨释角色等；或者是扬州学派学术特点所致，如凌廷堪《校礼堂文集》卷二十二的《与程时斋论曲书》、《校礼堂诗集》卷二的《论曲绝句》三十二首，江藩撰写《名优记》⑤，黄承吉《梦陔堂诗集》卷四的观剧诗等；或者是焦循"博通为文"的结晶，焦循"无物不习"⑥。于易学，"自汉魏以来至今二千年中，凡说《易》之书必首尾阅之"⑦；对于史学，焦循也是遍览史书，《易余籥录》卷九至卷十一几乎全涉"正史"便为明证，对于戏剧，自然也是毕览毕治，故《剧说》荟萃了汉、唐以来近二百部⑧典籍中关于戏曲的珍贵史料。

这些，用来解释焦循重视戏曲的原因是没有问题的。然而，还有一个原因不可忽略，这就是重视戏曲的"化人"功能。

---

① 李斗：《扬州画舫录》卷五《新城北录下》。
② 焦廷琥：《先府君事略》。
③ 焦循：《剧说》卷四。
④ 李斗：《永报堂集》。
⑤ 李斗：《扬州画舫录》卷九《小秦淮录》。
⑥ 《焦氏遗书·先府君事略》。
⑦ 《易广记·序》。
⑧ 《剧说》卷前"引用书目"共列166种，但正文所引不止于此，近200种。

在中国戏曲史上，历来重视"乐教"。《孟子·尽心上》："仁言不如仁声之入人深也。"《荀子·乐论》："夫声乐之入人也深，其化人也速。"[1] 清代同样对"乐教"予以足够的肯定。《四库全书总目提要》卷一百九十九《集部·钦定曲谱》："叙述善恶，指陈法戒，使妇人孺子皆足以观感而奋兴，于世教实多所裨益。"

焦循以为，戏曲之所以"于世教实多所裨益"，在于饱含其中的忠孝节义之事。《花部农谭·记》："花部多本于元剧，其事多忠孝节义，足以动人。其词直质，虽妇孺亦能解；其音慷慨，血气为之动荡。"这也正是元曲的一大特点，《剧说》卷一："元曲止正旦、正末唱，余不唱。其为正旦、正末者，必取义夫、贞妇、忠臣、孝子，他宵小市井不得而干之。"

当然，焦循重视戏曲，也与其直观而简明的表现形式密不可分。焦循立说，常常以浅喻深，例如，"六十四卦，车马炮卒士相帅将也；文王周公孔子之辞，谱也。"[2] 同样，对于"妇孺亦能解"的地方戏剧，焦循往往也以之为喻。《易广记》卷二中，焦循对张振渊《周易说疏》一书加以评述时曾说："童时即阅此本，阅之不下十数过，愈阅愈不知经义所在，亦不知所说之何谓。譬之村人观剧，不知何以红面与黑面厮杀，旁一村人指而说之，侈陈《三国志演义》核之，于剧非关张也；旁又一村人曰，但看其情节，不必知其为何如人。然则看剧终日，不啻坐云雾中。此等说《易》之书，真村人之说剧耳"。这说明，焦循不光重视戏曲的"化人"特质，对其浅显直白的表现形式也由衷地赞而赏之。

因此可知，"于世教实多所裨益"的戏曲，无论在内涵上，抑或是目的上，还是在功效上，都与焦循易学的宗旨一无二致。惟其

---

① 焦循以为，不仅孟子与荀子对音乐的看法一致，就是孟子的"性善"说与荀子的"性恶"论，其实质也相同。《易余籥录》卷十二：《非相篇》对"人之所以为人者"、《王制篇》论人为"天下贵"，"可引为孟子道'性善'之证。荀子则偏之性恶，不过因孟子言'性善'而故反之耳！"
② 《易话》卷上。

如此，方能从本质上解答和明晰这两个疑团：其一，对于历来为他
人视作末学而不屑一顾的戏曲，焦循为什么会如此偏爱和热衷？其
二，动笔开写《孟子正义》的过程，几乎是焦循与生命竞赛的过
程，在这样的时刻，焦循为什么还会念念不忘于此而成就《花部
农谭》？这两点，在多年来却恰恰为戏曲研究者所忽略。但是，如
若置焦循的易学宗旨于不顾，只是单纯地就其戏曲著述而论述他的
戏曲成就，所得出的结论肯定是不完整的，当然就更谈不上确论
了。还有一点值得注意，那就是《论语》和《孟子》已为焦循纳
入其易学范畴之中，而《剧说》和《花部农谭》亦与其易学宗旨
相互贯通。

第五章　学术影响

　　焦循的学术影响是多方面的。首先，深受同时代学者阮元、王引之等人的肯定和表彰。其次，扬州学派后期的核心人物则师法其学，如刘文淇、刘宝楠仿效焦循"长编"之法以成其著，方申运用焦循变通易学而撰《周易卦变举要》，成蓉镜在《禹贡郑注释》基础之上著《禹贡班义述》等。复次，对晚清扬州以外学者的学术研究产生了重要影响，如俞樾仿效焦循著述而成《易穷通变化论》、《儿笘录》，孙诒让借鉴《孟子正义长编》而成《周礼正义》。最后，民国时期学者多关注焦循之学，一方面，刘师培全面总结、续补和宣传焦循学术，王承烈沿袭焦循"比例"之法而著《易变释例》，王国维在《剧说》、《花部农谭》之后进一步研究古代戏曲且继承焦循"一代有一代之所胜"的学术思想，程启檠专力研究焦循易例而著《雕菰楼易义》等；另一方面，对焦循易学的评价形成两种截然相反的观点，梁启超、方东美、牟宗三等人持肯定意见，柯劭忞、尚秉和、熊十力则予以否定。

第一节　师其法而成书

　　就是在撰写经学著作中，仿效焦循先纂《孟子长编》，而后写成《孟子正义》的著书方法。

　　对于"长编"，焦循熟知其道且偏爱有加。对于《资治通鉴》

开创先辑"长编"而后成书的著书典范，以及李焘效仿而成的
《续资治通鉴长编》，焦循自然十分熟悉。里中先贤乔莱与修《明
史》也沿用其法而为，在《扬州足征录》卷一所收朱彝尊《翰林
院侍读乔君墓表》中，就有"纂修《明史》"而"先撰长编"的
记述。因此，在志书的撰写上，焦循就主张先成长编，《雕菰集》
卷十二《国史儒林文苑传议》提出著史七法，第二条就是"长
编"，并在总结长编的特点时说："篇籍既存，浅深精粗，可按而
得也。周览之不厌其烦，深研之不惮其刻。舍学究公家之言，摘精
神独得之处。一言伟卓，不以细遗，累卷通明，不以繁节，使条枚
悉楶，宧奥尽融，若示诸掌，若贯于弗，一展阅洞见作者苦心。譬
如县八铢之镜，神妖莫潜，萃五侯之鲭，肥瘠并陈矣。"

　　但是，此前的长编，多行之史书的编纂上。焦循的不凡之处，
是把这一史学方法引入经学领域。一则入清以来，经学兴盛，成果
众多，必须"条枚悉楶"，才能"肥瘠并陈"；二则清代经学发展
到扬州学派，已然进入总结时期，重新疏解儒家经典蔚然成风，面
对诸多"独得之处"，亦当细加梳理，方能"宧奥尽融"①。于是，
借撰写《孟子正义》之机，焦循便引此法以用之。

　　事实证明，这是行之有效的治经方法。焦循能在临终前的两年
内顺利完成此书的写作，固然与焦循坚韧的毅力及其对学术的热爱
密切关联，但应当看到，"长编"法的采用功不可没。正是《长
编》"一一纂出"相关的资料，方为《孟子正义》的顺利撰写提供
了广博而有序的文献信息。

　　焦循的成功经验表明，在经学研究中，这同样是一条切实可行
的优秀方法，故为后来者竞相仿效。

一　刘文淇沿用"长编"法而著《春秋左氏传旧注疏证》

　　刘文淇（1789～1854），字孟瞻，江苏仪征人。幼年从舅父

---

① 《雕菰集》卷十二《国史儒林文苑传议》。

凌曙学习，嘉庆十二年（1807），为县学生，七年后补为廪膳生。过了五年，选为优贡生。次年即嘉庆二十五年（1820），成《左传旧疏考证》。然科考不顺，前后参加乡试十四次，终未如愿。一生著述不倦，著《春秋左氏传旧注疏证》长编八十卷，《左传旧疏考证》八卷，《晋泰始笛律匡谬》一卷，《青溪旧屋文集》十卷等。

《春秋左氏传旧注疏证》一书，虽历刘文淇、刘毓崧、刘寿曾、刘师培四代而未成完书，但仪征刘氏四世治经早已传为学界佳话。而此书的写作步骤，就是先做《长编》。刘毓崧《通义堂文集》卷六《先考行略》："尝谓《左氏》之义，为杜注剥蚀已久，其稍可观览者，皆系袭取旧说。爰辑《左传旧注疏证》一书。……草创四十年，《长编》已具，然后依次排比，成书八十卷。"

因种种原因，刘文淇仅成正文一卷而卒。刘毓崧欲成其父之业而未果，子寿曾踵继之。《清史稿·儒林三·刘文淇附寿曾》："文淇治《左氏春秋长编》数十巨册，晚年编辑成疏，甫得一卷而文淇没。毓崧思卒其业，未果。寿曾乃发愤以继志述事为任。"为了完成这一未竟之业，刘寿曾拼力为学，惜未成之。孙诒让《刘恭甫墓表》："恭甫知县绍明家学，志尚闳远，念三世之学未有成书，创立程限，锐志研纂，属稿至襄公四年而恭甫又卒。"①

从中，可知《春秋左氏传旧注疏证》撰写何其艰辛！而自刘文淇至刘寿曾所用的著述方法，则是仿效焦循撰写《孟子正义》之法，表现有三：一是纂辑《长编》；二是焦循"简择《长编》之可采者与否"②而著书，刘文淇则选录《长编》内容为《提纲》，两者同是由繁趋简，方法相类；三是焦循"逐日稽考"，而刘寿曾则"创立程限"，为保证进度，都设定任务而努力为之。因此，学

---

① 孙诒让：《籀庼述林》卷五《刘恭甫墓表》。
② 焦廷琥：《焦氏遗书》卷末《先府君事略》。

者早就总结说："刘家做这个《左疏》的方法，是仿照焦循的《孟子正义》的做法，先做《长编》，根据《长编》做《提纲》，再按照《提纲》查编，然后清抄。"①

当然，对焦循《春秋左传补疏》中疏解未是者，《春秋左氏传旧注疏证》予以正之。如《闵公元年》"犹有令名，与其及也"："焦循云：与其及也，不如逃之，无使罪至，犹有令名，倒装，使肖口吻，左氏属文之法也。《史记·晋世家》芟去下四字，《集解》引王肃曰云云，加'何'字未达。按：《广雅·释诂》：'易与，如也。'王念孙云：'凡经、传言与其者，谓如其也。'是王肃言'何与'，犹何如也。焦说非。"

二　"依焦氏《孟子正义》之法"而为《论语正义》

刘宝楠（1791～1855），字楚桢，江苏宝应人。嘉庆十四年（1809），开始编撰《宝应图经》，道光三年（1823）成之；道光八年（1828），与刘文淇等人再次约定新疏《十三经》，且专于《论语正义》的写作。道光二十年（1840）进士中式，历任直隶文安县知县、元氏县知县、三河县知县。所在之地，皆有政声。著有《易古训》一卷，《论语正义》二十四卷，《释谷》四卷，《愈愚录》六卷，《念楼全集》八卷《外集》二卷等。

因刘宝楠忙于政事，卒时仅成稿《论语正义》前十七卷。子恭冕能承家学，"平生精力，皆在《正义》"②，除了校补前十七卷，且续成后七卷。后经曾国藩相助而初刊于金陵书局。

对于焦循之学特别是《论语通释》、《论语补疏》诸书之说，刘宝楠父子极为重视，故《论语正义》中多所征引。如《论语正义》卷一"敏于事而慎于言"："焦氏循《论语补疏》：'敏，审也。谓审当于事也。圣人教人，固不专以疾速为重。'按：焦说与

---

① 《春秋左氏传旧注疏证》之《整理后记》，科学出版社，1959。
② 刘岳云：《族兄叔俛事略》，见载《碑传集三编》卷三十三。

孔《注》义相辅。"卷四"吾道一以贯之"引《雕菰集》卷九《一以贯之解》为说，继之述王念孙、阮元之见，以为"'一贯'之义，自汉以来不得其解，若焦与王、阮二家之说，求之经旨皆甚合。"若焦循所说有误，亦订而正之。如卷十一"行不履阈"："焦氏循惑于贾《疏》'二阆'之说，遂谓两阆中间有阈，两阆外无阈，以通车行，于掩门，则彻去两阆与阈，而别设门限。又谓云履云践，是度越之，非蹠其上。其说杂见《礼记补疏》、《群经宫室图》、《雕菰楼文集》中。"

但是，焦循对刘宝楠的影响，并不限于《论语正义》对其观点的称引。相比之下，更重要的，则是效仿焦循《孟子正义》的编纂方法。对此，刘恭冕《论语正义·后叙》中有过明确的表述："依焦氏作《孟子正义》之法，先为《长编》，得数十巨册。"

在《论语正义》之外，刘宝楠还著有《毛诗注疏长编》、《毛诗正义长编》、《礼记注疏长编》等。不难看出，刘宝楠已然把"《孟子正义》之法"运用到全部经学研究之中。

三　孙诒让借鉴《孟子正义长编》而成《周礼正义》

孙诒让（1848～1908），字仲容，号籀庼，浙江瑞安人。同治六年（1867）举人，之后八应礼闱而未中式。一生治学不辍，自十三岁著成《广韵姓氏刊误》到逝前所著《尚书骈枝》，共成四十余种著述，如《周礼正义》八十六卷、《札迻》十二卷、《墨子间诂》十四卷、《古籀拾遗》三卷、《籀庼述林》八卷等。

孙诒让是在师法扬州学派学术方法和旨趣中从事学术研究的。这在孙诒让著述中多有记述。譬如，《札迻·叙》："年十六七，读江子屏《汉学师承记》及阮文达公所集刊《经解》，始窥国朝通儒治经史小学家法。……深善王观察《读书杂志》及卢学士《群书拾补》……间窃取其义法以治古书"；《古籀拾遗·叙》："（余）略有所寤，辄依高邮王氏《汉隶拾遗》例，为发疑正读，成书三卷"；《尚书骈枝·叙》："王文简《述闻》、《释词》释古文辞尤为究极微眇。余少治《书》，于商、周《命》、《诰》，辄苦其不能尽通，逮依段、王义例，以正其读，则大致文从字顺"。其经学代表作《周礼正义》，同样借鉴焦循《孟子正义长编》法而著成。

同治十一年（1872），孙诒让就开始《周礼正义》的撰写工作，即汇纂《周礼正义长编》。孙延钊《孙征君籀庼公年谱》卷一同治十一年中说："从邵子进处见到明嘉靖仿宋刊本《周礼》郑《注》，草创《周礼正义长篇》。又传抄庄有可《周官指掌》。"孙诒让《周礼正义·序》之述则更为简明："草创于同治之季年，始为《长编》数十巨册。"在数易其稿，历经二十年之功后，方成"清儒新疏之冠"①的《周礼正义》一书。

第二节　继其学而著书

一　方申《周易卦变举要》"全采"旁通之说

方申（1787～1840），字端斋，江苏仪征人。方申原本为盐城伍裕场申氏之后，因舅父无子，以妹之子为嗣而改姓方。少年时家境贫苦，然母亲为汪中族侄，读书而明大义，父亲方世堂为国学生，故方申自幼能够读书认字。刘文淇舅父凌曙推重其学术和人品，请其教授儿子凌铺。道光九年（1829），凌曙故去，凌铺年仅八岁，刘文淇仍请方申教诲他。是时，方申年过四十，受刘文淇和刘宝楠的鼓励，应童子试，却屡试而不中。道光十八年（1838）冬，以经解为全郡第一而补为仪征县生员。两年后，赴江宁乡试，劳而成疾，归家后不久而卒。

方申专攻《周易》，著有《方氏易学五书》：《诸家易象别录》一卷；《虞氏易象汇编》一卷；《周易卦象集证》一卷；《周易互体

_____

① 梁启超：《中国近三百年学术史》，中国书店，1985，第201页。

详述》一卷；《周易卦变举要》一卷①。影响较大，《续修四库全书》均加收录。

众所周知，象数、义理、训诂为易学之主要流派。作为扬州学派后期的核心人物，方申着力于象数中卦象尤其是逸象的辑录和研究，《诸家易象别录》、《虞氏易象汇编》、《周易卦象集证》均属此类。《周易互体详述》以正例、附例专明互卦，如《自序》所言："四画、五画能互诸卦，而三画又为四画、五画之本，此正例也。二画仅互八卦而一画又分二画之余，此附例也。"继里中先贤焦循而成书者，为《周易卦变举要》一书。

《周易卦变举要》把卦与卦之间的变化联系即卦变分成六类：旁通、反复、上下、变化、往来和升降，并在卷首的《自序》中以为："六爻改易者为旁通，一爻改易者为变化，则变化可附于旁通焉；六爻移易者为反复，一爻移易者为往来，则往来可附于反复焉；六爻交易者为上下易，一爻交易者为升降，则升降可附于上下易焉。"这是全书的总纲，也是了解此书的线索。据此，则书中先总列每卦的"旁通反复上下易诸变"一类，而后依次分述变化、往来和升降，每一类都详细述说六十四卦中每卦的卦变结果。

虞翻易学注重以往来和升降等为核心的卦变说，故钱大昕、张惠言、焦循等均加以探析。在《周易卦变举要》中，方申对各家学说"苦其说之涣散无统，遂益眩惑而莫识其源"，于是在注文中还综以述之："旁通图本于钱氏大昕《潜研堂集》，反复图本于张氏惠言《虞氏消息》"，而"本卦与旁通卦彼此升降，焦氏循易学言之最详，今全采之"。② 进而使"散者辑之使聚，乱者理之使整，

---

① 《清史列传》卷六十九书作"《周易变卦举要》一卷"。"变卦"误，当为"卦变"。《方氏易学五书》本、《皇清经解续编》本均为《周易卦变举要》。此外，方申于"道光丙申重九日"撰写的《周易卦变举要·自序》中就说："成书一卷，名之曰《周易卦变举要》。"

② 方申：《周易卦变举要》卷首《自序》。

缺者补之使完，晦者揭之使显"①。

　　"散者辑之使聚"，自是合钱大昕、张惠言、焦循之说于一书之中；"乱者理之使整"，则把体例整齐划一，"例之未一者则改之"，并注解说："如《屯》、《蒙》、《颐》、《大过》、《坎》、《离》、《革》、《鼎》、《中孚》、《小过》，俱自两辟卦来，而《中孚》、《小过》则又以两爻往来，盖兼消与息之卦，故有此变例也。先儒或改为自八纯卦来，似乎自紊其例，今皆正之"②；"缺者补之使完"，如焦循《易图略》卷一之《旁通》，有的相当简要，方申加以补之，如《屯》卦，《易图略》只有"三之《鼎》上"一句，方申则完整而述："下卦旁通《巽》，上卦旁通《离》，本卦旁通《鼎》"；"晦者揭之使显"，则列卦变图而使之一目了然，如《豫》卦的变化："初九"变《萃》，"六二"变《兑》，"六三"变《革》，"九四"变《屯》，"九五"变《震》，"上六"变《无妄》等。

　　至于"本卦与旁通卦彼此升降，焦氏循易学言之最详，今全采之"之说，举一例说明即可：

　　《周易卦变举要》：

师䷆下坎上坤　下卦旁通离☲反复本卦　上卦旁通乾☰反复本卦
　　　　　旁通同人䷌　反复比䷇　上下易比䷇

比䷇下坤上坎　下卦旁通乾☰反复本卦　上卦旁通离☲反复本卦
　　　　　旁通大有䷍　反复师䷆　上下易师䷆

　　方申以为，《师》旁通《同人》，反复则为《比》；《比》旁通《大有》，反复为《师》。这与《易图略》卷一《旁通图第一》完全一致："䷆师，二之五，五之二，初之《同人》四，三之《同人》上。"焦循还解释说："《师》，'众'也。又以《大有》为'众'，何也？《师》二之五成《比》，《比》则旁通于《大有》，

①　方申：《周易卦变举要》卷首《自序》。
②　方申：《周易卦变举要》卷首《自序》。

《大有》二之五成《同人》，《同人》则旁通于《师》。"

方申在焦循等人旁通说基础之上而成的《周易卦变举要》一书，使《易》之卦变情形一目了然，既继承和发展了前人之说，又为初学者提供了便利。对此，柯劭忞曾评价说："务使端绪分明，阅者易了。虽无精深之义，亦可以学《易》之初阶。"①

二 成蓉镜《禹贡班义述》以"专名古义"

成蓉镜（1816～1883），字芙卿，晚号心巢，江苏宝应人。本名蓉镜，父母丧后改名为孺。事母至孝，"三十后，遂绝科举，不忍一日去母也。"② 道光三十年（1850），经六载四易其稿而成《禹贡班义述》，刘文淇为稿本作序。大约在同治四年（1865），成蓉镜入曾国藩幕，先后与刘毓崧、刘寿曾在金陵书局校勘书籍，同治十一年（1872）离开曾幕，官至知县。光绪六年（1880），主讲于长沙校经堂，三年后故去。著有《周易释爻例》一卷，《禹贡班义述》三卷，《尚书历谱》二卷，《春秋日南至谱》一卷，《春秋世族谱拾遗》一卷，《郑志考证》一卷，《论语论仁释》一卷，《切韵表》五卷，《三统术补衍》一卷，《心巢文录》二卷等。

成蓉镜的学术生涯，经历了多次变化。如冯煦在《碑传集补》卷三十八《成先生行状》所说："先生学凡三变，二十攻词章，三十攻考证，四十考义理。"显然，与扬州学派前期之刘台拱、中期之焦循等人自宋学转向汉学不同，成蓉镜从以考证为主的汉学走向以义理为旨的宋学。这种变化，既是成蓉镜的学术特点，也是扬州学派学术走向终结的一个重要标志。

就《禹贡班义述》而言，该书撰成时，成蓉镜年仅三十四岁，即正处在"攻考证"之时，故是书为其汉学代表作之一。

在书中，多引焦循《禹贡郑注释》为说。如卷上"淮沂其

---

① 《续修四库全书总目提要》稿本第35册，第539页。
② 冯煦：《清故宝应县学生成先生墓志铭》，载《碑传集补》卷三十八。

义",引焦循《禹贡郑注释》卷上"循按"之说:"《职方氏》:
'青州其山镇曰沂山。其浸沂、沭。'郑彼《注》云:'沂山,沂水
所出也,在盖。'是沂水自出沂山,不出临乐子山也。《志》明言
'临乐子山,洙水所出,西北至盖。'则临乐子山不在盖矣。与莱
芜、原山、甾、汶同出之,文有异。《水经》'洙水出临乐山',
'沂水出艾山',亦是二山。《正义》引《地理志》云:'沂水出泰
山盖县临乐子山,南至下邳入泗。'是冠临乐子山于洙、沂二水,
非《志》义。按:焦说是也。"

又如卷中"均江海":"《禹贡郑注释》云:郑既读'均'为
'沿',为郑学者,因改为'沿',遂又讹作'松'。陆元朗依传写
之本,以为郑作'松',亦明其误,故辩曰'松'当为'沿'也。
王本以'松'读曰'沿'为郑《注》,误。按:焦说是也。"

还如卷下"至于大别":"《禹贡郑注释》云:至于三危,入于
南海,非入海在三危也;至于东陵,东迆北会于汇,非会汇在东陵
也。《导河》言'至于龙门'、'至于华阴'、'至于大伾'、'至于
大陆',凡'至于'云者,或记其曲处,或记其致力处,此言'至
于大别,南入于江',正以自大别至江,水有回曲,非入江于大别
之旁也。"

如此称引《禹贡郑注释》的资料,在《禹贡班义述》中并不
只上举三条。重要的是,通过这些例子,可勾勒出成蓉镜对焦循
《禹贡郑注释》继承和发展的大体脉络。

皮锡瑞《经学通论》曾对清人研究《禹贡》的三部要籍有过
简要的分析:"胡渭《禹贡锥指》有重名,亦多惑于后起之说,惟
焦循《禹贡郑注释》、成蓉镜《禹贡班义述》专明古义。"[①] 换言
之,在"专明古义"上,焦循与成蓉镜有着相同的学术旨趣。

事实上,焦循早就对班固《汉书·地理志》保存《禹贡》精

---

① 皮锡瑞:《经学通论》之二《书经·论禹贡山川当据经文解之据汉人古义解之
  不得从后起之说》,中华书局,1954,第63页。

义予以强调并加探析。在题为阮元而实或出于焦循的《浙江图考》①中，就有这样的表述："班氏《地志》最为精密，考古地理者舍此莫有所主也。故郑注《禹贡》、《职方》专本之。"在《禹贡郑注释·序》里还有："班氏《地理志》……所采博，所择精，汉世地理之书，莫此为善。故郑氏注经，一本于是。"从某种意义上，《禹贡郑注释》其实就是对《汉书·地理志》所存《禹贡》之说的总结和考订。由之而知，焦循在分析"禹贡班义"上对成蓉镜学术有着示范作用和引领意义。

不过，与《禹贡郑注释》相比，成蓉镜《禹贡班义述》的侧重点有所不同。刘毓崧在《成芙卿禹贡班义述序》中对此有过清楚的总结：《禹贡郑注释》"以《汉志》与郑《注》相参究，非以班义为主。"②而《禹贡班义述》则专门述证"班义"，从而成为清代《禹贡》研究中首部专述"班义"之作。

三 俞樾《易穷通变化论》"参用焦氏之例"

俞樾（1821～1907），字荫甫，号曲园居士，浙江德清人。道光三十年（1850）进士，后任河南学政，旋即罢官，在苏州紫阳书院、杭州诂经精舍等地讲学。一生勤奋治学，著述众多，收于《春在堂全书》者就多达五百卷。

在俞樾的著作中，《易穷通变化论》一卷是在焦循旁通易学的基础上写成的。俞樾以为："旁通之卦彼此互易。如以此卦之二易彼卦之五，则即以彼之五爻为此之二爻；如以此卦之五易彼卦之二，则即以彼之二爻为此之五爻。初与四、三与上亦然。然此一百九十二爻中阴遇阳、阳遇阴可得而易者九十六，阳遇阴、阴遇阴不可得而易者亦九十六。可得而易，斯谓之通；不可得而易，斯谓之穷。"于是，先述六十四卦之通，次述六十四卦之穷。

---

① 参见本书第三章《学术著述》之《浙江图考》。
② 刘毓崧：《通义堂文集》卷二《成芙卿禹贡班义述序》。

若加比较，俞樾对六十四卦旁通之说，与焦循《易图略》之说几乎相同，只是表述方式及次序略有不同而已。以前八卦为例：

《易穷通变化论》：

☰乾　二通　四通　上通　　☷坤　五通　初通　三通

☳震　五通　四通　三通　　☴巽　二通　初通　上通

☵坎　二通　初通　三通　　☲离　五通　四通　上通

☶艮　五通　初通　上通　　☱兑　二通　三通　四通

《易图略·旁通图第一》：

☰乾　二之《坤》五　四之《坤》初　上之《坤》三

☷坤　五之《乾》二　初之《乾》四　三之《乾》上

☳震　五之《巽》二　四之《巽》初　上之《巽》三

☴巽　二之《震》五　初之《震》四　三之《震》上

☵坎　二之《离》五　初之《离》四　三之《离》上

☲离　五之《坎》二　四之《坎》初　上之《坎》三

☶艮　五之《兑》二　初之《兑》四　上之《兑》三

☱兑　二之《艮》五　四之《艮》初　三之《艮》上

正因为如此，俞樾在《易穷通变化论》卷首就讲明著成此卷之缘由："焦氏说《易》独辟畦町，以虞氏之旁通行荀氏之升降，为自来说《易》者所莫及。然愚犹病其通而不知穷也。"所以，"愚故本荀、虞两家之说，参用焦氏之例，其通者半，焦氏所知也；其穷者半，焦氏所不知也。"[1]

也就是说，《易穷通变化论》之旁通"参用焦氏之例"而成，而"穷者半"则是对焦循旁通说的发展。

其实，俞樾所说的"穷"，并非"焦氏所不知"。譬如，《易穷通变化论》以为："☶剥：五、初通《夬》成《益》，三变成《家人》，上变成《既济》；☱履：二、四通《谦》成《益》，三变成《家人》，上变成《既济》。"在《易学三书》中，这样的表述举不

---

[1] 俞樾：《第一楼丛书》之《易穷通变化论》，《春在堂全书》本。

胜举:《易章句·夬》:"二'长'于《剥》五,而后四乃之《剥》初,《夬》成《既济》,《剥》成《益》。"同书"上古结绳而治":"《夬》二交于《剥》五,成《观》,上《巽》为'绳'也。'治'则《夬》成《既济》,《剥》成《益》。"而在《易通释》卷十六《邑邦国》中有:"《履》通《谦》成《益》";卷十九《损益天道亏盈而益谦君子以哀多益寡》亦说:"《履》二四之《谦》成《益》。"这与俞樾所说"穷"在本质上是相互贯通的,只是焦循没有明确用"穷"简明归类罢了。而以"穷"归类,并以表来简述,正是俞樾对焦循旁通易说的补充和完善。

至于俞樾《儿笘录》一书,或以为仿效焦循《易余籥录》而成:"以经籍之次为序,不别标目,各有发明,精审处足与王应麟《困学纪闻》、顾炎武《日知录》相媲美。……厥后俞樾《儿笘录》之作,盖即师其意为之者。"① 究其实质,只是形式上类似,在学术上没有必然的联系。

四 王承烈《易变释例》承袭"旁通"之法

王承烈(1863~1938),字文波,又字闻旛,湖北汉阳人。光绪间岁贡,后在南昌中学、赣州师范任教。一生治《易》,著有《易变释例》十二卷。

王承烈历时十六年,八易其稿,终成《易爻释例》一书,并于1931年初刊问世。此后不断改订,至卒前一年,仍在修改,增补处达数十条之多,是为第九稿,并且说:"此书自辛未刊印以来,间有修补,约数十条,另纸笺识,共有五部,列水、火、木、金、土为号,其中略有文气句法不一律者,而大指则同。他日重刊,可为定本。此为土部。""辛未",为1931年。1942年,弟子李介侯在四川避乱而重印此书,即万县油印本。李介侯简化其师《易变释例》中内容成四言诗988句,加以小注和按语,成《周易

---

① 《续修四库全书总目提要》稿本第35册,第56页。

常识便读》一卷，附刊于油印本《易变释例》后，以便初学。

《易爻释例》十二卷，前九卷释上、下经各三卷及释《易传》三卷，卷十释卦象，卷十一为《通义》，卷十二为《绪言》。从《通义》中可知，王承烈之易例共有六例：旁通为本错卦的阴阳应爻易位，反复为综卦，递变释《序卦》次序由旁通而生，升降是本错卦上下相错，互卦则分三爻、四爻，消息为十二辟卦合旁通诸卦。其中，除升降沿用焦循《易图略》卷四之《八卦相错一》之外，旁通亦与焦循之说相同。如《易变释例》卷一《乾》：

　　　☰乾上乾下。☰☷乾与坤旁通　　☲☵　　☵☲

乾：《乾》与《坤》旁通，《乾》为天，《坤》为地。然六画纯阳之《乾》，六画纯阴之《坤》，犹是阴阳未变之体，非成象成形之天地也。必《乾》四易《坤》初，《乾》变《小畜》，《坤》变《复》。《小畜》巽在上卦为高，五阳居天之正位，始有天位乎上之象。《复》震阳在下为卑，二阴居地之正位，始有地位乎下之象。再以《小畜》二易《复》五，《小畜》变《家人》，《复》变《屯》。《家人》离为日，《屯》坎为月，始有日月之象。《屯》震为春为木，《家人》离为夏为火，《屯》、《坤》为土；反为《暌》、《蒙》，《暌》兑为秋为金，《蒙》坎为冬为水，《蒙》、《坤》亦为土：始有四时五行之象。《乾》、《坤》之言变《家人》与《屯》，变《暌》与《蒙》者，道在此也。《乾》、《坤》阴阳交之互易，必初与四易，二与五易，三与上易，决非初易彼初，二易彼二，四、五、上易彼四、五、上也。凡他卦各与其旁通卦阴阳爻之互易，皆当如此。

这当中，包含以下五点意蕴：其一，旁通是《乾》、《坤》阴阳爻之互易；其二，互易的方法，是初与四、二与五、三与上易；其三，《乾》四易《坤》初，《乾》成《小畜》、《坤》成《复》，再以《小畜》二易《复》五，则《小畜》成《家人》、《复》成《屯》，即䷤䷂；其四，《乾》、《坤》又旁通《睽》、《蒙》，即䷥䷃；其五，旁通意味着"成象成形之天地"，"始有四时五行之象"。

就方法而言，王承烈旁通之见，其实全用焦循之说。

《易图略·旁通图第一》讲的就是互易之法，如：

䷀乾　二之《坤》五　四之《坤》初　上之《坤》三
䷁坤　五之《乾》二　初之《乾》四　三之《乾》上

而《乾》、《坤》旁通《家人》、《屯》、《睽》、《蒙》四卦，则在《易学三书》中反复言及：如《易章句》卷一《乾》："《乾》成《革》，《坤》成《蹇》，《蹇》变通于《睽》，《革》变通于《蒙》"；《易图略·当位失道图第二》中四之初当位成䷤家人、䷂屯，不当位成䷤小畜、䷗复；《易图略》卷二："《乾》二先之《坤》五，四之《坤》初应之，《乾》成《家人》，《坤》成《屯》，是当位而吉者也。若不知变通，而以《家人》上之《屯》三，成两《既济》，其道穷矣。此'亢龙'所以为'穷之灾'也，此吉变凶也。凶何以化吉？《乾》二不之《坤》五，而四先之《坤》初，《乾》成《小畜》，《坤》成《复》，是失道而凶者也"；《易通释》卷十三《密云不雨自我西郊密云不雨自我西郊》："《小畜》二之《复》五成《屯》"。等等。

至于以爻画的旁通为基础诠解《周易》之同字、同句和同义现象，王承烈承袭焦循之法者则更为明显。

区别在于：王承烈所说的旁通要以《乾》、《坤》为核心，焦循之旁通着眼于全部六十四卦间的关联；焦循以旁通、相错、时行为例，王承烈以旁通、反复、递变、升降、互卦、消息为例。

或许以为在体例上较焦循之法更为严密，王承烈对焦循旁通之法加以颂扬的同时，在《易变释例·绪言》中对焦循失之"武断"者提出批评："焦理堂精于字诂，可为读《易》之资，其《通释》之比类合谊，尤足启人颖悟，而主张太过，武断为多。"对于王承烈《易变释例》之六例，潘雨廷给予肯定的评价："由此六例以贯通全《易》，体例严明，可与焦循之易著媲美，诚不易多得佳构也。"① 这是《易变释例》的成功之处，也是焦循易学之影响所在。

第三节　探其学术旨趣

民国时期，总结和分析焦循学术之文时有所见。如自昭的《博大精深的学者焦里堂》②，王永祥的《戴东原的继承者焦里堂》③，沈英眉的《焦里堂思想述评》④ 等。但是，继承并探寻焦循学术旨趣者，则主要有刘师培、王国维和程启椠。

一　刘师培推尊焦氏易学和史学

刘师培（1884～1919），字申叔，号左盦，江苏仪征人。刘贵曾子、刘文淇曾孙。八岁习《易》，光绪二十八年（1902）中举。次年开封会试落第后，在上海结识章太炎等人，改名光汉，从事反清宣传。1906 年，在芜湖编辑出版了《中国文学教科书》、《经学教科书》等。1908 年，从日本回国后在南京入端方幕。辛亥革命后，拥戴袁世凯称帝。1917 年被蔡元培聘为北京大学教授，讲授文学史。1919 年，与黄侃等人创办《国故》月刊。1919 年因肺结核病逝于北京。其主要著作计 74 种，收于《刘申叔先生遗书》之中。

刘师培对焦循之易学和史学十分推崇，既加总结，又大力宣传。

1. 易学

刘师培对焦循易学的关注和研究，主要表现在三个方面：述其学术渊源，总结易学成就，发扬焦循易学。

---

① 潘雨廷：《读易提要》，上海古籍出版社，2003，第 525 页。
② 自昭：《博大精深的学者焦里堂》，《清华周报》1924 年第 309 期。
③ 王永祥：《戴东原的继承者焦里堂》，《东北丛刊》一卷 12 期，1930。
④ 沈英眉：《江苏研究》一卷五期，1935。

（1）述其学术渊源

《左盦外集》卷九《近儒学术统系论》所论尤详："戴震之学亦出于永……徽歙之士，或游其门，或私淑其学……治数学者，前有汪莱，后有洪梧……治三礼者，则有凌廷堪及三胡……典章制度之学，传于兴化任大椿……顾凤苞与大椿同里，备闻其学，以授其子凤毛。焦循少从凤毛游，时凌廷堪亦居扬州，与循友善，继治数学，与汪莱切磋尤深；阮元之学亦得之焦循、凌廷堪，继从戴门弟子游，故所学均宗戴氏，以知新为主，不惑于陈言，然兼治校勘、金石。黄承吉亦友焦循，移焦氏说《易》之词以治小学，故以声为纲之说，寝以大昌。……若江北、淮南之士，则继焦、黄而起者，有江都凌曙。"刘师培以为，焦循之学上承戴震，下启后人。

同时，刘师培还以为焦循的学术思想和部分重要著述均承继戴震而为。如《左盦外集·戴震传》所言："义理之学，则江都焦循能扩之"；在《理学字义通释》一文中还指出："近世东原先生作《孟子字义疏证》，据孟子以难宋儒，甘泉焦先生亦作《论语通释》，以继戴氏之书。"

除此之外，对焦循某些具体的学术观点，刘师培同样加以分析并溯其源流。如《左盦外集》卷十八《孙兰传》："《舆地隅说》四卷，里人焦循删订之。焦氏之学，多本柳庭，其疏《孟子》也，以圭田为零星不成井之田，其《易话》也，发明类聚群分之旨，皆本柳庭之说。"在《徐石麒传》中还说，徐石麒"尝谓《告子》以食色论性，食色之性，人与禽兽同，惟仁义之性，人所独具，然食色不待教而知，故谓之性，仁义必教而后知，故不谓之性。焦理堂论性之说，多出于此"。

（2）总结易学成就

首先，对焦循《易学三书》简要加以评析。《南北学派不同论》："所著《周易通释》，掇剌卦爻之文，以字类相属，以六书九数之义。复作《易图略》、《易话》。惟《易章句》体例仿虞注，无甚精义，发明大义，条理深密，虽立说间邻穿凿，然时出新说，秩然可观。"这里的《周易通释》，即《易通释》。

其次，对焦循易学的假借之法进行了归纳。《小学发微补》："吾观焦理堂先生《易话》论《易经》假借之例最详。而先生复作《易通释》，谓古者命名辨物，近其声即通其义，如豹、豹为同声，与虎连类而言，则借豹为豹，与祭连类而言，则借豹为豹；羊、祥为同声，兑有吉义，则借羊为祥，大壮失道不吉，则借祥为羊；借狗为拘，拘、狗皆句声；借硕为鼫，以硕鼫皆石声；借蚌为邦，蚌、邦皆羊声也；借鲋为附，鲋、附皆付声也。反复辨论，得义数十条。……无不以声义之通为字形之借。而西人拉克伯里著《支那太古文明》，论以《易》卦为古文，于一字之中，包含众多之义，又解释离卦之文……以证《周易》为古文之字典，其说与焦氏合。"

在今天看来，焦循所谓的假借与王念孙之说一致，指的是"本有其字"的通假，这在《易通释》全书特别是卷十中论说尤详。值得一提的是，刘师培用拉克伯里之说，以证焦循见解之不孤，颇有新意。而"其说与焦氏合"，是说拉克伯里以"《周易》为古文之字典"，而焦循在《雕菰集》卷十中以为："《周易》之辞，多以同声为假借，为后儒训诂之祖。"二者旨趣确有类似之处。

（3）发扬焦循易学

典型体现在刘师培《经学教科书》一书之中。在该书第二册《弁言》中，刘师培就盛赞焦循之说："汉儒言象言数，宋儒言理，均得易学之一端，若观其会通，其惟近儒焦氏之书乎！故今编此书，多用焦氏之说，剌旧说者十之二，参臆解者十之三。"就是说，在长达两千余年的易学史上，刘师培只服膺焦循的"会通"易学，所以教材中的三十六课就"多用焦氏之说"，甚至到了课课不离焦循易说，篇篇以之为纲的境地。

具体而言，则从易学的性质、方法、内涵和语词等四个方面，概述焦循易学。第十六课就照搬焦循《易图略·原筮》中语句：

"焦循曰：'《易》非徒卜筮之书，乃寡过之书也。古之卜筮，所以教人寡过也'"；对自己的易学方法，焦循在《易图略·叙目》中有过系统的表述："余学《易》所悟得者有三，一曰旁通，二曰相错，三曰时行。"王引之的《焦氏遗书·王伯申先生手札》更一语中的："比例二字尽之"。故此，从第十八课到二十一课，几乎全部用来介绍焦循易学的具体方法；第二十二课到第三十一课，以焦循之说为主，刘师培分别叙说了《易经》与文字之关系，易学与数学、政治、伦理学和哲学的关系；对《周易》语词的诠说，刘师培也与焦循之见相合，如《经》、《传》间文字的相互赞明和变文互释，语句上的"倒句"、"两字相连而分指"、"一句中自为转折"和"先顺言而后反言"等，均引《易话》为说。

可以说，《经学教科书》第二册从头至尾均以焦循易说为主线，即使以之为焦循易学的概说，也不为过。

刘师培广引焦循易说，其意义至少有两点：一是以焦循易说为释《易》的定论，评价极高。刘师培在《弁言》中既说"多用焦氏之说"，又以为"《易经》全书之义例，粗备于此"，这就把焦循易学视作释解《周易》"义例"的依据和定论，其评价之高不言而喻，虽然不排除刘师培对焦循这位乡贤的偏爱而极力拔高这点。二是教材本身所具有的广泛性特点，自然而然宣传了焦循易学。

2. 史学

主要包括以下四点：援引相关资料；评述未刊之书；续补著述之缺；推介志书方法。

（1）援引相关资料

《左盦外集》卷十八所列人物传记，只要述及乡贤，几乎必引焦循之文。如《梁于涘传》："字饮光，号谷庵。扬州江都人，族居北湖之梁家巷。明湖中巨姓，惟孙、梁最显。"以上据《北湖小志》。又《北湖小志》云："湖中望族，孙某与梁饮光同为县令，后梁死难，孙迎降。迄今里人有梁忠孙不忠之谣，惟孙某失其名。"又如《徐石麒传》："自号坦庵。……里人范荃叙其文。焦循

曰：石麒，盖隐于词曲者，其推论经史，探论道德，岂屯田、梦窗
之流？论者以为知言。"

在引述中，文字上尽管略有差异，如"推原经史"引为"推
论经史"等等，但绝大多数引文尽同原文，且一一注明出处，极
便比观。在征引中，刘师培并不盲从。如《蔡廷治传》："焦循谓
其说出于《老》、《庄》，非儒家宜言。"从其所说，而在《释彖
辞》一文中以为："朱子以'彖'为断，当为近是。焦循训为
'遰'，非也。"

(2) 评述未刊之书

从《左盦外集》卷二十中可见其端倪。一是《跋焦理堂家
训》："按：理堂先生名循，扬州江都人，著书数十种，多刊入
《皇清经解》及《雕菰楼丛书》中，惟《理堂家训》二卷未有刻
本，仅有传钞之帙。立言平实，多近于宋儒语录，然论学数则，精
语甚多，与先生所著《论语通释》及《述难》说、《格物解》诸
篇互相发明，所谓言为世则者也。"二是《跋章实斋任幼植别传》：
"此篇从焦理堂先生《扬州足征录》中录出，未知采自何书，然
《足征录》亦无刊本，因附录之。"

刘师培对《理堂家训》的评述，言虽简易，却涉及语句、文
体、主旨三个方面，并与焦循之相关著述比观而论，堪可称道。而
且，对焦循的其他著述也颇为熟悉，刘师培言及的《皇清经解》
中，就刊有焦循之《易学三书》、《孟子正义》和《六经补疏》十
部著述，《论语通释》为焦循力作之一，《述难》、《格物解》则分
见于《雕菰集》卷七、卷八。

当然，刘师培引述时，常存不确之处。如《雕菰楼丛书》，当
为《焦氏丛书》。而《理堂家训》并非"未有刊本"，《传砚斋丛
书》就收有此书，刊刻于光绪十六年；《扬州足证录》亦不是"无
刊本"，既有嘉庆三年的榕园丛书本，又有光绪间广陵墨香书屋之
刻本。刘师培青年后行迹不定，加之其年不永，存此不确之论，实
为在所难免。

（3）续补著述之缺

刘师培《邗故拾遗》一书，就是直接师承和续写焦循《邗记》的结晶。《左盦外集·邗故拾遗》："昔焦理堂先生作《邗记》八卷，于郡邑沿革、职官变迁、兵争始末，旁及名宦乡贤之言行，记载靡遗，足补史乘之缺。虽所记之事，自古迄明，然明末遗闻概从缺如。吾观汪容甫先生《广陵对》谓亡臣降子，不出其间，斯言也，非征之明季则不验。故参考志乘各书，旁及文集、说部，作《邗故拾遗》，以彰乡邦节义之盛。其以明末为限者，则以有焦氏之书在前也。"

就是说，焦循《邗记》未及明末扬州之事，故刘师培效仿其法，续而补之，成《邗故拾遗》一书。的确，书中所列范荃、罗煜、张天拱等十四人，均为明末北湖"奇士"，有的焦循曾有所及，如范荃、王方歧、王方魏，更多的，则只字未提。故刘师培所补，具有很高的史学价值。

（4）推介志书方法

对焦循的史学方法特别是编撰地方史志的方法，刘师培大加称颂。《左盦外集》卷十一《编辑乡土志序例》："若编辑文志，则以征献为主。……近代以来，有以文传人者，如丁氏《山阳文征》，夏氏《海陵文征》是也，有以文传事者，如焦氏《扬州足征录》是也。吾谓以文传事尤重于以文传人。"在这里，刘师培除把编撰乡土"文志"的方式归为"以文传事"和"以文传人"二种之外，还明确指陈焦循的"以文传事"之法更具优势。

不仅如此，刘师培还迫切期望把这一方法推向全国，进而成为"省、州、县"文志编纂的范式之一。《左盦外集》卷十二《劝各省州县编辑书籍志跋》："《书目志》既成，宜将本州岛本邑之文汇为一本，或仿焦氏《扬州足征录》例，……以彰本土人文之盛。"对刘师培之说，"各地士子多响应之"①，影响很大。

---

① 冯自由：《革命逸史》第三集《刘光汉事略补述》，中华书局，1981。

二　王国维承其"一代有一代之所胜"学说

王国维（1877～1927），字静安，号观堂，浙江海宁人。十六岁中秀才，屡应乡试不中，遂弃科考。1900 年底，在罗振玉资助下赴日本东京物理学校学习，对哲学更感兴趣。1904 年，在罗振玉创办的江苏师范学堂任教。1907 年，在京师任学部图书编译局编译，有志研究戏曲。1911 年末，避居日本，用力于经学。五年后回国，主持《学术丛编》。1922 年，终应蔡元培之邀任北京大学研究所国学门通讯导师。1923 年，任溥仪南书房行走。1925 年，任清华大学国学研究院导师，始关注西北地理及元史研究。1927 年六月，沉湖颐和园，一代大师殒落。一生著述丰富，多收于《王观堂先生全集》之中。

在王国维学术历程中，中年偏重戏曲研究，成果卓著。对此，王国维在《宋元戏曲史·序》中亦有概述和自我评价："往者读元人杂剧而善之，以为能道人情，状物态，词采俊拔，而出乎自然，盖古所未有，而后人所不能仿佛也。辄思究其渊源，明其变化之迹，以为非求诸唐宋辽金之文学，弗能得也。乃成《曲录》六卷、《戏曲考原》一卷、《宋大曲考》一卷、《优语录》二卷、《古剧脚色考》一卷、《曲调源流表》一卷。从事既久，续有所得，颇觉昔人之说，与自己之书，罅漏日多，而手所疏记，与心所领会者，亦日有增益。壬子岁莫，旅居多暇，乃以三月之力，写为此书。凡诸材料，皆余所搜集；其所说明，亦大抵余之所创获也。世之为此学者自余始，其所贡于此学者，亦以此书为多。非吾辈才力过于古人，实以古人未尝为此学故也。"王国维的曲学研究，确实"阐扬元剧，开其筚路之功"[1]，且使曲学"成为专门之学"[2] 的不祧之祖。

----

① 钱基博：《现代中国文学史》，中国人民大学出版社，2004，第 142 页。
② 梁启超：《中国近三百年学术》之《清代学者整理旧学之总成绩（四）·乐曲学》。

对王国维曲学研究影响最大者，莫过于焦循。

1. 关注和研究焦循曲学著述

大体可分为以下三个方面：

（1）记述《曲考》下落。《录曲余谈》："焦理堂先生（循）《曲考》一书，见于《扬州画舫录》，闻其手稿为日本辻君武雄所得。《遗书》索观后，知焦氏后人自邵伯携书至扬州，中途覆舟，死三人，而稿亦失。理堂先生于此事用力颇深，一旦湮没，深可扼腕。"

（2）关注曲学之论。《宋元戏曲史》之四《宋之乐曲》一节中，王国维曾说："董解元《西厢》，胡元瑞、焦理堂、施北研笔记中，均有考订，讫不知为何体。"所说的焦循"考订"，应当包括《花部农谭》的《西厢·拷红》之说、《易余籥录》所述的《西厢记》"脚色"，以及《剧说》中二十余条关涉《西厢》之文。举一条以概之，如《剧说》卷二："《西厢记》始于董解元，固矣；乃《武林旧事》杂剧中有《莺莺六么》，则在董解元之前。《录鬼簿》：王实甫有《崔莺莺待月西厢记》，同时睢景臣有《莺莺牡丹记》。王实甫止有四卷，至草桥店梦莺莺而止，其后乃关汉卿所续（详见《曲藻》及《南濠诗话》）。李日华改实甫北曲为南曲，所谓《南西厢》，今梨园演唱者是也。"

（3）补正焦循之说。《宋元戏曲史》之十一《元剧之结构》所说尤为详细：

> 焦理堂《易余籥录》（卷十七）曰："《辍耕录》有诸杂砌之目，不知所谓。按元曲《杀狗劝夫》'只从取砌末上'，谓所埋之死狗也；《货郎旦》'外旦取砌末付净科'，谓金银财宝也。《梧桐雨》'正末引宫娥挑灯拿砌末上'，谓七夕乞巧筵所设物也。《陈抟高卧》'外扮使臣引卒子捧砌末上'，谓诏书、缣帛也。《冤家债主》'和尚交砌末科'，谓银也。《误入桃源》'正末扮刘晨、外扮阮肇带砌末上'，谓行李包

裹或采药器具也。又'净扮刘德引沙三、王留等将砌末上'，谓春社中羊酒纸钱之属也。"余谓焦氏之解砌末是也。然以之与杂砌相牵合，则颇不然。杂砌之解，已见上文，似与砌末无涉。砌末之语，虽始见元剧，必为古语。按宋无名氏《续墨客挥犀》（卷七）云："问今州郡有公宴，将作曲，伶人呼细末将来，此是何义？对曰：凡御宴进乐，先以弦声发之，然后众乐和之，故号丝抹将来。今所在起曲，遂先之以竹声，不唯讹其名，亦失其实矣。"又张表臣《珊瑚钩诗话》（卷二）亦云："始作乐必曰丝末将来，亦唐以来如是。"余疑砌末或为细末之讹。盖丝抹一语，既讹为细末，其义已亡，而其语独存，遂误视为将某物来之意，因以指演剧时所用之物耳。

该条亦见载《剧说》卷一之中，只是没有"《辍耕录》有诸杂砌之目，不知所谓"诸语。王国维所订者，正是《易余籥录》所增"杂砌之目"。这或许是《宋元戏曲史》不引《剧说》而择取《易余籥录》之文的原因所在。

2. 继承"一代有一代之所胜"思想

近百年来，焦循"一代有一代之所胜"学说引起了广泛而持久的讨论，且就其渊源做了大量的梳理。

诚然，在焦循之前，已有相关的认识。如刘祁于元代初年成稿的《归潜志》卷十三第六条中曾经这样说过："唐以前，诗在诗。至宋，则多在长短句。今之诗，在俗间俚曲也。"分明已指出唐诗、宋词、元曲自具时代特色。后来，孔齐《至正直记》卷三《虞邵庵论》引虞集之说："一代之兴，必有一代之绝艺，足称于后世者。汉之文章，唐之律诗，宋之道学国朝之今乐府。"明确归纳出"一代"和"绝艺"两个概念。明代茅一相在《题词评〈曲藻〉后》说："夫一代之兴，必生妙才。一代之才，必有绝艺。春秋之辞命，战国之纵横，以至汉之文，晋之字，唐之诗，宋之词，元之曲，是皆独擅其美而不得相兼，垂之千古而不可泯灭者。"①
把每代"绝艺"前推到了春秋战国。明末浙江学者王骥德《古杂
剧·序》中说："后三百篇而有楚之骚也，后骚而有汉之五言也，
后五言而有唐之律也，后律而有宋之词也，后词而有元之曲也。代
擅其至也，亦代相降也，至曲而降斯极矣。"显而易见，王骥德把
"代擅"一下上溯到《诗经》，学术视野也更为宽广。钱锺书《谈
艺录·诗乐离合文体递变》②对此做了详细的梳理和评析。

　　可是，上述观点，或限于唐诗、宋词和元曲，或夹杂"道学"
而论，或以"独擅其美"为视角而包举书法立说，或专以韵文而
说，难觅以文学史观纵论"代擅"之见。时至清中叶，焦循《易
余籥录》卷十五则有了清晰的概括：

　　　　夫一代有一代之所胜，舍其所胜，以就其所不胜，皆寄人
　　籥下者耳。余尝欲自楚骚以下至明八股，撰为一集：汉则专取
　　其赋；魏、晋、六朝至隋，则专录其五言诗；唐则专录其律
　　诗；宋专录其词；元专录其曲；明专录其八股。

　　王国维正继承了焦循之说。如在《宋元戏曲史·序》说："凡
一代有一代之文学：楚之骚、汉之赋、六代之骈语、唐之诗、宋之
词、元之曲，皆所谓一代之文学，而后世莫能继焉者也。"并且，
还在该书十二节《元剧之文章》里，王国维对焦循之说大加赞赏，
也对自己的学术渊源予以说明：

　　　　三百年来，学者文人，大抵屏元剧不观。其见元剧者，无
　　不加以倾倒。如焦理堂《易余籥录》之说，可谓具眼矣。焦

---

　　①　茅一相：《题词评曲藻后》，《中国古典戏曲论著集成》第四册，中国戏曲出版
　　　　社，1959，第38页。
　　②　钱锺书：《谈艺录》，中华书局，1993，第23～31页。

氏谓一代有一代之所胜，欲自楚骚以下，撰为一集，汉则专取
其赋，魏晋六朝至隋，则专录其五言诗，唐则专录其律诗，宋
专录其词，元专录其曲。

从中可知，王国维继承焦循之说，应当是可以肯定的。周勋初
就曾以为："王国维、胡适等人也曾提出'一代有一代之文学'的
观点。按照他们的哲学观点而言，均受清末风行的进化论的影响，
这与焦循植根于《易》学上的发展观不同。但王、胡二人均与清
代朴学有很深的渊源，自然会受到扬州学派中人学术观点的影响，
不大可能直接从元、明时代那些不太知名的文士那里去寻找理论支
柱。他们所接受的，当是焦循这样识见高明的朴学大师的影响。"①

不过，王国维对焦循观点的继承是有取舍的，对八股文的态度
就不一样。

长期以来，不少学者对焦循视八股为明代之"胜"的观点多
所诟病。实际上，在焦循之文论中，认为八股即时文的本质属性同
于词曲，且一以贯之。《雕菰集》卷十《时文说一》以为时文为
"造微之学"："余尝谓学者所轻贱之技，而实为造微之学者有三：
曰弈，曰词曲，曰时文。"《时文说三》以为时文之"理法尽于明
人"类于诗词曲："时文之理法尽于明人，明人之于时文，犹唐之
诗，宋之词，元之曲也。"究其原因：一则，时文能"运之以神"，
故在《里堂书跋·杜少陵诗集》中十分赞同程瑶田之说："程易畴
跋董思翁《王氏御书楼》卷子云：'运之以神，故笔近率，愈率，
神出之以真。故貌似陋，愈陋愈真。'是论真得书家三昧。余谓凡
诗文、画、时文、词曲皆然"。二则，时文可"洁雅幽淡"，在
《北湖小志》卷四《私传第二十一》里，焦循在谈到教授谢文英时
曾说："生之为时文也，好雅洁幽淡而不染浮艳之习。"所以，焦

---

① 周勋初：《文学"一代有一代之所胜"说的重要历史意义》，《文学遗产》2000
年第1期。

循向来重视时文，不仅"自束发读书学为时文"①且从不懈怠，并著《时文集》一书。这与里中素以时文"能存先正风格"之习密切相关，《北湖小志》卷四《王郭谢陈李常传第十四》："湖中时文之体，独能存先正风格，其有牛鬼蛇神败坏法度以求速化者，一童子能笑之。"正因为如此，焦循以为明代之胜在于八股。

值得说明的是，焦循认为明代盛行八股，直接导致了经学的式微。《雕菰集》卷十三《与刘端临教谕书》："有明三百年来，率以八股为业，汉儒旧说，束诸高阁。"

三　程启樑《雕菰楼易义》探讨焦循易例

程启樑（1909～2005），晚以石泉为名，江苏灌云人。1915年考取江苏省立第八师范学校，三年后考取南京第三中山大学数学系，后受方东美影响，研习哲学。1937年，在牛津大学基督圣体学院主攻古希腊哲学，后转读伦敦大学学院。第二次世界大战中回国，担任当时教育部部长陈立夫的英文秘书。1941年弃政从学，后任教于浙江大学、中央大学。1963年，以《宋词中的象征主义》为题获华盛顿大学哲学博士学位后，任职于美国匹兹堡大学、宾夕法尼亚州立大学。一生热衷易学：幼年好《易》，中年于南京发起易学研究会，晚年撰成包括《易学新论》、《易辞新诠》、《易学新探》三书的《程氏易学三书》，享誉海内外。

1937年，在读过焦循《易章句》、《易通释》、《易图略》、《易话》和《易广记》之后，程启樑撰成《雕菰楼易义》一书。五年后的1942年，商务印书馆出版此书。

程启樑为何写作此书，具见于《导言》："此书之目的，欲介绍焦氏易例，并于易例之有矛盾处加以检讨，俾读者明乎焦氏易例之得失。更略述虞仲翔（翻）易学，以彼之易例以参证焦氏，则焦氏易例虽有失，于学术立场上（古不古之说，作者不采）远胜

---

① 《雕菰续集》之《时文集序》。

虞氏，读者可按图索之，必有启发。能就焦氏学而更加精密，或另辟蹊径，于易辞、易义、易理、易教更为精明透辟之发挥。"显然，为更好地了解焦循易学之易辞、易义、易理，就必须明其易例；焦循易例虽有疏漏，然其较之虞翻之例则更为"精密"；正是通过易例，焦循充分地阐述了"易教"。而《雕菰楼易义》正是从"虞仲翔易例"、"焦氏易例"和"焦氏易教"三个方面进行论述的。

其一，虞翻之失在"无一例足以贯通"。第二章《略述虞仲翔易例》对之简要作了叙说。程启槃先就包括虞翻在内的汉魏易例加以总结："京氏言易例主世应，荀氏言易例主升降，郑氏言易例主爻辰，王氏以《十翼》解经，颇重时位。但虞氏言易例有多方：消息也，旁通也，反对也，爻之也，两象易也，半象也，是为祖述前人，颇有集大成之功。然其弊，实亦坐是。盖诸例杂出，漫无宗衍；先后一例，又多乖谬。"① 也因为如此，故虞翻易例"似有义例，但无一例为虞氏所能遵守不渝者，更无一例足以贯穿全经者"②。

其二，焦循易例贵在贯通亦存矛盾。虽然也用一章即第三章《焦氏易例》来诠释，但占全书三分之二以上篇幅，故论述尤为详细，是全书的核心。程启槃指出："焦氏易例，见于《图略》者凡五：旁通，当位失道，时行，八卦相错，比例。究其实，则旁通、时行、比例三者而已。"③ 其特色就在于贯通全《易》而作解。但也有矛盾的地方，譬如，按《图略》一"旁通之义，即由一索、再索、三索之义而推"，则《泰》、《否》、《损》、《咸》、《恒》、《益》、《既济》、《未济》八卦"只有自身之变动，而无相互之爻之"④ 等就属此类。

① 程启槃：《雕菰楼易义》，商务印书馆，1942，第6页。
② 程启槃：《雕菰楼易义》，商务印书馆，1942，第26页。
③ 程启槃：《雕菰楼易义》，商务印书馆，1942，第27页。
④ 程启槃：《雕菰楼易义》，商务印书馆，1942，第39页。

其三，焦循易教为"修己治人"。程启槃在《导言》中曾说："焦氏易学之贡献，自两项言之。其一因焦氏对于卦爻辞求了解，得卦与卦间、爻与爻间相互变动之关系（作者亦名之为逻辑扮演之步调 The Step of the Logical Performance），辗转证之以辞，颇能自圆其说，此所谓旁通、时行、比例诸易例是也；其二为焦氏对于《易经》所持之文化解释（Culture interpretation）。"易例详于第三章，第四章就是述其"文化解释"的《焦氏易教》。程启槃以为："所谓文化解释，即发挥易教是也。"① 而"焦氏对于《易》所持文化之解释，总其要则为修己、治人两者"②。

程启槃对焦循"易义"的阐述，虽然仅集中于易例的探讨，却是近代学术史上专以焦循易学为对象进行系统研究的第一位学者。

四 张舜徽《清代扬州学记》总结其"识见与规模"

张舜徽（1911~1992），湖南沅江人。幼年时由长于天文算学的父亲张淮玉教授王筠的《文字蒙求》，稍长即读《说文解字》。16 岁后，张舜徽开始研究郝懿行的《尔雅义疏》。1928 年，父亲去世后，应姑父余嘉锡之邀从长沙来到北京，因之而与吴承仕、沈兼士、钱玄同、陈垣、邓之诚、马衡等人相识并请教，获益良多。1932 年，回家乡中学任教，与曹典球、孙文煜、杨树达、李肖聃、钱基博、席启驷、徐桢立、骆鸿凯诸人交往，学问大进。1941 年始，先后在蓝田国立师范学院、民国大学、兰州大学、西北师范学院任教。新中国成立后，一直任华中师范大学教授，长达 40 年之久。晚年任中国历史文献研究会会长，为我国首位历史文献学博导。

1946 年，在兰州大学讲解《中国近三百年学术史》时，张舜徽开始写作《扬州学记》，惜未完稿。然《叙论》部分，曾刊

---

① 程启槃：《雕菰楼易义》，商务印书馆，1942，第 105 页。
② 程启槃：《雕菰楼易义》，商务印书馆，1942，第 109 页。

入 1946 年兰州排印的《积石丛稿》五种之中。后来，经修改补订，以《清代扬州学记》为名，于 1962 年 10 月由上海人民出版社出版。

《清代扬州学记》第五章之《焦循》，从五个方面总结了焦循的学术：

第一，"焦氏生平和著述"。罗列"已收入《焦氏丛书》者"、"已收入其他丛书者"、"有印本及稿本者"、"但存其目，未见传本者"的 59 种著述。

第二，"焦氏治学的精神与态度"。焦循能取得这样的学术成就，在于"处境十分艰苦，而好学之志却又十分坚定"的精神，得益于"勤于动手，多作笔记"的学习方法，以及"虚怀若谷，自然能受尽言"① 的治学态度。

第三，"焦氏治学的识见与规模"。言及焦循的识见，张舜徽归纳为："焦氏对于做学问，提倡创造，反对保守。主张融会众说，反对固执一家。"之所以"能有卓越的识见和宏阔的规模，是由于他能用发展的观点来看问题"。②

第四，"焦氏的经学和史识"。在经学上，除对《尚书》"有独到的见解"③，并深入研究《毛诗》、《三礼》、《孟子》、《论语》等之外，其易学成就，是"抽出了三条根本原则：一、旁通；二、相错；三、时行。于是三百八十四爻的变化，都可按这些原则去推求。这确是焦氏的重大发现，为两千年治《易》者所不及知"。究其方法，则"完全是从《彖》、《象》、《系辞》中推究出来，毫不杂以后起之说。好像千年秘笈，终于由他打开了这把锁。但是他能够开锁，是由于预备了两把好的钥匙：一是数学方面的知识；二是训诂方面的知识"④。焦循的史学成就往往被人忽略，可《雕菰集》

① 张舜徽：《清代扬州学记》，广陵书社，2004，第 118、120、123 页。
② 张舜徽：《清代扬州学记》，广陵书社，2004，第 126、129 页。
③ 张舜徽：《清代扬州学记》，广陵书社，2004，第 132 页。
④ 张舜徽：《清代扬州学记》，广陵书社，2004，第 131 页。

卷十三的《上郡守伊公书》、《复姚秋农先生书》，这"两篇文字里
对纂修方志，做出了较大贡献：一、在写作形式上，反对用纂录体
例；二、在组织材料上，反对滥收诗文入《艺文志》；三、在编述
原则上，强调详近略远的重要；四、在材料来源上，强调实地调查
的作用。焦氏并且进一步把这些见解，贯注到他的著作《北湖小
志》中去了"①。

　　第五，"焦氏的哲学思想"。张舜徽指出，"焦循的哲学思想，
源出于戴震"②。然不盲从他人之说，提出自己的见解，对"格物"
的诠解即是如此。焦循以为，"'格物'，即体谅对方的爱憎，而不
徒逞一己的爱憎。这便是'絜矩'，便是'恕'道"。这种解释，
"是中国哲学思想史上有价值的创见"③。

　　张舜徽的研究，限于当时条件，存在不足之处，如"但存其
目，未见传本者"22种，其中《易余集》、《注易日记》、《毛诗鸟
兽草木虫鱼释》、《毛郑诗异同释》、《诗地理释》、《书义丛抄》、
《八五偶谈》、《里堂札录》、《乘方释例》九种实仍存世，《里堂札
录》还属伪书，这在本书第三章中均有所及，但这并不影响《清
代扬州学记》的学术价值。

第四节　评其学术优劣

　　对焦循易学，历来存在两种截然不同的评价：或大加赞扬，或
全盘否定。

一　"卓然独辟"，"至精至实"

　　以英和、阮元、王引之、皮锡瑞、梁启超、方东美、牟宗三、

① 张舜徽：《清代扬州学记》，广陵书社，2004，第136页。
② 张舜徽：《清代扬州学记》，广陵书社，2004，第137页。
③ 张舜徽：《清代扬州学记》，广陵书社，2004，第144页。

朱伯崑为代表。

英和（1771～1840），字树琴，号煦斋，满洲正白旗人，官至工部尚书。道光七年（1827），因所监修孝穆成皇后地宫被淹，革职流放，未几释回。

作为嘉庆六年（1801）焦循乡试中式之座主，英和一直关注焦循之学，对之给予热情的鼓励和充分的肯定。在焦循《易学三书》成稿之后，应邀写成《江都焦氏雕菰楼易学序》，择录如下：

> 《雕菰楼易学》四十卷，由《章句》十二，《通释》二十，《图略》八。其发挥精义，备于《通释》；又以数之必缘象而显也，为《图略》以表其象；以数之皆附文而著也，为《章句》以释其文。《章句》之辞简而赅，《图略》之辞博而辨，而《通释》则举卦辞、《彖辞》、《象辞》、爻辞之一句一字，无不条分缕析，珠连绳贯，以观其通。《易》之数，得是书而明；《易》之理，亦即是书而备矣。……今观所学，非列国，非汉，非晋唐，非宋，发千古未发之蕴，言四圣人所同然之言，是直谓之《周易》可焉。

在《易学三书》卷首还有《座主英煦斋师手札》一通："元本《经》文，疏通引证，使全《易》无一剩句闲字，于焦、京、荀、虞旧学补所未备而正其舛误，独抒心得，不为随声附和之言，卓然成家，可以不朽矣！"

在英和看来，焦循易学的特点有二：对《易》之数、理诠释明了；所释"条分缕析，珠连绳贯，以观其通"。并以之为"卓然成家，可以不朽"，夸赞之意溢于言表。

阮元（1764～1849），字伯元，号芸台，江苏仪征人。官至湖广、两广、云贵总督和体仁阁大学士，著有《诗书古训》、《曾子注释》和《揅经室集》等。

在《通儒扬州焦君传》中，阮元全面总结了焦循学术成就及其特点。而《易学三书》卷首之《江都焦氏雕菰楼易学序》，着力首肯其易学方法和学术地位：

> 取《易》之经文与卦爻反复实测之，得所谓旁通者，得所谓相错者，得所谓时行者，举六十四卦、三百八十四爻尽验其往来之迹，使经文之中所谓当位、失道、大中、上下应、元亨利贞诸义例，皆发之而知其所以然。盖深明乎九数之正负比例，六书之假借转注，始能使圣人执笔著书之本意豁然于数千年后，闻所未闻者惊其奇，见所未见者服其正，卓然独辟，确然不靡，虽使义海以下诸贤，众咻之而能折其说。此我大清文治之所以轶乎前也，岂焦氏一人之所通哉！

而阮元对焦循撰写《易学三书》的关切和支持，从交游部分可见大略。

王引之（1766～1834），字伯申，江苏高邮人，官至吏部尚书、工部尚书。著有《经义述闻》、《经传释词》和《周秦名字解诂》等。

在《易学三书》卷前，还附有《王伯申先生手札》，内有王引之评述焦循易学之文："说《易》诸条，凿破混沌，扫除云雾，可谓精锐之兵矣！一一推求，皆至精至实，要其法，则'比例'二字尽之。所谓'比例'者，固不在他书而在本书也。"

王引之的肯定和赞美，对焦循产生了积极的作用。焦循在《易通释·自序》中不仅引用了王引之的话，而且特意注明对自己易学研究的作用："初有所得，即就正于高邮王君伯申，伯申以为'精锐，凿破混沌'，用是愤勉，遂成《通释》一书。"

"凿破混沌"，或作"凿破浑沌"，语出《庄子·应帝王》："儵与忽谋报浑沌之德，曰：'人皆有七窍以视听食息，此独无有，尝试凿之。'日凿一窍，七日而浑沌死。"对开人智慧的创造性灼见，往往用此语赞而美之。段玉裁在顾炎武十部、江永十三部基础上将古韵分为十七部，进而著成《六书音均表》一书，在音韵上取得重大成就，钱大昕就用"凿破混沌"①予以高度评价。焦循对此十分了解，因为《里堂道听录》卷十八就有介绍并引用此语。于是，因《经传释词》诸书已享誉学林的王引之评价其易学"凿破混沌"，焦循的喜悦之情和"用是愤勉"的态度自在情理之中。而后人推尊焦循易学几乎无不借用王引之"凿破混沌，扫除云雾"诸语也就不难理解了。

皮锡瑞（1850～1908）字鹿门，湖南善化（今长沙）人。光绪九年（1883年）举人，三次会试落第，遂专心著书。因推崇汉初《尚书》名家伏胜，名所居为"师伏堂"，学者称之"师伏先生"。后任"南学会"会长，主讲学术。著有《尚书大传疏证》、《五经通论》、《经学历史》、《经学通论》和《师伏堂集》等。

《经学通论·易经通论》之《论近人说易》一节，以为焦循易学"独辟畦町"、"简明切当"："焦氏说《易》，独辟畦町，以虞氏之旁通，兼荀氏之升降，意在采汉儒之长而去其短。《易通释》六通四辟，比有依据。《易图略》复演之为图，而于孟氏之卦气，京氏之纳甲，郑氏之爻辰，皆有驳正之，以示后学。《易章句》简明切当，亦与虞氏为近。学者先玩《章句》，再考之《通释》、图略》，则于《易》有从人之径，无望洋之叹矣。"

梁启超（1873～1929），字卓如，号任公，别署饮冰室主人，广东新会人。1889年乡试中举，1891年随康有为就读于万木草堂。1898年"百日维新"失败后，逃亡日本。1913年，任进步党司法总长。1917年，因段祺瑞内阁倒台，梁启超辞去财政总长兼盐务总署督办职务。1922年，任清华大学国学研究院导师。涉猎广泛，著述达1400余万字，多收入《饮冰室合集》之中。

对焦循的经学成就，梁启超予以首肯。以《孟子正义》为

① 《清史稿·儒林二·段玉裁传》。

"新疏家模范作品，价值是永永不朽的"①。对于焦循的易学著述，除在《国学必读书目·易类》中列入《雕菰楼易学》而外，于《中国近三百年学术史》中还特意作了总结：

> 焦里堂所著书，有《易章句》十二卷，《易通释》二十卷，《易图略》八卷，统名《雕菰楼易学三书》。阮芸台说他"石破天惊，处处从实测而得，圣人复起，不易斯言"。王伯申说他"凿破混沌，扫除云雾，可谓精锐之兵"。阮、王都是一代大儒，不轻许可，对于这几部书佩服到如此，他的价值可推见了。里堂之学，不能叫做汉学，因为他并不依附汉人。不惟不依附，而且对于汉人所纠缠不休的什么"飞伏"、"卦气"、"爻辰"、"纳甲"……之类一一辨斥，和黄、胡诸人辨斥陈、邵易图同一摧陷廓清之功。里堂精于算理，又精于声音训诂，他靠这种学问做帮助，而从本经中贯穴钩稽，生出妙解。王伯申说："要其法，则比例二字尽之。所谓比例者，固不在他书而在本书也。"里堂这几部书，是否算得《易经》真解，虽不敢说，但他确能脱出二千年传注重围，表现他极大的创作力。他的创作却又非凭空臆断，确是用考证家客观研究的方法得来，所以可贵。他发明几个重要原则，曰旁通，曰相错，曰时行，曰当位、失道，曰比例，都是从象、彖、系辞所说中推勘出来。我细绎里堂所说明，我相信孔子治易，确曾用这种方法。我对于里堂有些不满的，是嫌他太鹜于旁象而忽略本象。"旁通"、"相错"等是各卦各爻相互变化孳衍出来的义理，是第二步义理；本卦本爻各自有其义理，是第一步义理。里堂专讲第二步，把第一步几乎完全抛弃，未免喧宾夺主了。②

---

① 梁启超：《中国近三百年学术》，中国书店，1985，第196页。
② 梁启超：《中国近三百年学术》，中国书店，1985，第179、180页。

尽管梁启超对焦循易学"忽略本象"颇为不满，但对焦循"考证家研究的方法"和"极大的创作力"颇为推许。

此外，梁启超对焦循史学和文学成就亦表彰有加。以为"清代学者殆好为大规模的网罗遗佚，而先着手于乡邦。……亦有不限于乡邦人所作，而凡文章有关乡邦掌故皆最录之，如焦里堂之《扬州足征录》等"①。所著"《剧说》六卷，虽属未经组织之笔记，然所收资料极丰富，可助治此学者之趣味"②。

方东美（1899～1977），名珣，字德怀，后改字东美，安徽桐城人。1920年，毕业于金陵大学哲学系，次年赴美攻读哲学，1924年获威斯康辛大学博士学位后回国，先后在国立武昌师范大学、东南大学、金陵大学、国立中央大学、台湾大学、台湾师范大学任教。1959年，获聘美国南达科州州立大学哲学访问教授。1964年，被密西根大学聘为客座教授。生平著述，多收入《方东美先生全集》。

方东美在《原始儒家道家哲学》中，以为易学发展史上存在归纳和演绎两种逻辑方法，"一条路径向西元第二世纪的荀爽、虞翻，则从演绎逻辑的程序说明六十四卦形成的理由，直到清代的张惠言、焦循，都是走这第二条路径"③。而在《原始儒家思想之因袭及创造》一文中，方东美以为"虞翻十二辟卦里面都有逻辑上的冲突矛盾"，清人"张惠言虽然要拯救虞氏的弊端，但是救不了那一个逻辑上面缺陷。一直要等到清代汉学家焦循（里堂）"。焦循确实也用"旁通"、"相错"和"时行"之法补救了虞翻学说的弊端，把易学的"演绎逻辑"发展到一个新的阶段。当然，方东美也指出："焦循虽是大学问家，但是在逻辑上面究竟欠缺了一点！就逻辑这一方面看，他假定旁通的原理是真确的原理，然

---

① 梁启超：《中国近三百年学术》，中国书店，1985，第312、313页。
② 梁启超：《中国近三百年学术》，中国书店，1985，第364页。
③ 方东美：《原始儒家道家哲学》第三章《原始儒家思想》，黎明文化事业股份有限公司，1983。

后再运用他所了解的数学方法去辗转证明。因此，表现逻辑思想的循环性。"①

牟宗三（1909～1995），字离中，山东栖霞人。1927 年考入北京大学预科，两年后升入哲学系，1933 年毕业。曾任教于华西大学、中山大学、金陵大学、台湾师范大学、东海大学、台湾大学、中国文化大学、香港大学、香港中文大学新亚书院等校。其著述见载于《牟宗三先生全集》之中。

1932 年，还是北大哲学系三年级学生的牟宗三，稿成《从周易方面研究中国之玄学及道德哲学》一书。时隔三年，由大公报社印行问世。

是书第四部分《清焦循的道德哲学之易学》专明焦循道德哲学。牟宗三指出，焦循"道德哲学之中心点是'旁通时行'四字，而此四字也即是由于具体世界的'生成变易'四字而昭示出。这即是吾历来所谓道德上的'自然主义'及自然上'意谓世界'是。焦循集这两方面的大成"②。还认为，"焦氏观世界之生生条理即是旁通时行而当位以至于元亨利贞。他的根本观点是个'动'字或'生'字，所以他的道德哲学即以这个'动'或'生'或'元亨利贞'的世界为基础，而以'旁通时行'或'元亨利贞'为道德理想"③。进而推尊其学，以为"这种建基于生成哲学之上的道德哲学，实是高明而博大"④。

1988 年，《从周易方面研究中国之玄学及道德哲学》一书由文津出版社重新刊行，因嫌书名冗长，牟宗三改名为《周易的自然

① 方东美：《方东美新儒学论著辑要·原始儒家思想之因袭及创造》，中国广播电视出版社，1992。

② 牟宗三：《从周易方面研究中国之玄学及道德哲学》，大公报社，1935，第247 页。

③ 牟宗三：《从周易方面研究中国之玄学及道德哲学》，大公报社，1935，第333 页。

④ 牟宗三：《从周易方面研究中国之玄学及道德哲学》，大公报社，1935，第288 页。

哲学与道德哲学》，并撰写《重印志言》，一方面叙述了出版此书
的坎坷经历，另一方面对焦循哲学再次做了评价："焦循则是直接
由卦爻象数之关系（大中而上下之应之）而建立其'旁通情也'
的道德哲学（与戴东原为同一思路的达情遂欲的道德哲学）。就
《易经》卦爻象数而言，汉易与胡煦所达成的自然哲学（通过卦爻
以观气化）是正宗，而焦循所达成的道德哲学是工巧的穿凿，但
穿凿得很一贯，故吾亦有兴趣展示之。其所建立的道德哲学，若视
作人们所希望的生活境界则可，若当做一种道德哲学，认为可以解
决道德分解中的诸基本问题则非是。（戴东原误解孟子诟诋朱子，
焦里堂假托《易经》卦爻象数之关系，建立其道德哲学以依附并
证成戴东原之浮说，皆陷于此种非是）。"显然，从"焦循所达成
的道德哲学是工巧的穿凿，但穿凿得很一贯"诸语中可以看出，
牟宗三对早年观点做了些许修正。

朱伯崑（1923～2007），河北宁河县（今属天津）人。1947
年，入清华大学哲学系读书。1951年，留校任冯友兰助手。次年
转入北京大学哲学系任教。为北京大学哲学系教授、博士生导师，
兼国际易学联合会会长、东方国际易学研究院院长、冯友兰研究会
会长、中国孔子基金会副会长等社会职务。撰有《先秦伦理学概
论》、《戴震伦理学说述评》和《易学哲学史》等著作。

其晚年集10年之力而成的《易学哲学史》，全书四册，多达
150万字，为易学哲学研究里程碑式的著作。在第四册《道学的
终结和汉易的复兴》一节中，就焦循易学之动因、宗旨、方法进
行了全面的概述和分析，并对焦循"易学中逻辑思维"的地位给
予高度评价："焦氏于其数学和易学著作中，总是将数学法则同
易学法则相提并论，表明二者的理论思维方式是一致的。就此而
言，焦氏的代数学原理的创立，也是古代易学中逻辑思维发展的
积极成果。《周易》作为上古时代的占筮典籍，其中已含有逻辑
思维的萌芽，后经历代易学家的阐发，至焦循，终于开出奇异的
花朵。此表明中华民族的思维方式是丰富多彩的。焦氏易学可以

说是中国传统思维方式中辩证思维和形式逻辑思维相融合的结晶。"①

二 "支离穿凿","最为荒滥"

以朱骏声、郭嵩焘、李慈铭、柯劭忞、尚秉和、熊十力、李镜池、高亨、黄寿祺为代表。

朱骏声（1788~1858），字丰芑，号允倩，江苏吴县人。著述百余种，部分研治经学之论收入《传经室文集》当中。在该书卷二《书焦孝廉循易图略后》里，朱骏声认为焦循易学多"傅会难通"："焦里堂循《雕菰楼易学》一书，以《九章》之正负、比例为《易》意，以六书之假借、转注为《易》词。虽其间不无心得，而傅会难通者十居八九。吾赏其用心之勤而惜其立言之固，此所谓有词而无理者。"

郭嵩焘（1818~1891），字伯琛，号筠仙，湖南湘阴人。官至广东巡抚，并成首位驻英大使，三年之后，因病辞归，以讲学著述为娱。所评焦循之易学，尽见《养知书屋集》卷七《周易释例序》之中："焦氏著《易通释》，其辞博辨不穷矣，而颇病其舍本义而专意于互卦，参伍以变，错综其数，未闻错综其言也。汉儒之释经也，强经以就己之说。焦氏之弊，以《易》从例。今之《释例》，以例从《易》，无当于《易》之高深，而以经释经，由象以通其词，由词以通其义，亦期不以己意为歧说，以乱经而已矣。"郭嵩焘对焦循"以《易》从例"之法极其不满，进而以之为"乱经"之学，故予以否定。

李慈铭（1830~1894），字爱伯，号莼客，晚年自署越缦老人，浙江绍兴人。官至山西道监察御史，喜读书治学，著有《越缦堂经学》、《越缦堂读书记》和《越缦堂日记》等。对于焦循之学，李慈铭以为《周易补疏》"尚未远于马、郑"，而其《易学三

---

① 朱伯崑：《易学哲学史》第四册，华夏出版社，1995，第362页。

书》则失之"空论"。《越缦堂读书记·经部·左传补疏》："焦氏
之学，《周易》、《孟子》为最，《礼》学次之，算学尤为专门。生
平《六经》皆有撰述，汉学之外，于魏晋讫宋元诸儒经说，皆所
钻研，诚通儒也。其《周易补疏》，谓辅嗣之法，虽参以己见，然
其学渊源于刘表王畅，六书通借、解经之法，尚未远于马、郑。如
读彭为旁，借雍为瓮，通乎为浮、而训为务躁，解斯为厮、而释为
贱役，皆明乎声音训诂者。且天资察慧，时有悟心，于《观》则
悟及全《蒙》，于《损》亦通诸《剥》道，惜秀而不实，识囿于
年，局促揣摩，不足言通变神化之用。又貌为高简，故疏者概视为
空论耳。"此外，李慈铭对焦循《尚书补疏》、《左传补疏》评价不
一，以为《尚书补疏》"其训诂章句之间，诚有未善"，而《左传
补疏》"深心卓见，尤为圣人不易之论"。

柯劭忞（1848～1933），字凤荪，号蓼园，山东胶州人。同治
九年（1870）中举后，一边应礼部试，一边在山西、广东讲学。
光绪十二年（1886）进士，历任翰林院编修、湖南学政、贵州提
学使、京师大学堂总监督、《清史》馆代馆长、总纂诸职。精于元
史，著《新元史》二百五十七卷。

柯劭忞以为《易学三书》，虽"其法似密"，实则"支离穿
凿"。《续修四库全书总目提要·雕菰楼易学》："考循所破汉儒卦
变、半象、纳甲、纳音、卦气、爻辰之非，咸能究极其弊。至其所
自建树之说，则又支离穿凿，违于情理。……初观其法似密，实按
其义皆非。牵合胶固，殆过虞翻远甚。……独南皮张之洞撰《书
目答问》以告学者，于循之易，取其《周易补疏》而舍此《易学
三书》，可谓知所去取矣。"① 具体而言，《易章句》一书，阮元、
王引之"均未免推崇过甚"，而"荀、虞、马、郑之学未有不出于
消息者，循独别开门径，不从消息入手，谓之为一家之学则可"；
《易通释》"多因假借之字而引申之。……按通假者，以可以就本

---

① 《续修四库全书总目提要·经部》，中华书局，1993，第84页。

字引申者，有音同义异不能引申者。此由经师口授，音异而义遂异。非羲文之《易》"。《易图略》虽"不愧一家之言"，然"以管蠡之见，妄测圣涯，未免不知自量矣"，且"为当位、失道等图，此即荀、虞之卦之说之所本，盖渊源所自，不能不为宽假之辞矣"。①

对焦循的其余著述，柯劭忞又分别予以论之，且多赞美之言：《易广记》"谓依经立训，不必以章句训诂"，则"信为知言"；《易话》"上卷《易》释举要，诠释句法，最有益于初学。……（下卷）比例、旁通之说，亦未见其确当"；《周易补疏》"皆援据精确，足以补《正义》所不及"。②

尚秉和（1870～1950），字节之，晚号滋溪老人，河北行唐人。光绪十七年（1891）进士，曾官民政部员外郎、理营缮司司长。于《易》用力多而成果丰，著《周易尚氏学》、《周易古筮考》和《焦氏易林注》等。

《周易尚氏学》一书，多引焦循之说。如《涣》："焦循云：'《汉百官公卿表》虎贲郎注，贲读与奔同'"；《系辞上传》："爻之所往"有二义：一为"初之四，二之五，三之上"，二为"爻之所比，得类失类，所关最大"，而"其第一义虞翻不知而误解，朱震又谓之为之卦，后独焦循知之。其第二义讫无知者"。但是，对焦循易学总体评价不高。如《归妹》："自汉以来，因误解'变动不居'、'唯变所适'二语，援为护符，浪用爻变，以济其穷。前有虞翻，后有焦循，其尤也。"在《总论》中则以为："适当易象失传之后，于象之不知者，仍用卦变爻变，奉虞氏遗法，为天经地义。于是焦循变本加厉，于象之不知，义之不能通者，以一卦变为六十四，以求其解，其弊遂与谈空者等。"

在《续修四库全书总目提要》中，尚秉和所写焦循易学提要

---

① 《续修四库全书总目提要·经部》，中华书局，1993，第84、85页。
② 《续修四库全书总目提要·经部》，中华书局，1993，第84、85页。

有三，除认为《仲轩易义解诂》乃"乡曲俗士所为，久而残缺，佚其名氏，作伪者乃嫁名于循以图射利明矣"①之外，对于《雕菰楼易学》，尚秉和有褒有贬："循所破汉儒卦变、半象、纳甲、纳音、卦气、爻辰之非，咸能究极其弊。至其所自建树之说，则又支离穿凿，违于情理"，且"初观其法似密，实按其义皆非。牵合胶固，殆过虞翻远甚"②。而《易图略》则撰于"举世崇尚汉学，好古不好是，风气正盛之时，而循能独立为说，力辟荀虞及康成诸家之谬，固可谓豪杰之士"。③

熊十力（1885~1968），晚号漆园老人，湖北黄冈人。1905年，考入湖北陆军特别小学堂。1917年，参加"护法运动"失败后，决意从事学术研究。先后在文华大学、北京大学、浙江大学任教。新中国成立后，以"特别邀请人士"身份参加首届全国政治协商会议，后为全国政协第二、三、四届委员。著有《新唯识论》、《原儒》、《体用论》、《乾坤衍》等书。

对焦循疏于"探及理道"，熊十力提出批评。在20世纪50年代撰成的《原儒》卷上《原学统》中，有着较为集中的表述："焦循承汉人之卦之说，而异其运用，本荀、虞旁通与升降之意，而兼用比例之法，以观其会通。其于《大易》全经之辞无有一字不勾通缝合，焦氏之自得者在此，而其技亦尽于此矣。……焦氏实宗汉《易》，虽不必以求数家之说法作根据，而其方法确是汉《易》。汉《易》之方法，只向卦与卦、爻与爻之间去作活计，自然不会探及理道。"④ 其实，在熊十力早先著成的《读经示要》里，已有这样的表述："焦循之学宗戴震，震拼命攻击程、朱者，根本不识一'理'字。"⑤

---

① 《续修四库全书总目提要·经部》，中华书局，1993，第86页。
② 《续修四库全书总目提要·经部》，中华书局，1993，第83页。
③ 《续修四库全书总目提要·经部》，中华书局，1993，第86页
④ 熊十力：《原儒》，上海书店，2009，第95页。
⑤ 熊十力：《读经示要》，上海书店，2009，第16页。

李镜池（1902～1975），字圣东，广东开平人。早年就读于广州协和神学院，20世纪20年代中期在燕京大学国学研究所师从陈垣、许地山、顾颉刚等人学习。从20世纪30年代初开始，先后任教于协和神学院、燕京大学、岭南大学、华南师范学院。著有《周易探源》、《周易通义》。

在晚年所成之《周易通义·前言》中，李镜池对焦循易学持否定态度："焦氏'《易》学三书'，被评为'石破天惊'之作，而其实割裂文义，支离破碎，不可卒读。"①

高亨（1900～1986），初名仙翘，字晋生，吉林双阳人。1918年考入吉林省立第一师范学校，1923年考入北京师范大学，次年又考入北京大学。1925年，改名高亨，考取清华大学研究院研究生，师从梁启超、王国维学习。之后，先后在吉林省立法政专门学校、东北大学、河南大学、武汉大学、齐鲁大学、西北大学任教。1953年，任山东大学教授。1967年，调至北京专门从事学术研究。著有《周易古经今注》、《周易大传今注》、《周易杂论》、《诸子新笺》等著作。

问世于20世纪40年代的《周易古经今注》一书，1949年后屡经重印，影响很大。书中虽引焦循之说，如《屯》卦"乘马班如"："焦循曰：'班，旋也。'""即鹿无虞"："焦循曰：'即，从也。'"《颐》"颠颐"："焦循曰：'颠，读为颠实之颠，填也。'"等，但高亨对焦循易学评价极低。《周易古经今注·述例》："清儒尚朴，经学大明，惟于此书，仍多瞢瞢。焦循《易学三书》素称绝作，而最为荒滥。"②

黄寿祺（1912～1990），字之六，号六庵，福建霞浦县人。1929年，考入北平私立中国大学，获文学学士学位。1937年，在中国大学教学之余，协助业师尚秉和、吴承仕撰写《续修四库全

<hr>

① 李镜池：《周易通义》，中华书局，1981，第9页。
② 高亨：《周易古经今注》，中华书局，1984，第10页。

书总目提要》。之后，主要在福建师范大学任教。著有《易学群书平议》、《尚氏易要义》、《楚辞全译》等。

《易学群书平议》虽编订于 1947 年，却大多成稿在 20 世纪 30 年代末协编《续修四库全书总目提要》期间。对焦循易学的看法，黄寿祺与其师尚秉和一致："初观其法似密，实按其义皆非。牵合胶固，殆过于虞翻远甚，而竟不自知其谬，岂非明于烛人而暗于见己乎?"① 所用语汇及观点如"牵合胶固，殆过于虞翻远甚"也与尚氏一致。由此可知《续修四库全书总目提要》之《雕菰楼易学》词条，出自黄寿祺之手。

综上所述，评价焦循易学者，大家云集，各持己见，而推尊者多、否定者亦多，这种现象，在近现代学术发展史上确实并不多见。但无论如何，焦循易学引起清中叶以及之后学者持续的关注，且逐渐成为近现代学术研究的一个重要议题，则是不争的事实。

而对于焦循易学之外的其余学术成果，学者大多持肯定态度。就个人著述而言，张之洞的《书目答问》影响深远；就全面评述来说，《续修四库全书总目提要》更具代表性。

在《书目答问》中，张之洞列举了焦循著述多达 19 种：《周易补疏》、《易话》、《易广记》、《禹贡郑注释》、《尚书补疏》、《毛诗补疏》、《陆玑疏考证》、《毛诗地理释》、《礼记补疏》、《左传补疏》、《论语补疏》、《孟子正义》、《群经宫室图》、《加减乘除释》、《天元一释》、《释弧》、《释轮》、《释椭》、《雕菰集》。从某种意义上说，选择就意味着学术的评判。张之洞只列焦循的这 19 种著述而置《易学三书》不顾，就是对《易学三书》的否定和对此 19 种的肯定。

从《续修四库全书总目提要》中，大体可知民国时期学人对焦循史学、数学、文学所做的总体评价。由于此书经部以外内容尚

---

① 黄寿祺：《易学群书平议》卷四《雕菰楼易学》，东北师范大学出版社，1988，第 101 页。

未整理，稿本虽已影印问世，亦不易得见，就其要者择以录之。

如经部，《尚书补疏》："不持门户，所补悉有依据。其论伪孔传最为平允"；《禹贡郑注释》："专明班氏、郑氏之学"；《诗陆氏疏疏》："其辨甚明，洵无愧有功古人，有益于学焉"；《论语补疏》："驳邢《疏》俱允，然精到处甚少，在诸补疏中似差逊也"；《论语通释》："发挥一贯忠恕之旨，而圣道昭明如日星矣"；《孟子正义》："虽为赵岐《章句》作疏，然亦不尽从其说。……于经注实多所阐明"。

如史部，《扬州北湖小志》："其传多表率潜德，盖将以备府志之采摘"；《邗记》："理堂此作，殆与汪容甫之《广陵通典》相为出入"。

如子部，《释弧》："说理布算，精确简明，洵可贵矣"；《天元一释》："此书阐明其法，较梅氏发明天元为借根方者，其功更巨。自秦、李、梅而后言天元者，是书诚为杰构矣"；《加减乘除释》："融会贯通，昌克臻是，故是编实关于算学理论之佳著，凡研究算术者必读之物"；《释轮》："简而易明，使测天之学不难人人通晓，不特青出于蓝，实中国天算学之一大演进也"；《释椭》："书中全讲椭圆之理，与求证之术，推天测地之说，前此未之有也"；《开方通释》："此书及《天元一释》，实为清代算家研究宋元算之创始者，其功固不可没也"。

如集部，《剧说》："是编考订故实具有本原，述作者始末，亦至详瞻，甚有裨于曲学"；《雕菰楼词话》："循经学湛深，又明于词曲。其谓研经与填词，不特不相妨害，且有裨益。其事虽细，可以破俗人之惑"；《雕菰楼集》："集中诸文，太半佳构"。

其中，"于经注实多所阐明"、"其传多表率潜德"、"中国天算学之一大演进"、"可以破俗人之惑"等语句，道出了焦循经、史、算、文的治学成就及其学术意义。而焦循对近现代学术所产生的深远影响，以及在整个中国学术发展史上的重要地位由此可见一斑。

附录　焦循交游简表

姓　名	字号	籍贯	始游时间	地点	学术交流	主要资料出处
焦葱	佩士	江苏甘泉	焦循幼时	扬州	导引易学	《雕菰集》卷二十三《先考事略》、《易通释·叙》
王居重	容若	江苏甘泉	焦循幼时	扬州	教授书数	《雕菰集》卷二十二《表叔王容若墓志铭》、《雕菰集》卷二十二《范氏墓表》
阮　元	伯元	江苏仪征	幼时	扬州	论学刻书	《北湖小志》卷首阮元《序》、《雕菰集》、阮元《定香亭笔谈》
范徵麟	彬文秋帆	江苏甘泉	1768	扬州	教授诗文	《北湖小志》卷四《私传第二十一》
阮承勋	赓尧	江苏仪征	1770	扬州	指点文章	《雕菰集》卷二十一《阮湘圃先生别传》、《揅经室二集》卷四《通儒扬州焦君传》
焦轼	凭轩熊符	江苏甘泉	1773	扬州	教授诗赋	《雕菰集》卷十八《凭轩遗笔跋》、《雕菰续集·与秦敦夫太史书》
谢联芳	蕙田	江苏甘泉	1775	扬州	教授诗文	《北湖小志》卷四《私传第二十一》
李　炳	振声西垣	江苏仪征	1779	扬州	医学	《李翁医记》、《里堂文稿·与汪损之书》、《易余籥录》卷十三
刘　墉	崇如石庵	山东诸城	1779	扬州	指点经学	《雕菰集》卷一《感大人赋》
顾凤毛	超宗小谢	江苏兴化	1779	扬州	经学算学	《雕菰集》卷四《哭顾超宗》，卷二十一《顾小谢传》；《雕菰续集·与秦敦夫太史书》
团香山			1780	扬州	共论古文	《雕菰集》卷四《题安定书院壁》

姓名	字号	籍贯	始游时间	地点	学术交流	主要资料出处
钟怀	保岐 蔎匲	江苏甘泉	1780	扬州	诗文整理其书	《雕菰集》卷二十二《甘泉优贡生钟君墓志铭》、阮元《蔎匲考古录·序》
徐复	心仲	江苏江都	1782	扬州	经学	《书江都两生》、《里堂文稿·徐复传》、《礼记补疏·序》
吉梦熊	毅扬 渭奎	江苏丹阳	1782	扬州	教授经学	《先府君事略》
李保泰	邃庵 啬生	江苏松江	1782	扬州	史学	《里堂札记》
叶英	英多 霖林	江苏江都	1783	扬州	评话	《雕菰集》卷二十一《叶霖林传》
汪中	容甫	江苏江都	1784	扬州	文学经学	《雕菰集》卷十三《与刘端临教谕书》、《里堂文稿·汪容甫传》、《忆书》卷六
程维章		江苏泰州	1784	扬州	医学	《雕菰集》卷十《种痘书序》、《种痘书序》
马登华	瑶枫		1785	扬州	书法	《忆书》卷一
焦徵	季蕃	江苏甘泉	1785	扬州	受其学术	《愧丑集·自叙》、《里堂札记》
乔椿龄	樗友	江苏甘泉	1786	扬州	论学	《雕菰集》卷二十二《乔先生墓志铭》
焦廷琥	虎玉	江苏甘泉	幼时	扬州	受其学术	《雕菰续集·欲香集序》、《焦氏遗书·焦徵记》
郑兆玉		江苏仪征	1787	扬州	受其学术	《雕菰集》卷二十二《仪征县学生郑君暨节妇吴孺人墓志铭》、《里堂文稿·郑澄江先生轶事记》
郑兆珏	柿里					
顾麟瑞	仲嘉	江苏兴化	1787	扬州	论学	《红薇翠竹词·秋夜月》、《雕菰集》卷二十一《亡友汪晋蕃传》
汪棣	鞶怀 对琴	江苏江都	1787	扬州	诗文	《雕菰集》卷十五《后汉书训纂序》
黄文旸	时若 秋平	江苏甘泉	.	扬州	学术	《理堂日记》
李斗	北有 艾堂	江苏仪征		扬州	学术	《雕菰续集》；《扬州画舫录》卷十三《桥西录》

姓　名	字号	籍贯	始游时间	地点	学术交流	主要资料出处
江藩	子屏郑堂	江苏甘泉	1787	扬州	读书论学	《里堂文稿·江子屏〈周易述补〉叙》、《里堂文稿·答江郑堂书》
汪光爔	晋蕃	江苏江都	1787	扬州	谈经论诗	《雕菰集》卷二十一《亡友汪晋蕃传》、《汪节母吴太恭人家传》
汪光烜	掌廷					
潘掌丝			1787		论诗	《雕菰集》卷十七《黄次和七十寿序》
程赞和	中之	江苏仪征	1787	扬州	诗文经学	《雕菰集》卷十七《送程定甫赴京师序》、卷二十四《哀程一亭文》、《书谢少宰遗事》
程赞宁	魏公					
程赞清	定甫					
程赞普	一亭					
周室辅	维雨	江苏江都	1788	扬州	讨论古音	《雕菰集》卷十四《与周维周论古音书》、卷二十三《书江都两生》
李周南	冠三	江苏甘泉	1788	扬州	诗文	《雕菰集》卷十七《黄次和七十寿序》、《里堂札记》
黄次和		江苏江都	1789	扬州	谈诗论学	《雕菰集》卷十七《黄次和七十寿序》、卷三《题黄次和双桥一石一梅花图》、《梦陔堂文集》卷五《孟子正义序》
黄承吉	春谷					
凌廷堪	次仲	安徽歙县	1789	扬州	经学音律	《红薇翠竹词·虞美人》、《里堂札记·乙卯手札·寄凌仲子》
罗浩	养斋	安徽新安	1789	扬州	医学	《红薇翠竹词·虞美人》、《里堂札记》
朱士彦	休承休臣	江苏宝应	1790	扬州	论诗经学	《雕菰续集·欲香集序》、《雕菰集》卷十三《寄朱休承学士书》
周瓒	采严采岩	江苏吴县	1791	扬州	绘画	《先府君事略》、《忆书》卷四
李钟泗	滨石	江苏甘泉	1792	扬州	论诗经学	《雕菰集》卷三《两君咏》
段玉裁	若膺懋堂	江苏金坛	1792	扬州	经学	《里堂文稿·顾抱冲小读书以图记》、《里堂札记·乙丑手札·寄袁寿阶》
闭阮恭	共水林溪	安南	1792	江宁	谈诗	《忆书》卷六;《安南纪略》卷二十七
王昶	德甫述庵	江苏青浦	1793		论学	《雕菰集》卷十三《上王述庵侍郎书一、二》;《湖海诗传》卷四十三《与某论汉儒品行书》
方仕煌	又辉晴岩	安徽歙县	1793	扬州	论学	

姓　名	字号	籍贯	始游时间	地点	学术交流	主要资料出处
江　声	鳝涛艮庭	江苏吴县	1793		经学	《雕菰集》卷十四《复江艮庭处士书》、卷十八《江处士手札跋》、《里堂札记》
江　安	定甫	江苏仪征	1793	扬州	诗	《里堂札记·癸丑手札·答江定甫》、《雕菰集》卷四《江定甫赠刀作诗酬之》
王　泽	鸥汀	安徽芜湖	1793	扬州	学术	《里堂札记·癸丑手札·答王鸥汀》
裔　荣	向之	江苏甘泉	1793	扬州	受其学术	《毛诗草木鸟兽虫鱼释》卷十一、《里堂札记》
郑　伟	耀廷	江苏丹徒	1793	扬州	受其学术	《雕菰集》卷十四《答郑耀庭书》
王　准	钦莱	福建汀州	1793	扬州	受其学术	《雕菰集》卷十四《与王钦莱论文书》、《里堂文稿·答王钦莱论勾股重测书》
李本善李元善		江苏江都	1793	扬州	受其学术	《雕菰集》卷十二《咎由人己对示二李生》
黄恩长	宗易	江苏长洲	1794	江宁	印谱	《里堂札记·丙辰手札·答王西庄先生》、《雕菰集》卷三
刘大观	正孚松岚	山东邱县	1794		诗	《里堂诗集》卷二《赠丘县刘松岚明府》
朱　棫	敬亭	江苏吴县	1794		题画	《雕菰集》卷三《题朱敬亭郡丞乘查图》
王　豫	应和柳村	江苏丹徒	1794	江宁	论文访书	《里堂文稿·与王柳村论文书》、《里堂札记·丙寅手札·答阮芸台先生》、《雕菰集》卷十六《石湖遗书序》
李　斗	北有艾堂	江苏仪征	1795	扬州	学术	《雕菰续集》、《理堂日记》
黄文旸	时若秋平	江苏甘泉	1795	扬州	学术	《雕菰续集》、《理堂日记》
孙星衍	渊如	江苏阳湖	1795		经学	《雕菰集》卷十三《与孙渊如观察论考据著作书》、《里堂札记》
蒋　二蒋蒸蔚	蒋山	江苏吴县	1795	江宁	经学	《里堂文稿·顾抱冲小读书以图记》、《扬州画舫录》卷十《虹桥录上》

姓　名	字号	籍贯	始游时间	地点	学术交流	主要资料出处
顾抱冲	之逵	江苏吴县	1795	江宁	见其藏书	《里堂文稿·顾抱冲读书台图记》、《雕菰集》卷二《四哀诗·顾之逵》
汪　莱	孝婴衡斋	安徽歙县	1795	江宁	算学	《里堂札记·乙卯手札·寄凌仲子》、《雕菰集》卷三《记得一首哭汪孝婴》、《里堂书跋》
桂　馥	未谷	山东曲阜	1795	济南	经学	《陆氏草木鸟兽虫鱼疏疏》、《里堂札记·乙卯手札·答桂未谷》
武　亿	虚谷	河南偃师	1795	临清	经学	《雕菰集》卷十八《武虚谷先生手札跋》、《焦里堂先生佚文·仪礼石经校勘记序》
徐大榕	向之惕庵	江苏武进	1795	济南	诗文书法	《雕菰集》卷十八《徐惕庵太守书帖跋》
颜崇榘	运生	山东曲阜	1795	济南	金石	《里堂书跋·颜鲁公文集》、《雕菰集》卷三、卷四
王学浩	孟养椒畦	江苏昆山	1795		绘画	《里堂诗集》卷三《题王椒畦孝廉画山水》
马履泰	叔和秋药	浙江仁和	1795	济南	学术	《雕菰集》卷十八《徐惕庵太守手书帖跋》
阮　亨	梅叔仲嘉	江苏仪征	1795	济南	受其学术	《雕菰集·序》、《里堂文稿·欲香集序》
孙　韶	莲水	江苏江宁	1795	济南	诗	《雕菰集》卷四《长山途中寒食》
段松芩	赤亭	山东青州	1795	济南	诗文经史	《焦里堂先生佚文·仪礼石经校勘记序》、《雕菰续集·与段赤亭论编辑金石书》
王鸣盛	凤喈西庄	江苏嘉定	1795		经学	《里堂札记·丙辰手札·答王西庄先生》
胡　虔	雒君	安徽桐城	1795	江宁	史学	《雕菰集》卷八《西魏书论》、《里堂道听录》卷十《西魏书》
丁　杰	升衢	浙江归安	1795	杭州	经学	《雕菰集》卷十五《代阮侍郎撰万氏经学五书序》

续表

姓 名	字号	籍贯	始游时间	地点	学术交流	主要资料出处
刘台拱	端临	江苏宝应	1796		论学	《雕菰集》卷十三《与刘端临教谕书》
江镠	贡廷	江苏长洲	1796	杭州	论学	《雕菰集》卷十八《江处士手札跋》
李锐	尚之	江苏元和	1796	杭州	算学	《雕菰集》卷十五《衡斋算学序》、卷二十一《诚本堂记》
陈延庆	兆同	江苏奉贤	1796		论诗	《理堂日记·与陈古华太守书》
张鉴	春冶秋水	浙江乌程	1796	乌程	诗文经学	《里堂札记·丙寅手札·与张秋水》
李遇孙	庆伯	浙江嘉兴	1796	扬州	经学	
范景福	介兹	浙江钱塘	1796	杭州	经学	《里堂札记》、《里堂道听录》卷二十二
林道源	仲深庚泉	安徽天长	1796	扬州	诗文	《里堂札记·丙辰手札·答林庚泉》、《里堂诗集》卷四
许珩	楚生	江苏仪征	1796	扬州	诗文史学	《理堂日记》、《里堂词集》
蒋调	竹塘	江苏武进	1796	杭州	和诗经学	《雕菰集》卷四《舟宿富阳和蒋竹塘孝廉韵》
顾广圻	千里	江苏元和	1796	杭州	考证校勘	《里堂札记·戊午手札·答顾千里》、《雕菰集》卷五《杭州杂诗·谢顾千里赠孙吴兵书》
杨大壮	贞吉竹庐	江苏甘泉	1797	扬州	诗文算学	《雕菰集》卷四、《里堂札记》、《注易日记》卷一
汪荣怀	庆人	江苏仪征	1797	扬州	绘画	《雕菰集》卷十八《改堂闲话跋》、《里堂文稿·仪征汪氏母传》、《里堂札记》
胡量	符谨	江苏华亭	1797	扬州	学术	《雕菰集》卷十三《上王述庵侍郎书二》
张彦曾	复庵	江苏嘉定	1797	扬州	学术	
吴鼎	及之山尊	安徽全椒	1797	扬州	诗文	《里堂文稿·书岱南阁文集后》、《里堂札记·壬戌手札·与吴山尊太史》
王引之	伯申	江苏高邮	1797	扬州	经学	《理堂日记》、《里堂札记·戊午手札·答沈凫村》;《雕菰集》卷十六《易通释·自序》、卷二十一《壬戌会试记》
沈钫	方钟凫村	江苏高邮	1798	江宁	算学	《雕菰集》卷十一《释月》、卷二十一《李孝臣先生传》

姓　名	字号	籍贯	始游时间	地点	学术交流	主要资料出处
蔡元春	芷衫	江苏江宁	1798	江宁	诗	《忆书》卷四
钱大昕	晓征 辛楣	江苏嘉定	1798	苏州	经学	《释弧·叙》、《雕菰集》卷十四《上钱辛楣少詹事论七政诸轮书》
李培紫		江苏高邮	1798	扬州	访书	《雕菰集》卷二十一《李孝臣先生传》、《里堂札记·戊午手札·答沈凫村》
鲍潄芳	席芬 惜分	安徽歙县	1798	扬州	诗文	《里堂文稿·书肯园翁轶事》、《里堂札记·丙寅手札》
石　钧	秉纶 远梅	江苏吴县	1798	扬州	诗文	《里堂札记·戊午手札·答石远梅》
徐熊飞	子宣	浙江吴兴	1799	扬州	论诗	《雕菰集·序》、《里堂札记·乙亥手札·答徐雪庐》
臧　庸	在东	江苏武进	1799	杭州	诗文	《里堂札记·己未手札·答臧在东》、《雕菰集》卷五《杭州杂诗》
汪潮生	汝信 饮泉	江苏江都	1799	扬州	论诗题画	《雕菰集》卷三《题汪饮泉林屋幽居图》、卷二十四《汪母李安人哀辞》；《里堂札记·己未手札·答汪饮泉》
汪　恩	芝亭	江苏上元	1800	杭州	论诗	《雕菰集》卷十八《书乔剑溪选大历诗后》
谈　泰	阶平	江苏上元	1800	杭州	算学	《雕菰集》卷十六《开方通释自序》、卷二十一《壬戌会试记》
胡廷森	衡之 西崟	江苏甘泉	1800	杭州	经学	《雕菰集》卷十二《属文称谓答》
朱为弼	右甫 椒堂	浙江平湖	1801	杭州	论诗	《雕菰集》卷十三《与朱椒堂兵部书》、卷十八《蜀道归装图跋》、《里堂札记·戊寅手札·寄阮寿昌》
李方湛	光甫	浙江仁和	1801	杭州	读其诗	《里堂道听录》卷三十七
赵怀玉	亿孙 味辛	江苏武进	1801	扬州	谈诗	《里堂道听录》卷三十七《沁园春·序》、《扬州足征录·序》
张敦仁	古余	山西阳城	1801	扬州	诗算学	
方廷瑚	铁珊	浙江石门	1801	杭州	论诗	《雕菰集》卷十七《赠方铁珊序》、卷十八《蜀道归装图跋》

续表

姓　名	字号	籍贯	始游时间	地点	学术交流	主要资料出处
罗永符	子信	安徽歙县	1801	杭州	诗	《雕菰集》卷四《辛酉元旦登吴山第一峰》
袁廷梼	又恺寿阶	江苏吴县	1802	扬州	诗文史学	《雕菰集》卷五《壬戌五月晦日江文叔邀同汪晋蕃张开虞蒋春樹袁又恺集康山草堂》、《竹柏楼》
江振鸿	颉云文叔	浙江新江	1802	扬州	诗文	《雕菰集》卷五《壬戌五月晦日江文叔邀同汪晋蕃张开虞蒋春樹袁又恺集康山草堂》
英和	树琴煦斋	满洲正白旗	1802	北京	经学	《雕菰集》卷二十一《壬戌会试记》、《里堂札记》、《先府君事略》
朱珪	石君	浙江萧山	1802	北京	经学诗文	《雕菰集》卷二十一《壬戌会试记》、《朱文正公神道碑后记》
吴云	润之玉松	江苏吴县	1802	北京	受其学术	《雕菰集》卷二十一《壬戌会试记》、《李翁医记》
戴敦元	吉旋金溪	浙江开化	1802	北京	算学	《雕菰集》卷二十一《壬戌会试记》、《雕菰集》卷三
孙尔准	平叔	江苏无锡	1802	北京	金石	《雕菰集》卷二十一《壬戌会试记》
唐诩华	寄舫竹虚	江苏武进	1802	北京	医学	《雕菰集》卷四之《同郑柿里刘芙初唐竹虚汪珊樵游钓鱼台》
汪朝黼	珊樵	江苏甘泉	1802	北京	诗	《雕菰集》卷四《赠别汪珊樵》、卷二十一《壬戌会试记》
刘嗣绾	简之芙初	江苏武进	1802	杭州	论诗	《雕菰集》卷五、卷二十一《壬戌会试记》
吴康	少文	江苏甘泉	1802	扬州	诗画	《里堂札记·壬戌手札·与周己山》、《雕菰集》卷十五《吴少文诗序》
程瑶田	易田易畴	安徽歙县	1802	杭州	经学	《雕菰集》卷十三《乞程易畴先生为先人作墓志书》、《里堂道听录》,卷十五《代阮抚军作裛服足征录序》,卷二十一《程易田辨粱黍稷》;《里堂札记》
汪全德	修甫小竹	江苏仪征	1802	杭州	诗	《里堂札记·壬戌手札·答汪小竹》

姓名	字号	籍贯	始游时间	地点	学术交流	主要资料出处
程邦宪	穆甫 竹庵	江苏吴江	1802	杭州	诗	《雕菰集》卷五《杭州杂诗》
顾廷抡	郑香	浙江山阴	1802	杭州	绘画	《里堂词集下·满江红——题顾郑香风雪渡江图》
陈杰	兰生	浙江湖州	1802	杭州	算学	《里堂札记·壬戌手札·答陈兰生》
秦恩复	近光 敦夫	江苏江都	1802	扬州	史学	《里堂文稿·江子屏周易述补叙》、《北湖小志》卷三、《里堂札记》
欧阳锦	制美	江苏甘泉	1803	扬州	论诗	《雕菰集》卷十四有《与欧阳制美论诗书》、《北湖小志·叙》
谢文英	景张	江苏甘泉	1804	扬州	受其学术	《雕菰集》卷二十四《谢景张哀辞》、《北湖小志》卷四《私传第二十一》
洪莹	宾华	安徽歙县	1804	扬州	经学	《里堂札记·甲子手札·与洪宾华》
汪大黉	斗张 损之	安徽徽州	1805	扬州	医学	《里堂文稿·与汪损之书》
汪昌序	绍成	江苏仪征	1805	扬州	受其学术	《雕菰集》卷十六《钞何有轩文集序》、卷十七《朱登三兄弟同寿序》
夏味堂	鼎和 淡人	江苏高邮	1805		史学	《里堂札记·丙寅手札·寄夏淡人孝廉》
伊秉绶	相似 墨卿	福建宁化	1806	扬州	史学	《雕菰集》卷十七《送郡太守伊公归里序》、《扬州足征录·序》、《里堂札记》
汪喜孙	孟慈	江苏江都	1806	扬州	史学	《里堂札记》、《忆书》卷五
汪霖	春田	江苏如皋	1806	扬州	诗	《里堂札记·丙寅手札·与汪春田观察》
严杰	厚民	浙江钱塘	1806	扬州	诗文	《雕菰集》卷十四《与赵宽夫论文书》、《里堂札记·丁卯手札·答赵宽夫》
赵坦	宽夫	浙江仁和	1806		诗文	《雕菰集》卷十四《与赵宽夫论文书》、《里堂札记·丁卯手札·答赵宽夫》
陈嘉惠	素村	江苏江都	1806	扬州	访书	《北湖小志·范石湖传第七》
汪近垣		安徽徽州	1807	扬州	医学	《里堂札记·戊辰手札·与寿宁之》
梁同书	元颖 山舟	浙江钱塘	1808		史学	《里堂文稿·与梁山舟先生书》

姓　名	字号	籍贯	始游时间	地点	学术交流	主要资料出处
洪　梧	桐生	安徽歙县	1808	扬州	教育	《里堂札记·庚午手札·与洪桐生先生》
董士锡	晋卿	江苏武进	1808		诗	《雕菰集》卷三《奉和董晋卿湖上对月诗》
黄盛生	竹云	江苏仪征	1808	扬州	题画	《雕菰集》卷十七《舟隐图序》
姚文田	秋农	浙江归安	1809	扬州	史学	《雕菰集》卷十三《复姚秋农先生书》、《里堂札记·己巳手札·答姚秋农先生》
白　熔	小山	顺天通州	1809	扬州	史学	《里堂札记·己巳手札》、《雕菰集》卷十六《易通释自序》
林苏门	啸云	江苏甘泉	1809	扬州	史学	《里堂札记·己巳手札》
张维桢	芰塘	江苏江都	1809	扬州	史学	《里堂札记·己巳手札》
汪保孙	肯堂	安徽歙县	1810		论词	《里堂札记·庚午手札·答汪肯堂》
胡培翚	载屏竹村	安徽绩溪	1815		经学	《里堂札记·乙亥手札·答胡竹村孝廉》
伊念曾	少沂梅石	福建宁化	1815	扬州	为文	《忆书》卷五
周用锡	晋园	浙江平湖	1816		经学	《里堂道听录》卷四《尚书证义》;《先府君事略》

图书在版编目（CIP）数据

焦循学术论略/刘建臻著．—北京：社会科学文献出版社，
2012.5
（人文传承与区域社会发展研究丛书）
ISBN 978 - 7 - 5097 - 3283 - 0

Ⅰ．①焦…　Ⅱ．①刘…　Ⅲ．①焦循（1763~1820）－
学术思想－研究　Ⅳ．①B249.85

中国版本图书馆 CIP 数据核字（2012）第 065516 号

·人文传承与区域社会发展研究丛书·

焦循学术论略

著　　者／刘建臻

出　版　人／谢寿光
出　版　者／社会科学文献出版社
地　　　址／北京市西城区北三环中路甲 29 号院 3 号楼华龙大厦
邮政编码／100029

责任部门／社会政法分社　（010）59367156　　责任编辑／李兰生　何宗思
电子信箱／shekebu@ssap.cn　　　　　　　　责任校对／王海荣
项目统筹／王　绯　　　　　　　　　　　　　责任印制／岳　阳
总 经 销／社会科学文献出版社发行部　（010）59367081　59367089
读者服务／读者服务中心　（010）59367028

印　　装／北京季蜂印刷有限公司
开　　本／787mm×1092mm　1/20　　　　印　　张／15.4
版　　次／2012 年 5 月第 1 版　　　　　　字　　数／267 千字
印　　次／2012 年 5 月第 1 次印刷
书　　号／ISBN 978 - 7 - 5097 - 3283 - 0
定　　价／50.00 元